中国法院2025年度案例

国家法官学院　最高人民法院司法案例研究院　/编

房屋买卖合同纠纷

中国法治出版社
CHINA LEGAL PUBLISHING HOUSE

《中国法院2025年度案例》通讯编辑名单

刘晓虹　北京市高级人民法院
王　凯　北京市高级人民法院
张　荷　天津市高级人民法院
徐翠翠　河北省高级人民法院
崔铮亮　山西省高级人民法院
杨钰奇　内蒙古自治区高级人民法院
张　健　辽宁省高级人民法院
苏　浩　吉林省高级人民法院
桑　松　黑龙江省高级人民法院
张　蕾　上海市高级人民法院
左一凡　江苏省高级人民法院
冯禹源　江苏省南通市中级人民法院
宋婉龄　江苏省无锡市中级人民法院
李　波　浙江省高级人民法院
刘伟玲　安徽省高级人民法院
林冬颖　福建省高级人民法院
杨云欣　江西省高级人民法院
李璐璐　山东省高级人民法院
卓峻帆　河南省高级人民法院
吴　杨　湖北省高级人民法院
唐　竞　湖南省高级人民法院
邵静红　广东省高级人民法院
邹尚忠　广西壮族自治区高级人民法院
韦丹萍　广西壮族自治区高级人民法院
黄文楠　海南省高级人民法院
吴　小　重庆市高级人民法院
任　梦　四川省高级人民法院
颜　源　贵州省高级人民法院
戚　雷　贵州省贵阳市中级人民法院
李丽玲　云南省高级人民法院
赵鸿章　云南省昆明市中级人民法院
索朗达杰　西藏自治区高级人民法院
郑亚非　陕西省高级人民法院
吴　莹　甘肃省高级人民法院
王　晶　青海省高级人民法院
马博文　宁夏回族自治区高级人民法院
石孝能　新疆维吾尔自治区高级人民法院
李　冰　新疆维吾尔自治区高级人民法院生产建设兵团分院

序

为深入学习贯彻习近平法治思想，落实习近平总书记“一个案例胜过一打文件”的重要指示精神，人民法院始终把完善中国特色案例制度，加强以案释法作为推进全面依法治国、支撑和服务中国式现代化的重要途径。人民法院案例库向社会开放一年多来，最高人民法院始终坚持高标准建设，实现入库案例对常见案由和罪名全覆盖，对于促进法律适用统一，实现严格公正司法发挥了重要作用。

“中国法院年度案例系列”丛书以及时记录人民法院司法审判工作新发展、新成就为己任，通过总结提炼典型案例的裁判规则、裁判方法和裁判理念，发挥案例鲜活生动、针对性强的优势，以案释法，以点带面，有针对性地阐释法律条文和立法精神，促进社会公众通过案例更加方便地学习法律，领悟法治精神，体现司法规范、指导、评价、引领的重要作用，大力弘扬社会主义核心价值观，积极服务人民法院案例库建设，加强对案例库案例的研究，促进统一法律适用，提升审判质效，丰富实践法学研究，增强全民法治意识和法治素养，展现新时代我国法治建设新成就。

“中国法院年度案例系列”丛书自2012年编辑出版以来，已连续出版13年，受到读者广泛好评。为更加全面地反映我国司法审判执行工作的发展进程，顺应审判执行实践需要，响应读者需求，丛书于2014年度新增金融纠纷、行政纠纷、刑事案例3个分册，2015年度将刑事案例调整为刑法总则案例、刑法分则案例2个分册，2016年度新增知识产权纠纷分册，2017年度新增执行案例分册，2018年度将刑事案例扩充为4个分册，2022年度将土地纠纷（含林地纠纷）分册改为土地纠纷（含环境资源纠纷）分册。自2020年起，丛书由国家法官学院与最高人民法院司法案例研究院共同编辑，每年年初定期出版。在全国各级人民法院的大力支持下，丛书编委会现编辑出版《中国法院2025年度案例系列》丛书，共23册。

“中国法院年度案例系列”丛书以开放务实的态度、简洁明快的风格，在编辑过程中坚持以下方法，努力让案例书籍“好读有用”：一是高度提炼案例内容，控制案例篇幅，每个案例字数基本在3000字左右；二是突出争议焦点，力求在有限的篇幅内为读者提供更多有效信息，便于读者快速抓取案例要点；三是注重释法说理，案例由法官撰写“法官后语”，高度提炼、总结案例的指导价值，引发读者思考，为司法审判提供借鉴，为法学研究提供启迪。

“中国法院年度案例系列”丛书编辑工作坚持以下原则：一是以研究案例库案例为首要任务。自2024年起，“中国法院年度案例系列”丛书优先选用人民法院案例库案例作为研究对象，力求对案例库案例裁判要旨的基本内涵、价值导向、法理基础、适用要点等进行深入分析，增强丛书的权威性、参考性。二是广泛选编案例。国家法官学院和最高人民法院司法案例研究院每年通过各高级人民法院从辖区法院汇集上一年度审结的典型案例近万件，使丛书有广泛的精选基础，通过优中选优，可提供给读者新近发生的多种类型的典型、疑难案例。三是方便读者检索。丛书坚持以读者为本，做到分卷细化，每卷案例主要根据案由或罪名分类编排，每个案例用一句话概括裁判要旨或焦点问题作为主标题，让读者一目了然，迅速找到目标案例。

中国法治出版社始终全力支持“中国法院年度案例系列”丛书的出版，给了编者们巨大的鼓励。2025年，丛书将继续提供数据库增值服务。购买本系列丛书，扫描腰封二维码，即可在本年度免费查阅往年同类案例数据库。我们在此谨表谢忱，并希望通过共同努力，逐步完善，做得更好，探索出一条充分挖掘好、宣传好人民法院案例库案例和其他典型案例价值的新路，为广大法律工作者和社会公众提供权威、鲜活、精准的办案参考、研究素材，更好地服务司法审判实践、服务法学教育研究、服务法治中国建设。

“中国法院年度案例系列”丛书既是法官、检察官、律师等法律工作者的办案参考和司法人员培训辅助教材，也是社会大众学法用法的经典案例读本，同时为教学科研机构开展案例研究提供了良好的系列素材。当然，编者们在编写过程中也难以一步到位实现目标愿景，客观上会存在各种不足甚至错误，欢迎读者批评指正。我们诚心听取各方建议，立足提质增效，不断拓宽司法案例研究领域，创新司法案例研究方法，助推实现中国特色司法案例研究事业的高质量发展。

国家法官学院　最高人民法院司法案例研究院

2025 年 3 月

目　录

Contents

一、商品房预约合同纠纷

二、商品房预售合同纠纷

三、商品房销售合同纠纷

（一）合同的效力

（五）其　他

四、商品房委托代理销售合同纠纷

五、农村房屋买卖合同纠纷

一、商品房预约合同纠纷

1

商品房买卖案件中预约合同的认定和处理

——陈某诉某房地产公司、某置业公司商品房预约合同案

【案件基本信息】

1. 裁判书字号

北京市第三中级人民法院（2023）京 03 民终 15166 号民事判决书

2. 案由：商品房预约合同纠纷

3. 当事人

原告（上诉人）：陈某

被告（被上诉人）：某房地产公司、某置业公司

【基本案情】

2019 年 10 月 28 日，陈某通过银行转账向某房地产公司支付 14.5 万元。10 月 30 日，某置业公司出具收据，载明：今收到陈某交米 6-221 房屋的价款人民币 14.5 万元。10 月 31 日，陈某与某置业公司签订《意向协议》，该协议载明：意向人姓名：陈某，销售房号：6-221，建筑面积：37.69 平方米，单价：19000 元/平方米，总价：716110 元，付款方式：分期，签约及付款时间节点："乙方需于签署本协议当日向甲方支付意向金 14.5 万元。"特别约定：（1）本

协议签署前，乙方已知悉该房屋的购买主体需为符合《企业准入标准》《关于进一步加强商业、办公类项目管理的公告》等相关政策规定，依法在商务区注册独立核算的企业并经营纳税。乙方欲注册符合商务区《企业准入标准》的企业（以下简称乙方企业）购买该房屋，为此双方签署本意向预约协议，待乙方企业通过商务区资质审核后，甲方同意将该房屋通过预售/现售方式出售给乙方企业。(2) 乙方需于本协议签订之日起7日内完成乙方企业在工商局的公司核名手续，并积极配合相关注册手续的办理，乙方保证乙方企业注册完毕后积极配合办理相关核准手续。如本协议签订之日起1个月内乙方仍未注册乙方企业的，甲方有权解除本协议并将该房屋另行出售给第三方且不承担违约责任，乙方已付的意向金作为违约金不予退还。(3) 密云生态商务区审核通过乙方企业资质并且该房屋网签开通后，乙方保证乙方企业需在接到甲方通知之日起7日内到甲方售楼处，与甲方完成签署《商品房买卖合同》以及附随文件并按约定支付相应房款。否则甲方有权解除本协议并将该房屋另行出售给第三方且不承担违约责任，乙方已付的意向金作为违约金不予退还。

2019年12月24日，某科技公司注册成立，法定代表人为陈某，股东李某持股80%，陈某持股20%，某科技公司未与某置业公司签订《商品房买卖合同》。

陈某主张其按照某置业公司的指示办理了公司注册，但该公司仅仅是为了满足购买资格而注册的空壳公司，其不具有购买该房屋资格，但某置业公司怂恿其注册空壳公司规避政策的做法明显不当，该规避政策的意向协议应当予以解除，并要求返还14.5万元意向金。某置业公司主张，根据协议陈某已经知道购买主体需要符合特定条件，陈某作为完全民事行为能力人，自愿签订意向协议，对于双方均具有约束力。按照约定，某科技公司应与某置业公司签订商品房买卖合同，但陈某未履行签约义务构成违约，意向金作为违约金不予退还。

【案件焦点】

陈某拒绝以某科技公司名义与某置业公司签订房屋买卖合同，其是否有权要求某房地产公司、某置业公司返还意向金。

【法院裁判要旨】①

北京市密云区人民法院经审理认为：在商品房买卖过程中，当事人之间签订的合同分为预约合同和本约合同。预约合同的目的在于当事人对将来签订特定合同的相关事项进行规划，主要意义在于为当事人设定了按照公平、诚信原则进行磋商以达成本约合同的义务。本约合同则是对双方特定权利义务的明确约定。本案中，判断《意向协议》是预约合同还是本约合同，应从该意向协议是否具备《商品房销售管理办法》第十六条规定的商品房买卖合同的主要内容，包括当事人名称或者姓名和住所、商品房基本情况、商品房价款的确定方式及总价、付款时间、付款方式、交付使用条件及日期等加以判断。从涉案意向协议内容来看，双方仅约定了意向人和房屋的情况、房屋单价和价款及付款方式，而未对涉案房屋的付款时间、交付、办证等进行约定。故涉案意向协议的内容不具备本约合同的基本条件，该合同性质为预约合同。《意向协议》系双方的真实意思表示，不违反法律的强制性规定，应属有效。陈某在科技公司注册成立后，以其本人不符合购买案涉房屋的资格，注册空壳公司规避政策限制的做法明显不当为由，明确表示不再履行《意向协议》，已构成违约，并导致双方合同目的无法实现，故该意向协议依法应予解除。结合双方“如本协议签订之日起 1 个月内乙方仍未注册乙方企业的，甲方有权解除本协议并将该房屋另行出售给第三方且不承担违约责任，乙方已付的意向金作为违约金不予退还”的约定，陈某要求某置业公司、某房地产公司返还意向金的诉讼请求，于法无据。

北京市密云区人民法院依照《中华人民共和国民法典》第五百零二条、第五百零九条、第五百五十七条、第五百六十三条、第五百六十六条、第五百七十八条之规定，判决如下：

一、解除陈某与某置业公司于 2019 年 10 月 31 日签订的《意向协议》；

二、驳回陈某的其他诉讼请求。

---

① 本书【法院裁判要旨】适用的法律法规等条文均为案件裁判当时有效，下文不再对此进行提示。

陈某不服一审判决，提起上诉。

北京市第三中级人民法院经审理认为：依照《中华人民共和国民事诉讼法》第一百七十七条第一款第一项之规定，判决如下：

驳回上诉，维持原判。

【法官后语】①

市场交易中存在各种形式的预约合同，如认购书、订购书、意向书、允诺书、缔约纪要、临时协议等。签订预约合同的原因分为两种：一是主观未决事项，对部分事项暂时无法达成一致，待未来再行明确；二是客观未决事项，即当事人存在某种客观上、法律上的障碍暂时无法签订本约，常表现为交易未取得有关机关批准或相应许可等。司法实践中处理预约合同类纠纷，既要注意区分预约合同和本约合同，还要厘清预约合同的法律效力和违约责任。本案拟解决两个核心问题：一是案涉《意向协议》属于何种性质；二是购房人违反《意向协议》拒签房屋买卖合同的责任承担。

第一，预约合同与本约合同既相互独立，又相互关联，签订预约合同的目的在于订立本约合同，预约合同的标的就是在一定期限内签订本约合同。《中华人民共和国民法典》第四百九十五条第一款规定，当事人约定在将来一定期限内订立合同的认购书、订购书、预订书等，构成预约合同。预约合同为合同的一种，自应具备合同的一般成立要件，即内容具体确定且表明当事人受意思表示的约束。关于内容具体确定的程度，考虑到预约合同是为将来订立本约合同而订立的合同，不能完全以本约合同内容的具体确定程度来要求预约合同的内容，因此，如果能够确定将来所要订立合同的主体、标的等内容，即可认定意思表示的内容已经具体确定。从司法实践来看，意向书、备忘录等通常情形下仅表明当事人有订立合同的意向，不构成预约合同。但是，如果意向书、备忘录等具备前述预约合同的成立要件，也应认定为构成预约合同。本案中，通

① 本书【法官后语】对此类法律问题涉及的法律规范等内容进行了时效性更新，下文不再对此进行提示。

过《意向协议》可以确定日后订立购房合同的主体（某置业公司与陈某注册的公司）和标的，据此应当认定预约合同成立。再者，陈某交付了14.5万元意向金作为担保，在陈某为将来订立本约合同交付立约定金的情况下，进一步印证双方存在预约合同关系。

特别情况下，预约合同也可直接被认定为本约合同。其法律依据为《最高人民法院关于审理商品房买卖合同纠纷案件适用法律若干问题的解释》第五条，该条规定商品房的认购、订购、预订等协议具备《商品房销售管理办法》第十六条规定的商品房买卖合同的主要内容，并且出卖人已经按照约定收受购房款的，该协议应当认定为商品房买卖合同。协议是否构成本约，判断规则有二：一是认购书、订购书等具备《商品房销售管理办法》第十六条规定的主要内容。实务中一般认为，只要具备了双方姓名或名称、房屋情况、价格、付款方式和时间、交付条件和日期即视为符合该项要求。二是出卖人按约收取购房款。关于出卖人所收取的购房款数额，实践中一般考虑以下几点：买受人必须按约定要求进行了付款；付款包括全款和部分付款两种；对于部分付款的具体数额，为区别于预约，该部分付款原则上应高于定金约定。本案中，案涉《意向协议》既未对付款时间、房屋交付等重要事项进行约定，出卖人也未收取全额或大部分购房款，故协议并非本约合同。双方签订协议的目的也很明显，就是等待条件的具备即陈某注册公司并经审核后方可购买商业用房，而该条件的实现具有现实可行性，且不违反法律法规的规定，据此应当认定预约合同有效。

第二，预约合同是单独发生法律效力的合同，可以与本约合同相区分，违反预约合同，当事人应该承担的是预约合同的违约责任，而不是缔约过失责任。《中华人民共和国民法典》第四百九十五条第二款规定，当事人一方不履行预约合同约定的订立合同义务的，对方可以请求其承担预约合同的违约责任。该规定明确了预约合同独立的合同效力。同时依据《最高人民法院关于审理商品房买卖合同纠纷案件适用法律若干问题的解释》第四条“出卖人通过认购、订购、预订等方式向买受人收受定金作为订立商品房买卖合同担保的，如果因当事人一方原因未能订立商品房买卖合同，应当按照法律关于定金的规定处理”

之规定，故陈某应当按照《意向协议》中关于“乙方保证乙方企业需在接到甲方通知之日起七日内到甲方售楼处，与甲方完成签署《商品房买卖合同》……否则甲方有权解除本协议……乙方已付的意向金作为违约金不予退还”的约定承担法律后果。因此，陈某无权要求返还14.5万元意向金。

值得强调的是，对于预约合同的认定，应坚持内容优于形式的立场，即不应从形式上判断当事人之间签订的文件究竟是否为预约合同，而应从内容上判断当事人之间的合意是否具有约束力但又不构成本约合同，该内容既包括合同约定的内容，也包括合同实际履行的内容。预约合同生效后，当事人一方违反预约合同约定，拒绝履行订立本约合同或按照预约的方式与对方签订本约合同的义务，应向对方承担预约合同的违约责任。

编写人：北京市密云区人民法院　崔道远

2

商品房认购人不诚信磋商，以非重大条款内容与开发商无法达成合意为由拒绝签订本约合同的，应承担违约责任

——徐某、王某诉某房地产公司商品房预约合同案

【案件基本信息】

1. 裁判书字号

江苏省无锡市中级人民法院（2023）苏02民终1309号民事判决书

2. 案由：商品房预约合同纠纷

3. 当事人

原告（被上诉人）：徐某、王某

被告（上诉人）：某房地产公司

【基本案情】

2021 年 12 月 4 日，商品房开发商某房地产公司（甲方）与徐某、王某（乙方）签订《房屋认购书》，约定乙方向甲方购买商品房一套，双方对房号、面积、价格和交房日期等都进行了明确。同时约定，乙方应当于 12 月 11 日前与甲方签订正式合同、付清购房款，否则甲方有权解除协议，没收定金；当日，乙方交付甲方定金 5 万元。

此后经双方协商，将签订本约合同的截止时间变更为同年 12 月 29 日。在该期限届满前，双方多次沟通磋商，徐某、王某要求某房地产公司将本约合同条款作如下修改：交房时间改为销售人员口头承诺的日期，办理燃气开通手续的责任主体由买受人变更为开发商，将房屋质量瑕疵的维修周期 180 天变更为 45 天等。某房地产公司以本约商品房买卖合同内容已经备案且燃气开通约定属于示范文本不可更改内容，且本约合同及补充协议文本在售楼处进行了公示，不同意进行修改。直至同年 12 月 29 日，最终双方未能签订本约合同。徐某、王某要求某房地产公司退还定金，某房地产公司表示不同意。徐某、王某遂诉至法院，请求解除《房屋认购书》并要求某房地产公司返还定金 5 万元。

【案件焦点】

在已经订立商品房预约购房合同后，对一方拒绝签订本约合同理由的合理性，如何进行司法认定。

【法院裁判要旨】

江苏省无锡市锡山区人民法院经审理认为：徐某、王某已按约定日期到售楼中心与某房地产公司进行本约磋商，但因某房地产公司拒绝对合同内容进行修改，导致商品房买卖合同未能签订，该结果不可归责于任何一方，故某房地产公司应向徐某、王某返还定金 5 万元。

江苏省无锡市锡山区人民法院依照《中华人民共和国民法典》第四百九十

五条、第五百四十三条，《最高人民法院关于审理商品房买卖合同纠纷案件适用法律若干问题的解释》第四条，《中华人民共和国民事诉讼法》第六十七条、第一百四十五条、第一百五十一条、第一百五十五条，《最高人民法院关于适用〈中华人民共和国民事诉讼法〉的解释》第一百零六条之规定，判决如下：

一、确认原告徐某、王某与被告某房地产公司于 2021 年 12 月 4 日签订的《房屋认购书》解除；

二、被告某房地产公司于本判决发生法律效力之日起十日内返还原告徐某、王某定金 5 万元。

某房地产公司不服一审判决，提起上诉。

江苏省无锡市中级人民法院经审理认为：在双方对于商品房交易主要事项已达成一致意见的情况下，徐某、王某对不涉及重大利益的条款提出的异议并不合理，徐某、王某以此为由拒绝与某房地产公司签订商品房买卖合同具有过错，故某房地产公司无须返还定金 5 万元。

江苏省无锡市中级人民法院依照《中华人民共和国民法典》第四百九十五条、《中华人民共和国民事诉讼法》第一百七十七条第一款第二项的规定，判决如下：

一、维持无锡市锡山区人民法院（2022）苏 0205 民初 6385 号民事判决第一项；

二、撤销无锡市锡山区人民法院（2022）苏 0205 民初 6385 号民事判决第二项；

三、驳回徐某、王某的其他诉讼请求。

【法官后语】

商品房交易中，预约合同、商品房买卖合同示范文本被交易双方广泛接受。交易双方以认购书等形式，往往就房号、房价等重要条款达成一致意见，对于其他条款虽约定留待进一步协商确定，但开发商早已拟定了格式条款。有观点认为商品房预约合同最接近于本约，只是双方合意立即生效，因此，在约定期限内双方必须订立本约[1]，唯有法定免责事由方可免责。[2] 但笔者认为，基于开发商的优势地位明显，即便预约合同已包含必要条款，但购房决策受众多因素影响，不能强求当事人必须订立对己方明显不利的合同，本约的内容应允许继续磋商。[3] 对于预约违约的认定，根据《最高人民法院关于适用〈中华人民共和国民法典〉合同编通则若干问题的解释》第七条的规定，如经过诚信磋商后本约仍未订立，当事人是否构成违约，关键是看当事人在谈判订立本约合同的过程中所提出的条件是否合理。[4] 在不同类型的预约合同下，交易的复杂度及成熟度有所差别，对于磋商是否合理、是否诚信的判断标准不尽相同，而商品房预约交易的确定性和成熟度均比一般预约合同的要高。因此，适用《最高人民法院关于适用〈中华人民共和国民法典〉合同编通则若干问题的解释》第七条的规定，判断拒绝履行此类型预约合同义务的理由是否成立时，结合本案的情况应从以下三个方面进行：

一、订立预约合同时开发商对于本约合同文本内容是否进行提示和说明

行政主管机关出于对当事人利益平衡的考虑，制定了商品房买卖合同示范文本推广，将示范文本中与购房决策直接相关的条款设置为经双方协商一致后选填，而不相关的条款则设置为固定内容。但实践中，开发商仍利用优势地位在示范文本的基础上提前确定了大部分内容。交易双方在预约合同磋商时，实际上对于本约的必要条款方面也有所涉及。因此，双方在签订预约合同时开发商是否将买卖合同、补充协议的模板向购房人尽到提示说明义务等情节，对于判断后续本约磋商是否“诚信”至关重要。我们在司法实践中发现目前很多开发商都在预约合同中载明已向购房人出示并说明了本约条款。如购房人在明知

---

① 王建东、杨国锋：《预约合同的效力及判定——以商品房买卖预约合同为例》，载《浙江学刊》2011 年第 1 期。

② 耿利航：《预约合同效力和违约救济的实证考察与应然路径》，载《法学研究》2016 年第 5 期。

③ 叶雄彪、梅夏英：《预约合同问题研究》，载《中国社会科学院研究生院学报》2019 年第 4 期。

④ 最高人民法院民事审判第二庭、研究室编著：《最高人民法院民法典合同编通则司法解释理解与适用》，人民法院出版社 2023 年版，第 110~111 页。

条款具体内容后仍达成了预约合同，说明购房人对于本约条款内容初步认可。此后再对已决条款提出异议，违反诚信原则。本案中，开发商虽未向购房人出示或解释过示范文本内容，购房人以此主张对可协商条款进行修改，属于合理行使请求磋商的权利，并无不当。但购房人对于示范文本中不可协商的内容也提出异议，显属非合理请求。

二、未决条款对房屋功能的实现是否构成重大影响

商品房的功能在于居住使用兼顾投资保值，这两项功能对于房屋价值产生直接影响。条款涉及的利益价值越高，购房人则越期待通过充分磋商解决分歧从而获得自身权益的保障。因此，直接影响房屋居住使用和投资保值功能的条款，无疑属于合同重大条款。例如，交易房屋的坐落、朝向、户型、楼层、学区均是确定唯一的，不具有可替代性，且与购房人使用房屋便利性、舒适度及价格有直接关系，对于购房人交易安排具有重要意义，属于核心范围的条款。购房作为普通家庭的重大投资，可能不会经一次磋商就达成买卖合意。因此，对于预约合同订立时，双方未协商一致的内容对于房屋功能实现是否存在重大的影响，是判断“诚信磋商”的重要标准。以本案为例，购房人提出合同双方违约金标准不对等的问题，虽看似双方存在利益失衡，但违约条款作为预防机制在特定情形下适用，只要双方诚信履约则违约条款不会对双方权利产生影响。且如确属不合理，经诉诸司法也能得到调整。至于购房人提出的开通燃气主体的问题，更不会影响房屋功能的实现，完全可以在本约合同之外灵活处理。

三、磋商是否达到较高的努力合理程度

“合理”“诚信”“必要”等解释具有一定的主观性，需要结合实际情况多项因素进行综合考量，以确保评价的全面性及客观性，以使得从整体出发，兼顾购房人及开发商的利益。第一，双方对于未决条款的修改是否给出合理的解释和说明，以便于对方理解自己的立场和意图；第二，双方对争议条款是否进行了持续的磋商，在此过程中有无展现出积极态度，这意味着双方对此不仅要投入足够的时间和精力，还要保持开放的态度，愿意倾听和考虑对方的观点；第三，双方对于争议条款是否仅坚持一种立场或方案，有无提出多种具有可行

性的方案；第四，在磋商中有无顾及交易的整体利益，而非拘泥于局部利益。

由于商品房买卖在预约缔约阶段就趋近于本约，交易双方之间的信赖程度最高，本约订立的可能性最高。因此，对于商品房本约“诚信磋商”的标准应更加严格。如上述三个方面均未能完成，则一方拒绝或协商未果不签订本约的理由成立，无须承担商品房预约合同的违约责任。

编写人：江苏省无锡市中级人民法院　陈靖宇　周喆菁

二、商品房预售合同纠纷

3

开发商就期房主要结构的特异性负有向购房人明确告知的义务

——陈某、蔡某诉某置业公司、某房地产公司商品房预售合同案

【案件基本信息】

1. 裁判书字号

江苏省无锡市中级人民法院（2023）苏02民终5695号民事判决书

2. 案由：商品房预售合同纠纷

3. 当事人

原告（上诉人）：陈某、蔡某

被告（上诉人）：某置业公司

被告（被上诉人）：某房地产公司

【基本案情】

陈某、蔡某与由某房地产公司设立的一人有限责任公司即某置业公司签订了买卖合同，购买顶楼房屋，房屋层高为3米，总价款为2665617元。买卖合同附件“房屋平面图”无法看出案涉房屋阳台顶部有下垂横梁。附件载明了高

层房屋户型差异等存在不利因素，未见案涉房屋或相同楼层、户型房屋阳台顶部横梁的提示。

陈某、蔡某举证称某置业公司售房时对双联阔景阳台进行大力宣传，导致其看中双阳台而购买案涉房屋，且样板房阳台平整无横梁，销售人员也未提示顶楼阳台有横梁。某置业公司认为沙盘等宣传资料仅展示楼栋具体位置和周边环境，限于比例问题无法详细展示房屋的内部差异情况，宣传资料不能作为要约或者承诺，实际应以合同约定内容为准。

某置业公司提供了墙身大样竣工蓝图，称蓝图明确显示高层单元楼顶楼阳台有承重梁，其依图施工，不存在任何问题。

经现场勘查，案涉房屋阳台长 6.37 米，宽 1.27 米，净高（扣除顶部横梁高度）2.4 米；东西向横梁长 6.37 米，宽 39 厘米，高 34.5 厘米；南北向横梁长 42 厘米，宽 23 厘米，高 34.5 厘米。同单元 2901 室阳台长 6.38 米，宽 1.28 米，净高 2.77 米，顶部净宽 1.23 米。案涉房屋阳台的建筑面积为 4.69 平方米。

案涉小区房屋价格公示表载明 19 单元 01 户型装修价格均为 2830 元/平方米，毛坯价格为 20913 元/平方米至 22053 元/平方米。通过对备案单价整理可知 401 室和 501 室的价格差为 300 元/平方米，3101 室和 3001 室的价格差为 720 元/平方米，其余楼层的价格差为 30 元/平方米。某置业公司认为案涉房屋的备案价格明显低于中间楼层和高层，仅高于同单元 1 层至 5 层房屋，这已经是考虑到了案涉房屋可能存在的漏水、保温、阳台差异等因素。陈某、蔡某认为案涉房屋的实际出售价格并未比其他楼层低。

陈某、蔡某主张其因案涉房屋阳台顶部横梁产生的损失包括为弥补构造缺陷产生的装修损失、因压迫感产生的精神压力、缺少双阳台的开阔视野导致市场价格的损失、因阳台美观及安全问题导致的心理折磨。

【案件焦点】

1. 某置业公司在销售案涉房屋时是否应向陈某、蔡某明确告知阳台顶部存在横梁；2. 陈某、蔡某的损失应如何确定。

【法院裁判要旨】

江苏省无锡市锡山区人民法院经审理认为：当事人应当按照约定全面履行自己的义务，遵循诚信原则，根据合同的性质、目的和交易习惯履行通知等义务。本案中，陈某、蔡某购买住宅属性的案涉房屋，故案涉房屋应满足居住用途，包括阳台在内的各个空间的设计和实际情况也应符合人们对住宅的一般认知。某置业公司作为开发企业和出卖人，在销售尚未建成的商品房时应秉承诚信原则，就所售房屋存在的与人们一般认知有差异的情形明确告知买受人。就案涉房屋而言，阳台顶部的承重横梁与同单元同户型其他楼层的房屋存在明显差异。因为案涉房屋阳台顶部的设计，陈某、蔡某在使用案涉房屋阳台和对阳台进行装修时显然会受到该设计的影响，致使阳台空间会有一定的障碍或减损。陈某、蔡某主张的损失包括精神压力等，但其未举证证明相关损失。法院结合案涉房屋的价格、阳台空间、装修影响以及某置业公司未明确释明等因素，酌定某置业公司赔偿5.8万元。某置业公司系由某房地产公司设立的一人有限责任公司，在无法认定某置业公司财产独立于某房地产公司财产的情况下，某房地产公司应对上述债务承担连带责任。

江苏省无锡市锡山区人民法院依据《中华人民共和国民法典》第五百零九条、第五百七十七条，《中华人民共和国公司法》第六十三条，《最高人民法院关于民事诉讼证据的若干规定》第十条，《最高人民法院关于适用〈中华人民共和国民事诉讼法〉的解释》第九十条之规定，判决如下：

一、某置业公司于本判决生效之日起十日内支付陈某、蔡某5.8万元；

二、某房地产公司就某置业公司前述第一项所涉债务承担连带责任；

三、驳回陈某、蔡某的其他诉讼请求。

陈某、蔡某和某置业公司均不服一审判决，提起上诉。

江苏省无锡市中级人民法院经审理认为：案涉房屋阳台部分空间因承重横梁导致层高未达3米，某置业公司交付的房屋不符合约定，构成违约，应承担违约责任；陈某、蔡某主张按照房屋总价的5%确定赔偿金额，无明确的法律依据，且二人未举证证明一审法院综合多种因素酌定的5.8万元明显低于其损失，故对其上述请求不予支持。

江苏省无锡市中级人民法院依照《中华人民共和国民事诉讼法》第一百七十七条第一款第一项之规定，判决如下：

驳回上诉，维持原判。

【法官后语】

本案的争议焦点在于，开发企业销售期房时，是否应赋予其就房屋主要结构的差异性向购房者进行明确说明的义务，以及开发企业若未合理履行该义务时，应如何认定购房者的损失，进而确定开发企业的违约责任。本案经过一、二审，均认为开发企业未全面履行合同义务，构成违约。在认定购房者损失时，法院根据房屋装修成本增加和空间价值贬损的情形，结合开发企业的过错和购房者的主观状态等因素，综合认定了购房者的实际损失，判令开发企业予以赔偿。

一、开发企业销售期房时就房屋主要结构差异性说明义务的认定

根据《城市商品房预售管理办法》的规定，按照提供预售的商品房计算，投入开发建设的资金达到工程建设总投资的25%以上且满足其他条件的，开发企业即可进行预售，即以期房的方式销售房屋，这在房地产市场中是较为普遍的现象。而开发企业在销售期房时，交易房屋尚未完成建造。这就使得购房者在购买房屋时，无法知晓或者无法完全知晓其所购房屋的具体结构，特别是主要结构或者重要结构的具体构造。在这种情况下，基于诚实信用原则的要求，应适当加重开发企业的说明义务，以确保购房者不会基于错误认知而购买房屋。

有别于普通商品，房屋具有结构复杂、涉及因素众多的特点。要求开发企业就其销售的期房作出全面、无差别的说明，在客观上无法操作，不符合经济便利原则，亦缺乏现实必要性。因此，在认定开发企业说明义务的具体范围时，应以对房屋的使用价值具有重要影响的主要结构为基础，辅之以房屋主体或者环境的实际情况加以认定。以本案为例，阳台作为住宅的基本功能空间和主要结构之一，因其位于住宅外侧和空间独立的特点，在生活中通常被作为功能性区域加以使用，对于购房者而言有着不可或缺的重要作用。因此，法院认定开

发企业就案涉房屋阳台的差异性，负有向购房者作出明确说明的义务。

二、开发企业未履行房屋主要结构差异性说明义务责任的认定

鉴于房屋主要结构直接影响房屋的使用功能，结合日常生活经验可知，房屋主要结构若存在有别于普通人一般认知的差异，则会在一定程度上影响购房者的抉择。这种影响既包括对购房者购买意愿的影响，也包括对实际成交价格的影响。当然，具体的影响程度应根据房屋的实际结构和价格，购房者的实际需求和目的，并结合房地产市场整体环境综合判断，以防止当事人扩大这种影响的真实程度。

虽然房屋主要结构的差异性对购房者的影响程度不同，但不可否认的是，特殊的房屋结构通常情况下会增加购房者使用房屋的成本或者负担，即对购房者而言会产生一定损失。这种损失既包括可测算的客观损失，如房屋装修成本的增加；也包括无法量化的主观负担，如空间受损导致购房者感观上的不适。因此，在审判实践中如何确定购房者的损失通常会成为双方争议的焦点。面对此争点，法院应通过实地调查和现场勘查，首先确定房屋装修成本的增加和空间价值的贬损等有据可依的客观损失，并在此基础上结合开发企业未尽说明义务的过错和购房者使用房屋的主观状态等因素，综合认定购房者的损失。

本案结合期房销售的特点，详细分析了开发企业就房屋主要结构差异性所负的明确说明义务，理由充分，论据翔实，保护了购房者在购买期房时的知情权等合法权益。本案还进一步论述了房屋主要结构差异性对购房者产生损失的具体范畴，指明了损失确定的原则和方法，对类案的审理起到了示范和指引作用。

编写人：江苏省无锡市锡山区人民法院　刘家强

4

违约方采取补救措施后法院可酌情降低违约金

——王某、姜某诉某置业公司商品房预售合同案

【案件基本信息】

1. 裁判书字号

北京市第二中级人民法院（2023）京 02 民终 5482 号民事判决书

2. 案由：商品房预售合同纠纷

3. 当事人

原告（被上诉人）：王某、姜某

被告（上诉人）：某置业公司

【基本案情】

2015 年 1 月 27 日，某置业公司（出卖人）与姜某、王某（买受人）签订《北京市商品房预售合同（商业、办公等非住宅类）》（以下简称预售合同），双方约定：姜某、王某购买某置业公司开发的商品房，用途为商务办公，房价款为 706689 元；出卖人应当在 2016 年 12 月 31 日前向买受人交付该商品房；出卖人承诺与该商品房正常使用直接相关的市政基础设施和其他设施按照约定的日期达到下列条件：“1. 市政基础设施：（1）上水、下水：于该商品房实际交房之日达到开通条件。（2）市政双路供电：于该商品房实际交房之日达到开通条件……如果在约定期限内未达到条件，双方同意按照下列方式处理：每逾期一日，出卖人向买受人支付相当于全部房价款万分之一的违约金。”合同签订后，姜某、王某向某置业公司支付全部房价款共 706689 元。某置业公司于 2016 年 12 月 28 日向姜某、王某交付了该商品房。该商品房交付时使用的是临

水临电，使用临水临电期间某置业公司并未向业主收取费用，一直自行承担水电费直至正式开通水电为止。

王某、姜某认为某置业公司未按照合同约定，在商品房实际交付之日起未达到相关市政基础设施和其他设施的条件，应当按照约定以每逾期一日，向王某、姜某支付相当于全部房价款万分之一的违约金7万余元，并赔偿损失5万余元。

【案件焦点】

开发商违约后采取提供临水临电的补救措施，违约金是否仍按约定计算。

【法院裁判要旨】

北京市房山区人民法院经审理认为：本案中，姜某、王某与某置业公司之间签订预售合同，双方成立商品房买卖合同，合同不违反法律、行政法规的强制性规定，应为合法有效，对双方均具有法律约束力。根据查明的事实，预售合同约定的上水、下水未于实际交房之日达到开通条件，市政双路供电亦未于实际交房之日达到开通条件。在双方未另行作出约定的情况下，某置业公司虽向姜某、王某提供了“临水临电”的替代性履行方式，但某置业公司的行为违反了合同约定。根据预售合同第十三条的约定，供水、供电等市政基础设施未达到条件，每逾期一日，出卖人向买受人支付相当于全部房价款万分之一的违约金。某置业公司应当按该条款约定向姜某、王某支付违约金。违约金的起算时间，本院根据预售合同约定自姜某、王某实际接收房屋之日起算。根据本院查明的事实，双方约定的市政基础设施和其他设施达到条件的日期应认定为市政双路供电条件达成的日期即2021年7月30日，故违约金应计算至该日截止。某置业公司主张违约金过高，不符合预售合同约定，亦未提供其他充分证据证明，本院不予采纳。

综上，北京市房山区人民法院依照《中华人民共和国合同法》第六十条、第一百一十四条，《最高人民法院关于适用〈中华人民共和国民法典〉时间效力的若干规定》第一条，《中华人民共和国民事诉讼法》第六十七条第一款之规定，判决如下：

一、某置业公司于本判决生效之日起十日内支付姜某、王某违约金118370.41元；

二、驳回姜某、王某的其他诉讼请求。

某置业公司不服一审判决，提起上诉。

北京市第二中级人民法院经审理认为：《中华人民共和国民法典》第五百七十七条规定，当事人一方不履行合同义务或者履行合同义务不符合约定的，应当承担继续履行、采取补救措施或者赔偿损失等违约责任。本案中，双方在合同中约定“如果在约定期限内未达到条件，双方同意按照下列方式处理：每逾期一日，出卖人向买受人支付相当于全部房价款万分之一的违约金。”该约定系对房屋交付未达到一定条件的补偿性约定，具有填补相对方损失的法律性质。某置业公司交付房屋虽未满足市政供水、供电条件，但已通过开通临水、临电方式采取了补救措施，一定程度上弥补了合同相对方的损害。且关于案涉房屋未达到市政供水供电所遭受的损失，从姜某、王某的举证及陈述情况来看，并未达到严重影响房屋使用的程度，若严格按照合同约定的违约金标准进行计算，金额已近房屋总价款两成，有违公平原则。

《中华人民共和国民法典》第五百八十五条第一款和第二款规定，当事人可以约定一方违约时应当根据违约情况向对方支付一定数额的违约金，也可以约定因违约产生的损失赔偿额的计算方法。约定的违约金低于造成的损失的，人民法院或者仲裁机构可以根据当事人的请求予以增加；约定的违约金过分高于造成的损失的，人民法院或者仲裁机构可以根据当事人的请求予以适当减少。某置业公司上诉主张一审法院判决确认的违约责任过重。鉴于双方关于未达到市政条件时某置业公司应给予买房人的违约金具有补偿性质，如果在某置业公司已经采取补救措施的情况下，仍然按照合同标准计算违约金，有违公平原则。故此，本院综合考虑某置业公司采取补救措施情节、买房人受损情况、合同约定违约金条款的性质等，酌情确定某置业公司应支付姜某、王某违约金6万元。

综上所述，某置业公司关于违约金数额过高有违公平原则的上诉主张成立，本院对其部分上诉请求予以支持，并对一审判决确定的违约金数额予以调整。依照《中华人民共和国民事诉讼法》第一百七十七条第一款第二项之规定，判决如下：

一、撤销北京市房山区人民法院（2022）京0111民初11466号民事判决第二项；

二、变更北京市房山区人民法院（2022）京0111民初11466号民事判决第一项为：某置业公司于本判决生效之日起十日内支付姜某、王某违约金6万元；

三、驳回姜某、王某的其他诉讼请求。

【法官后语】

违约金作为《中华人民共和国民法典》合同编中的重要制度，在保障合同履行、维护交易秩序方面发挥着重要作用。然而，由于合同当事人在缔约时往往难以准确预见未来可能发生的损失，约定的违约金数额可能与实际损失存在较大偏差。为此，法律赋予法院或仲裁机构调整违约金的权力，以平衡双方当事人之间的利益关系，从而实现公平正义。基于当事人之间合意的违约金，法院如何进行调整，一直是司法实践值得探讨的问题。本案即涉及违约金酌减问题，即在某置业公司已经采取补救措施的情况下，合同约定的违约金标准是否过高，法院如何调整。

一、违约金的性质

关于违约金的性质，司法实践中主要存在三种意见：第一种意见认为，违约金是单纯的补偿性违约金。约定的违约金数额与实际损失数额有很大出入时，可以要求人民法院或者仲裁机构予以调高或调低，所以违约金实际上是对遭受损失的守约方的一种补偿。第二种意见认为，违约金是单纯的惩罚性违约金。惩罚性违约金数额通常超过实际损失数额，与实际损失之间并无必然联系。法律规定违约金过分高于损失时可以要求人民法院或者仲裁机构予以调整，没有过分高于损失时不需要调整，即说明了违约金是有惩罚性质的。第三种意见认为，违约金既不是单纯的补偿性违约金，也不是单纯的惩罚性违约金，而是兼具补偿性和惩罚性双重属性的多元违约金。违约金的补偿性体现为违约方给守约方造成的实际损失数额高于约定的违约金数额时，违约方支付违约金仅仅是对守约方进行一定程度的补偿，并不能抵销守约方所遭受到的实际损失；违约金的惩罚性则体现为违约方未给守约方造成实际损失或造成的实际损失数额低于约定的违约金数额时，违约方仍然需要支付违约金，此时支付的违约金数额实际上超过了实际损失数额，是对违约行为的一种惩戒。

《中华人民共和国民法典》第五百八十五条第二款规定，约定的违约金低于造成的损失的，人民法院或者仲裁机构可以根据当事人的请求予以增加；约定的违约金过分高于造成的损失的，人民法院或者仲裁机构可以根据当事人的请求予以适当减少。该规定体现出违约金兼具补偿性和惩罚性双重功能，主要功能在于补偿损失，惩罚违约方只是其辅助功能。当约定违约金数额低于造成的损失额时，违约金表现为补偿性；当约定违约金高于造成的损失时，违约金与损失相等的部分具有补偿性，超过损失的部分，则体现为惩罚性。

二、违约金司法酌减启动要件

《中华人民共和国民法典》第五百八十五条第二款规定，约定的违约金过分高于造成的损失的，人民法院或者仲裁机构可以根据当事人的请求予以适当减少。可知违约金酌减需要有当事人申请、过分高于损失两个要件。

"不告不理"是我国民事诉讼法的基本原则，即当事人没有提出的诉讼请求法院不主动审查。根据该原则所体现的立法精神，结合《中华人民共和国民法典》第五百八十五条第二款的规定，违约金酌减的前提必须是有当事人的申请，当事人提出减少违约金的请求，法院才主动审查，这是启动违约金司法酌减的程序要件；存在约定的违约金过分高于损失，则为违约金司法酌减的实体要件。如果违约金与实际损失相当则没有违约金调整的必要，这时违约金调整则没有适用的空间。

如何判断约定的违约金"过分高于损失"一直以来是司法实践的难题，因为不同法官有不同的看法，导致同类案件不同裁判结果的现象较为常见。为此，《最高人民法院关于适用〈中华人民共和国民法典〉合同编通则若干问题的解释》第六十五条第二款规定，约定的违约金超过造成损失的30%的，人民法院一般可以认定为过分高于造成的损失，这使得司法裁判进一步具有可操作性和统一性。

三、违约金司法酌减的标准——以实际损失为标准兼顾公平与诚实信用原则

合同中违约金条款通常不会进行特别详细的约定，在发生纠纷时，当事人容易就是否适用违约金条款、违约金条款的含义、违约金的数额等发生争议，司法实践中法院应该如何调整才能实现司法公正？笔者认为，违约金的酌减应当以实际损失为标准兼顾公平与诚实信用原则。

（一）守约方的损失是法院是否酌减以及如何酌减违约金的基础

违约救济就是弥补守约方的损失，无论是违约金责任还是法定赔偿都不例外。违约金的首要功能是填补损失，使受到损害的权利得到救济，使受害人能恢复到未受到损害时的状态。所以，在启动违约金酌减程序后，法院始终应当以对守约方提供充分救济为中心，紧扣损失对违约金予以调整。虽然，法院要综合考量各种因素，但按照《最高人民法院关于适用〈中华人民共和国民法典〉合同编通则若干问题的解释》第六十五条第一款之规定，违约金调整应当以损失为基础。守约方损失是违约金调整的主线，无论如何调整，调整后的违约金数额都不能低于守约方遭受的损失。损害赔偿的范围应根据《中华人民共和国民法典》第五百八十四条所确定的“可预见性原则”进行确定，即“当事人一方不履行合同义务或者履行合同义务不符合约定，造成对方损失的，损失赔偿额应当相当于因违约所造成的损失，包括合同履行后可以获得的利益；但是，不得超过违约一方订立合同时预见到或者应当预见到的因违约可能造成的损失”。

（二）对违约金的酌减应当兼顾公平和诚实信用原则

《中华人民共和国民法典》第五百八十五条第二款规定的“适当减少”，实际上也要求违约金的酌减应当符合公平和诚信原则。所谓公平，是指违约金的酌减应当兼顾对损失的填补和对违约方的惩戒，预防违约的发生。这就要求法院在酌减时要以损失为基础，兼顾合同主体、交易类型、合同履行情况、当事

人过错程度、履约背景等多重因素公平考量，避免简单化遵照约定“一刀切”。本案中，一审法院在某置业公司已经提出违约责任过高的情况下，仍根据合同约定的违约责任计算方式进行裁判，未将某置业公司所采取的补救措施纳入司法裁量范围，导致双方利益失衡。某置业公司在交付房屋时即为购房人提供了临水、临电的补救措施，且未就该替代性临水、临电收取费用，亦未发生临水水质不佳、临水临电分时段或间断供应等损害购房人利益的情况，在一定程度上弥补了购房人的损失。二审法院根据某置业公司的调整请求，并综合考虑某置业公司所采取的补救措施、买房人受损情况、合同约定违约金条款的性质等情况，酌情确定违约金数额，具有合理性。此外，该类案件易引发群体诉讼，同一个小区涉及的业主少达几百户多达上千户，鉴于首案判决结果具有示范引领作用，承办法官在处理个案违约金的数额时，不但要考虑个案的公平，更要考虑同一小区其他业主提起批量诉讼时违约金的总额。

编写人：北京市房山区人民法院　陈自喜　杨叶菁

5

电子证照语境下商品房逾期交证的责任认定

——韦某、向某诉某商贸公司商品房预售合同案

【案件基本信息】

1. 裁判书字号

广西壮族自治区南宁市中级人民法院（2023）桂 01 民终 12047 号民事判决书

2. 案由：商品房预售合同纠纷

3. 当事人

原告（上诉人）：韦某、向某

被告（被上诉人）：某商贸公司

【基本案情】

韦某、向某购买了某商贸公司开发建设的某小区一套商品房，双方于2016年7月21日签订《商品房买卖合同》，总房款为1373286元。合同主要约定：(1）交房时间和条件：出卖人应于2018年5月25日前，向买受人交付五方验收合格及符合本合同约定的商品房。以下情形出卖人可据实予以延期：①遭遇不可抗力，且出卖人在发生不可抗力事由之日起30日内告知买受人的。②非出卖人原因包括但不限于自然灾害、公共突发事件或政府修路、封路、重大会议、庆典、交通管制、高考、中考等原因通知停工，以及其他政府行为导致工期延误的；供水、供电相关部门停水停电每日达5个小时以上的；气象部门记录日降雨量达到中雨的天数。③在施工过程中，规划部门批准或决定的规划变更，设计变更等导致工期延长的。(2）办理房屋所有权登记的时间和条件：出卖人应当在商品房交付使用后720日内，向房屋登记机构为买受人申请房屋所有权登记，并交付房屋所有权证书。(3）逾期交付所有权证书的责任：因出卖人过错，导致本条约定的上述手续迟延办理的，买受人不退房，每逾期一日，出卖人按日向买受人支付已付房款万分之一的违约金，最高不超过总房款的0.01%。

2018年6月5日，某商贸公司登报通知交房，交房时间为2018年6月8日。

某商贸公司按合同约定可以据实延期交房的情形包括但不限于：(1）南宁市城乡建设委员会于2017年以文件形式发出通知：9月7日至15日核心区范围内所有在建工地停工整治，停工天数共9天。(2）2016年10月28日至2018年5月25日，南宁市中雨以上日期共计56天。上述（1）和（2）情形共计65天。

案涉房屋不动产权证载明该证颁发日期为2020年9月16日。某商贸公司于2021年6月9日通知包括韦某、向某在内的业主到物业中心领取不动产权证。某商贸公司提交网页截图，显示案涉商品房转移申请日期为2020年9月15日，转移日期为2020年9月16日。韦某和向某认为某商贸公司存在逾期办理不动产权利证书（以下简称办证）的行为，遂成此诉。

【案件焦点】

某商贸公司是否构成逾期办证与逾期交证，是否承担违约责任。

【法院裁判要旨】

广西壮族自治区南宁市良庆区人民法院经审理认为：第一，某商贸公司交房未逾期。合同约定的交房时间为 2018 年 5 月 25 日，但某商贸公司因特殊原因可延期交房天数达 65 天以上，故某商贸公司于 2018 年 6 月 8 日交房并未逾期。

第二，某商贸公司构成逾期办证应承担违约责任。按照合同约定，某商贸公司应当在交房后 720 日内（2020 年 5 月 28 日前）将房屋所有权证书交付韦某、向某，但涉案房屋不动产权利证书登记日期为 2020 年 9 月 16 日，已逾期 111 日，应承担相应违约责任。某商贸公司主张以延期交房事由来顺延办证时间不具合理性：首先，合同约定的顺延事由仅限于交房期限，并未约定可以以延期交房事由来顺延办证时间。其次，某商贸公司主张延期交房的特殊原因如中雨天气、庆典、高考等，均是实践中导致工期延误的合理事由，该事由通常并不会导致办证延误。最后，某商贸公司在签订并提供带有办证日期的范本合同时，完全能够预见并充分考量顺延情况。故某商贸公司应按合同约定支付办证逾期违约金 15243.47 元（1373286 元×111 天×0.01%）。某商贸公司辩称双方约定的逾期办证违约金最高不超过总房款的 0.01%（万分之一），如果仅按“最高不超过总房款的 0.01%”来理解，无论逾期多少天，均只最多支付一日的逾期金，此约定与“每逾期一日，出卖人按日向买受人支付已付房款万分之一的违约金”的约定明显冲突，故对某商贸公司该抗辩意见不予采纳。

第三，某商贸公司不承担逾期交付实体证书违约责任。韦某、向某主张合同约定的交房后 720 日内申请房屋所有权登记并交付证书，该证书应为不动产权证实体证书，案涉房屋不动产权利证书的登记日期虽为 2020 年 9 月 16 日，但实际交付实体证书日期为 2021 年 6 月 9 日，该期间为逾期交证期间，某商贸公司应承担违约责任。某商贸公司辩称2020年9月16日为交付房产证日期，因韦某、向某已能够于该日查询到电子证书，该证书效力与实体证书一致。法院认为：第一，对案涉合同条款的理解不应局限于文义，还应结合合同订立目的进行解释。根据《中华人民共和国民法典》第二百一十四条①、第二百一十七条②之规定，双方对交证时间的约定，本意在于督促某商贸公司在条件成就后尽快向房屋所有权登记机构提交不动产权登记申请，进而为韦某、向某所购置的不动产设立合法物权，即应理解为某商贸公司承诺案涉商品房的不动产物权设立期限为交房后的720日内。案涉商品房不动产物权已于2020年9月16日设立，故应认为韦某、向某的合同目的已在该日期达到。第二，韦某、向某的主张亦不符合权责一致原则，因某商贸公司提交办证申请后，何时印刷、何时出证由房屋登记机构决定，并不受某商贸公司控制。

广西壮族自治区南宁市良庆区人民法院依照《中华人民共和国合同法》第四十一条、第六十条、第一百一十四条，《最高人民法院关于适用〈中华人民共和国民法典〉时间效力的若干规定》第一条第二款，《最高人民法院关于适用〈中华人民共和国民事诉讼法〉的解释》第九十条之规定，判决如下：

一、某商贸公司向韦某、向某支付逾期办证违约金15243.47元；

二、驳回韦某、向某的其他诉讼请求。

韦某、向某不服一审判决，提起上诉。

广西壮族自治区南宁市中级人民法院经审理认为：一审法院对本案争议焦点的认定合法合理，且理由阐述充分，依照《中华人民共和国民事诉讼法》第一百七十七条第一款第一项之规定，判决如下：

驳回上诉，维持原判。

---

① 《中华人民共和国民法典》第二百一十四条："不动产物权的设立、变更、转让和消灭，依照法律规定应当登记的，自记载于不动产登记簿时发生效力。"

② 《中华人民共和国民法典》第二百一十七条："不动产权属证书是权利人享有该不动产物权的证明。不动产权属证书记载的事项，应当与不动产登记簿一致；记载不一致的，除有证据证明不动产登记簿确有错误外，以不动产登记簿为准。"

【法官后语】

本案涉及逾期交证问题具有一定的典型性。互联网的发展与进步推动了各行各业的数字化改革，全国自然资源确权登记亦进行了“互联网+不动产登记”改革，且改革在数字化浪潮中持续推进并取得重大进展。在此背景下，司法领域对不动产权证书的理解亦应与时俱进。如何在审判中评判纸质不动产权证书的交证意义、对逾期交证违约责任条款如何理解，是本案中值得研究探讨的重点问题。

一、我国“互联网+不动产登记”改革情况

近年来，各地持续推进数字化改革，不断提升不动产登记便利化水平。以南宁市为例，南宁市于2018年9月17日正式上线不动产登记电子证照，成为全国首个实行不动产登记电子化并覆盖全业务的城市[①]；2019年5月又被自然资源部确定为全国不动产登记电子证照试点城市。南宁市在推行“互联网+不动产登记”后，权利人可以通过多种渠道查询电子证照，了解不动产登记情况及办证进度等。

二、关于不动产登记电子证照效力的相关规定

2019年4月26日，国务院公布实施《关于在线政务服务的若干规定》，其中第十条规定：“国家建立电子证照共享服务系统，实现电子证照跨地区、跨部门共享和全国范围内互信互认。国务院有关部门、地方人民政府及其有关部门按照电子证照国家标准、技术规范制作和管理电子证照，电子证照采用标准版式文档格式。电子证照与纸质证照具有同等法律效力。”第十一条规定：“除法律、行政法规另有规定外，电子证照和加盖电子印章的电子材料可以作为办理政务服务事项的依据。”

2020年5月15日，自然资源部、国家税务总局、中国银保监会公布实施《关于协同推进“互联网+不动产登记”方便企业和群众办事的意见》，其中第三条规定：“推广使用电子证照及电子材料。按照法律法规规定，电子不动产

① 参见《全国首张不动产权电子证书在南宁发出》，载广西新闻网，http：//www.gxnews.com.cn/staticpages/20180918/newgx5ba0a2aa-17656250.shtml，最后访问时间：2025年1月1日。

登记证书证明与纸质不动产登记证书证明具有同等法律效力，各地要积极推广应用。有条件的地方，应当核发符合国家标准的电子证书证明；暂时不具备条件的，要努力提供纸质证书证明邮寄、自助打印等服务，方便企业群众不见面办理。在不动产登记、申报纳税和抵押放贷等服务中推广使用电子签名、电子印章、电子合同、电子证书证明，符合规定条件的电子签名与手写签名或者盖章、电子印章与实物印章具有同等法律效力，经电子签名或加盖电子印章的电子材料合法有效，通过共享获得的信息以及当事人提交的电子材料可以作为办事依据，电子材料可以不再以纸质形式归档。具备条件的地方银保监部门与不动产登记机构可以联合制定不动产抵押合同示范文本。"

上述行政法规、部门规范性文件对电子证照形式的不动产权证书的效力进行了明确，也为"互联网+不动产登记"改革扫除了障碍。

三、关于不动产物权设立的相关规定

对于不动产物权的设立，需厘清以下两个问题：

一是不动产物权的设立时间应为记载于不动产登记簿的时间。传统概念中，购房人是在拿到"房本"，也就是纸质的不动产权证书之后，才能确定不动产物权归自己所有。对于不动产物权设立的时间，《中华人民共和国物权法》（已失效）第十四条规定："不动产物权的设立、变更、转让和消灭，依照法律规定应当登记的，自记载于不动产登记簿时发生效力。"第十七条规定："不动产权属证书是权利人享有该不动产物权的证明。不动产权属证书记载的事项，应当与不动产登记簿一致；记载不一致的，除有证据证明不动产登记簿确有错误外，以不动产登记簿为准。"《中华人民共和国民法典》第二百一十四条、第二百一十七条亦延续了《中华人民共和国物权法》上述规定。由购房人持有的纸质不动产权属证书与不动产登记簿并非同一概念。不动产登记簿则是指由不动产登记机构依法制作的，记载特定辖区内的不动产自然状况、权利状况、物权变动以及相关事项并备存于登记机构的官方簿册。可见，传统理解与法律规定存在偏差。案涉房屋不动产物权自记载于不动产登记簿时发生效力，即案涉商品房不动产物权已于2020年9月16日设立。

二是不动产登记电子证照的出现大大弱化了传统“房本”对购房人的重大意义。不动产登记电子证照是由不动产登记系统自动生成的电子证书，可随时查询、随时下载，与纸质证书具有同等法律效力，可以作为不动产业务办理材料、学生入学证明、户口迁移等政务服务事项的依据。行政法规已明确电子证照与纸质证照具有同等法律效力，故在已取得电子不动产登记证书的情况下，未取得纸质的不动产登记证书不影响当事人行使权利，故传统“房本”对购房人的意义已经大大弱化。

四、如何评判案涉合同中关于逾期交证的违约责任

案涉合同约定，出卖人应当在商品房交付使用后720日内，向房屋登记机构为买受人申请房屋所有权登记，并将以买受人为产权人的房屋所有权证书交付买受人，出卖人迟延办理的，需按日向买受人支付已付房款的万分之一违约金。在已经认定某商贸公司承担逾期办证违约责任的情况下，是否还应要求其承担逾期交付案涉房屋实体产权证书？对该问题应从以下三个方面考量。

一是考量合同订立的目的。从合同目的解释，双方对交证时间的约定，本意在于督促某商贸公司在条件成就后尽快向房屋所有权登记机构提交不动产权登记申请，进而为韦某、向某所购置的不动产设立合法物权，即应理解为某商贸公司承诺案涉商品房的不动产物权设立期限为交房后720日内。案涉商品房不动产物权已于2020年9月16日设立，故应认为韦某、向某的合同目的已在该日期达到。

二是考量迟延交付实体证书是否导致当事人行使权利受限。某商贸公司需就迟延行为承担责任的前提，是基于其迟延交付实体证书导致韦某、向某权利受损。如迟延交付实体证书不会导致韦某、向某权利受损，则要求某商贸公司承担违约责任亦缺乏核心依据。案涉房屋的不动产物权设立后，韦某、向某可以通过多种途径领取电子证照，电子不动产登记证书证明与纸质不动产登记证书证明具有同等法律效力，在此种情况下，应推断韦某、向某已经能够作为权利人行使相关权利。如韦某、向某认为逾期交付实体证书导致其权利受损，如影响房屋转让、子女入学等，则应承担相应的举证责任，否则应承担不利后果。

三是考量权利与义务是否对等。某商贸公司为买受人提交房屋产权登记申请后，其责任应截至提交完毕登记材料、登记机构将归属于买受人的不动产权登记至不动产登记簿时止，至于实体证书何时安排印刷、何时出证，则由其他因素决定，并不受某商贸公司控制。在无证据证明某商贸公司故意拖延领取证书、故意拖延发放证书的情况下，不宜以此追究其责任。

综合以上理由，在已经认定某商贸公司承担逾期办证违约责任的情况下，韦某、向某要求某商贸公司承担逾期交证违约责任的诉讼请求不应得到支持。

编写人：广西壮族自治区南宁市良庆区人民法院　黄艳芳　罗丹

6

合同对标的物概况、价款、预付款及其支付等进行明确约定，且买受人已支付预付款的，应认定该合同性质为商品房预售合同

——高某诉某房地产开发公司、某物业公司商品房预售合同案

【案件基本信息】

1. 裁判书字号

北京市第三中级人民法院（2023）京03民终11750号民事判决书

2. 案由：商品房预售合同纠纷

3. 当事人

原告（被上诉人）：高某

被告（上诉人）：某房地产开发公司

被告：某物业公司

【基本案情】

2017年2月27日，某房地产开发公司（出卖人）与高某（认购人）签订《认购合同》，高某认购E号（暂定）房屋，预测建筑面积162.54平方米，每平方米4.1万元，总金额6664140元。

关于房屋的确定。高某主张所购买的房屋对应的房屋号现在登记为北京市朝阳区；某房地产开发公司、某物业公司主张本案系民间借贷法律关系，无法确定对应的房屋、实际房屋和购房合同面积不一致，案涉房屋已经销售并已经网签。法院调取，案涉房屋登记所有权人为某房地产开发公司，登记时间为2019年7月8日。该房屋现被司法查封。

关于款项支付。2017年2月17日，某房地产开发公司为高某出具《资金代收函》，载明：甲方（某房地产开发公司）现委托乙方（某物业公司）根据甲方与高某于2017年2月27日签署的《认购合同》，代甲方收取由高某支付的购房款共计人民币6664140元；甲方指定乙方使用某账户作为收款账户。某房地产开发公司与某物业公司在代收函尾部签章。2017年2月27日，高某向某物业公司指定账户转账6664140元，回款凭证附言载明为购房款。同日，某房地产开发公司为高某出具收据一张，收据载明：今收到高某交来购房款人民币6664140元整。

某房地产开发公司、某物业公司主张某房地产开发公司与高某系民间借贷法律关系，并提交石某与某房地产开发公司刘某、石某与某房地产开发公司陈某之间的微信聊天记录予以证明。微信聊天记录涉及高某购房情况，但未载明高某向某房地产开发公司支付款项为借款。

经核实，某房地产开发公司于2003年取得的北京市商品房预售许可证于2004年9月到期，后于2020年3月13日取得商品房现房销售备案证明。高某具有本市购房资格。

高某与某房地产开发公司、某物业公司均同意如本案存在房屋差价损失，房屋差价损失以86103元/平方米的价格作为现在房屋市场价格计算。石某称高某与其有亲属关系，因某房地产开发公司欲通过卖房筹集资金便通过其找到高某等购房人购买房屋。高某于2022年8月1日向法院提起本案之诉。

【案件焦点】

1. 高某与某房地产开发公司之间的法律关系的性质；2. 高某与某房地产开发公司之间的合同是否应予解除及法律后果；3. 某物业公司的责任承担。

【法院裁判要旨】

北京市密云区人民法院经审理认为：高某与某房地产开发公司之间形成房屋买卖法律关系。理由有三：第一，从双方当事人之间的意思表示的探明来看，高某经石某介绍购买某房地产开发公司开发的房屋，某房地产开发公司通过出售房屋获取价款，双方之间系针对房屋买卖达成的合意。第二，从双方当事人真实意思表示的确定来看，高某与某房地产开发公司之间签订的认购合同具备当事人的姓名、商品房的基本情况（包括房号、建筑面积）、总价或单价、付款时间、付款方式、交付条件等内容，符合《商品房销售管理办法》第十六条所规定的商品房买卖合同应当明确的主要内容。第三，从证明责任来看，某房地产开发公司虽主张其与高某之间系民间借贷关系，但其并未就双方交易发生时存在借贷合意，就借款利率、还款期限、还款方式等内容进行约定。故，某房地产开发公司关于其与高某之间系民间借贷法律关系的辩解意见，本院不予采信。

高某与某房地产开发公司之间的合同是否应予解除及法律后果。高某与某房地产开发公司签订认购合同时所售房屋的商品房预售许可证明虽已过期，但嗣后某房地产开发公司于2020年3月13日取得了商品房现房销售备案证明，且高某具备购房资格，故双方之间的认购合同本院认定为有效。认购合同的履行过程中，高某多次向某房地产开发公司催告履行认购合同，但某房地产开发公司对双方认购合同约定的义务并未履行，故高某有权要求解除合同。根据起诉状副本送达的时间确定双方认购合同的解除时间为2022年8月17日。认购合同因某房地产开发公司违约而解除，故高某有权要求某房地产开发公司承担违约责任赔偿其损失，损失的金额本院根据双方合同约定、履约情况、房屋价格等因素综合予以认定。

某物业公司的责任承担。高某主张某物业公司与某房地产开发公司系关联公司，但其并未提供有效证据证明，故对高某要求某物业公司承担连带责任的诉讼请求，并无依据，法院不予支持。

北京市密云区人民法院依照《中华人民共和国民法典》第五百零九条、第五百六十三条、第五百六十六条，《最高人民法院关于适用〈中华人民共和国民法典〉时间效力的若干规定》第一条，《最高人民法院关于适用〈中华人民共和国民事诉讼法〉的解释》第九十条之规定，判决如下：

一、确认高某与某房地产开发公司于2017年2月27日签订的《认购合同》于2022年8月17日解除；

二、某房地产开发公司返还高某购房款6664140元，限本判决生效之日起七日内执行；

三、某房地产开发公司给付高某违约损失615万元，限本判决生效之日起七日内执行；

四、驳回高某的其他诉讼请求。

某房地产开发公司不服一审判决，提起上诉。

北京市第三中级人民法院经审理认为：同意一审裁判意见，依照《中华人民共和国民事诉讼法》第一百七十七条第一款第一项之规定，判决如下：

驳回上诉，维持原判。

【法官后语】

商品房预售，是指房地产开发企业将正在建设中的房屋预先出售给承购人，由承购人支付定金或房价款的行为。商品房预售合同是一种特殊的不动产买卖合同，它是获得预售资质的房地产预售人与预购人之间在房屋尚未竣工、房屋并不现实存在的条件下，约定在一定期限内交付将来竣工的房屋，买受人支付价款的不动产买卖合同。商品房预售合同的当事人包括预售人和预购人两方。商品房的认购、订购、预订等协议具备《商品房销售管理办法》第十六条规定的商品房买卖合同的主要内容，且出卖人已经按照约定收受购房款的，该协议应当认定为商品房买卖合同。

一、预约合同内容完备时应认定为本约

对于名为认购合同的性质认定不能一概而论，而应当根据预约合同内容的完备程度来决定。从合同内容考量，如果双方当事人缔结的合同具备了合同本约的内容，就应按照本约合同纠纷进行处理，无须当事人再订立本约。在商品房销售领域，判断协议属于预约合同还是本约合同，主要看该协议是否具备《商品房销售管理办法》第十六条规定的商品房买卖合同的主要内容。如果具备合同主要内容并且出卖人已经按照约定收受了购房款，就可以认定该类协议具备商品房买卖合同本约的条件，当事人已经达成最终交易合意。

本案中，某房地产开发公司作为出卖人、高某作为认购人签订的《认购合同》约定了商品房的基本情况（房号、建筑面积）、单价或总价、付款时间、付款方式、交付条件等内容，具备商品房买卖合同应当明确的主要内容。《认购合同》签订后，高某按照预测建筑面积162.54平方米、每平方米4.1万元的价格向某房地产开发公司指定收款人账户付款共计6664140元。高某在跨行人民币回款凭证附言中载明款项性质为购房款，某房地产开发公司为高某出具的收据中载明收到高某交来购房款人民币陆佰陆拾陆万肆仟壹佰肆拾元整。结合某房地产开发公司一审中提交的聊天记录，可以认定高某系经石某介绍购买某房地产开发公司开发的房屋，某房地产开发公司通过出售房屋获取价款，双方之间系针对房屋买卖达成的合意，双方之间成立房屋买卖合同关系。

二、事后取得预售许可证明可以弥补合同效力瑕疵，违约方应按照履行利益赔偿损失

预售许可的作用在于引发后续的预售合同网签备案等管制机制，它决定了预售合同能否适当履行。《最高人民法院关于审理商品房买卖合同纠纷案件适用法律若干问题的解释》第二条明确，出卖人在起诉前取得商品房预售许可证明的，预售合同可以认定有效。本案出卖人在订立合同阶段虽然预售许可已经过期，但是在2020年取得了现房销售备案证明，合同的效力瑕疵得以弥补。同时，案涉房屋取得备案证明，使得本约可以强制履行，符合以强制履行为基础、

其他违约救济为补充的违约责任形式。

商品房预售合同中，由于房屋并不实际存在，预售人的主要义务如交房和产权交割等都不能马上进行，预购人获得的是一种期待权。能否实现预购合同的目的，即顺利取得合同约定的标的物所有权，不仅在时间上具有期待性，而且取决于预售方房地产开发企业是否能诚信履约，同时还需要合同外的市场未来不会产生阻碍预购人合同利益实现的因素存在。

本案中，高某依约履行了付款义务，但某房地产开发公司并未履行《认购合同》约定的义务，已构成违约，高某有权要求解除合同，并要求某房地产开发公司承担相应的违约责任。一审法院根据双方合同约定、履约情况、房屋价格等因素，酌情确定某房地产开发公司赔偿高某损失。

综上，本案系商品房买卖中以认购合同替代预售合同的典型案例，在预约和本约的认定上应当依照协议内容与当事人的真实意思来判定合同性质，并结合合同效力认定违约责任的承担形式，具有参考和指导意义。

编写人：北京市密云区人民法院　徐征征

7

以开发商违反约定未将电梯修至车库减少的造价衡量购房者的损失

——陈某诉某置业公司商品房预售合同案

【案件基本信息】

1. 裁判书字号

重庆市第五中级人民法院（2023）渝05民终9401号民事判决书

2. 案由：商品房预售合同纠纷

3. 当事人

原告（被上诉人）：陈某

被告（上诉人）：某置业公司

【基本案情】

某置业公司系房地产开发企业。2019年1月12日。陈某与某置业公司签订了《重庆商品房买卖合同》并约定，某置业公司将其开发的案涉房屋卖给陈某。购房合同特别约定应按行政主管部门批准的规划设计建造房屋，不得擅自改变规划批准建设的公共建筑和公共设施用途。

合同签订后，陈某按合同约定履行了交纳购房款义务。某置业公司在修建房屋过程中，擅自改变了原规划部门批准的电梯到达车库的规划设计，未将电梯修到车库，电梯只修到该房屋的一层。同时，某置业公司擅自改变规划设计，也未按合同约定通知陈某等购房人，未征求陈某的意见是否退房，双方未就变更事宜达成补充协议。某置业公司于2020年9月16日向陈某交付了案涉房屋产权证及案涉房屋。陈某接房后发现某置业公司交付的房屋，未按双方在签订合同时约定的由原规划部门批准建设的电梯直接到车库的公共建筑。后，陈某多次向某置业公司提出解决此问题，某置业公司以设计变更为由不予解决。后陈某向重庆市綦江区规划和自然资源局、綦江区住房和城乡建设委员会等有关职能部门反映，两个职能部门均回复：某小区15号楼规划有电梯直达负一楼车库，实际未建设。陈某等业主入住后，由于电梯不能到达负一楼车库，给陈某等15号楼的全体业主进出均带来不便，且某置业公司未将电梯修建到负一楼车库，减少了修建房屋的造价。为此，陈某诉至法院。一审审理中，法院依陈某申请对某置业公司擅自变更设计、规划的行为所造成案涉房屋价值减损的金额进行司法鉴定，但鉴定机构以无法鉴定为由作出退件处理。法院随即依陈某申请，对案涉楼栋电梯修建至负一层车库将产生的工程造价进行司法鉴定。经鉴定，陈某所在单元将电梯修建至车库的工程造价为332362.99元，鉴于该单元共有业主14户，故应均摊该造价，每户为23740.14元。

【案件焦点】

某置业公司是否应向陈某赔偿损失。

【法院裁判要旨】

重庆市綦江区人民法院经审理认为：依法成立的合同受法律保护。陈某与某置业公司签订的《重庆市商品房买卖合同》系双方当事人的真实意思表示，不违反法律、行政法规的规定，该合同合法有效，双方均应当按照合同约定全面、诚信履行己方所负合同义务。陈某已按合同约定履行了交纳购房款义务，某置业公司交付陈某的房屋，取得了职能部门的竣工验收备案登记，虽双方在购房合同中并没有电梯到达负一楼车库的约定，但在主管部门批准建设的规划、设计中有电梯到达负一楼车库，而某置业公司在施工过程中擅自改变规划、设计，只将电梯修建到房屋的一层，未将电梯修建到负一楼车库，减少了该楼栋的建房造价。根据双方签订的《商品房买卖合同》约定：甲方规划、设计变更导致影响乙方所购商品房质量、使用功能或使用环境的，甲方应当在有关职能部门批准同意之日起 10 日内以书面形式通知乙方，乙方不退房的，应当与甲方就变更事宜另行签订补充协议，给乙方造成损失的，由甲方赔偿。某置业公司在施工过程中，擅自改变规划设计，未通知陈某等购房业主，征求陈某等业主是否退房的意见，且未与陈某就补充事宜达成协议。某置业公司的行为已构成违约，给陈某等业主的出行带来不便，某置业公司未将电梯修建到车库，减少了建房造价，相应增加了陈某等人的购房价款。关于多支出购房价款的计算，陈某申请司法鉴定，根据其鉴定意见：某小区 15 号楼 1 单元和 2 单元车库金额均为 332362. 99 元，除以陈某房屋所在 15 号楼 2 单元共 14 户业主，即每户多支出购房价款 23740. 14 元。因为某置业公司未派员到庭参加诉讼，也未对司法鉴定意见发表质证意见，系对自己抗辩权利的放弃。故陈某要求某置业公司按购房合同的约定赔偿因电梯未修到负一楼车库多支出的购房款、鉴定费等经济损失，法院予以支持。但陈某要求被告某置业公司赔偿电梯未修到负一楼车库致业主进出不便造成的间接经济损失，因未举示充分的证据证明，法院不予支持。

重庆市綦江区人民法院依照《最高人民法院关于适用〈中华人民共和国民法典〉时间效力的若干规定》第一条、第三条、第七条，《中华人民共和国民法总则》第七条，《中华人民共和国合同法》第八条、第四十四条、第六十条、第一百零七条、第一百一十四条，《中华人民共和国民事诉讼法》第六十七条、第一百四十七条之规定，判决如下：

一、某置业公司在本判决生效后十日内赔偿陈某经济损失23740.14元；

二、某置业公司在本判决生效后十日内支付原告陈某鉴定费1.1万元；

三、驳回陈某的其余诉讼请求。

某置业公司不服一审判决，提起上诉。

重庆市第五中级人民法院经审理认为：案涉房屋虽然取得了竣工验收备案登记，但某置业公司在施工过程中并未按照原规划、设计将电梯修到负一楼车库，而只将电梯修建到房屋的一层，按照双方签订的《商品房买卖合同》约定，某置业公司规划、设计变更导致影响购房者所购商品房质量、使用功能或使用环境的，需通知购房者，但本案中某置业公司并未通知陈某等购房者，某置业公司的行为构成违约，且给陈某等购房者的使用环境、使用功能造成影响，该行为也减少了某置业公司的建房造价，相应增加了陈某等购房者的购房价款，一审对此进行司法鉴定，鉴定出陈某多支出的购房价款为23740.14元，由此产生鉴定费1.1万元，上述费用系某置业公司违约对陈某造成的经济损失，应当予以支持。

重庆市第五中级人民法院依照《中华人民共和国民事诉讼法》第一百七十七条第一款第一项之规定，判决如下：

驳回上诉，维持原判。

【法官后语】

《中华人民共和国合同法》（已失效）与《中华人民共和国民法典》合同编第八章规定了违约责任，主要包括继续履行、采取补救措施以及赔偿损失等责任承担方式，两者对违约责任的规定大致相同。《最高人民法院关于适用〈中华人民共和国民法典〉合同编通则若干问题的解释》第六十二条规定：“非违约方在合同履行后可以获得的利益难以根据本解释第六十条、第六十一条的规定予以确定的，人民法院可以综合考虑违约方因违约获得的利益、违约方的过错程度、其他违约情节等因素，遵循公平原则和诚信原则确定。”该规定中明确在确定赔偿数额时可以将违约获益作为确定的因素之一。本案在一审判决时《最高人民法院关于适用〈中华人民共和国民法典〉合同编通则若干问题的解释》尚未实施，而《中华人民共和国合同法》(已失效)、《中华人民共和国民法典》中规定的违约责任体系存在赔偿范围有限、可得利益规则适用性与可操作性不高等局限性，故本案在确定购房者的损失赔偿金额时，以开发商违约未将电梯修至车库所减少的造价予以参考。该判决符合《最高人民法院关于适用〈中华人民共和国民法典〉合同编通则若干问题的解释》第六十二条规定的立法精神，在实际司法裁判中，适用该条规定需具备以下几个要件：

一、购房者的损失难以衡量

违约获益剥夺规则应当是在违约损害赔偿责任无法为守约方提供充分救济时，通过剥夺违约方因违约所获利益以维护守约方利益的补充性赔偿责任。本案中，开发商违反约定未将电梯修至车库，对房屋的使用功能、使用环境甚至出售房屋时的市场价值均会造成影响，但该影响不能简易地通过货币计算出损害赔偿金额，因此，购房者造成的损失无法用《中华人民共和国合同法》或《中华人民共和国民法典》规定的违约责任赔偿进行衡量，且双方对于此情形下也未约定违约金条款，此时，需遵循诚实信用原则和公平原则等因素予以确定。

二、开发商违约具有主观过错

我国违约损害赔偿成立仅需要违约行为、损害、违约行为与损害之间具有因果关系，而无须考虑违约人的主观过错。由于现有的违约损害赔偿责任难以对守约方提供充分救济，故在司法实践中也出现以违约方因违约行为额外获益的数额为标准，通过调整违约金及违约损害赔偿金额的方式，维护守约方利益的案例。本案中，开发商欲减少成本，故对规划、设计进行更改，将约定的电梯修至车库改为修至一楼，其在主观上存在过错。故在传统的返还财产、赔偿损失及惩罚性赔偿均无法使非违约方获得充分救济时，通过将违约方的违约获益归入守约方可以弥补上述救济方式的不足，保护受害人的合法权益。

三、开发商因故意违约而获益

违约损害赔偿责任的构成要件包括违约行为与损害结果之间存在因果关系，即因违约方的违约行为导致了守约方的损失。而对违约利润剥夺规则而言，违约方的获利与守约方的损失并无直接关联，守约方是否受有损失并不影响违约利润剥夺责任的成立。事实上，违约方所获利益主要是基于其积极实施违约行为产生的，而不仅是基于守约人所受的损害。正因如此，才有必要构建违约获益剥夺规则。如果违约行为是促成违约方获益的实质因素，则应当认定违约行为与违约获益之间具有必然性，也即具有因果关系。具体到本案中，开发商因其违约行为造成了成本降低，同时也对购房者使用房屋造成了不利影响，故对其不利影响的衡量标准为开发商因违约所减少的造价，使其不能因违约而获益。

总之，在司法实践中，对于守约方的损失难以衡量时，可以根据违约方因违约获得的利益、违约方的过错程度及其他违约情节等因素综合考虑，以保障守约方的合法权益，有效遏制效率违约行为。

编写人：重庆市第五中级人民法院　李婷

8

依约履行显失公平的应予调整

——某实业发展公司诉代某、李某商品房预售合同案

【案件基本信息】

1. 裁判书字号

云南省昆明市中级人民法院（2023）云 01 民终 20525 号民事判决书

2. 案由：商品房预售合同纠纷

3. 当事人

原告（上诉人）：某实业发展公司

被告（上诉人）：代某、李某

【基本案情】

2013 年 10 月 21 日，某实业发展公司（出卖方）与代某（买受人）、李某（共同买受人）签订商品房购销合同和补充协议，约定：某实业发展公司向代某、李某预售住房一套，付款方式为首付加银行按揭模式，其中，按揭尾款于签订合同后 10 日内办理银行按揭手续。如因买受方原因未成功办理按揭，买受方应于出卖方书面通知后 30 日内将剩余房款付清，如期限届满买受方不能付清，则出卖方有权解除合同，买受方原已支付的全部款项作为违约金，出卖方不予退还，同时合同自动解除。2013 年 11 月 5 日，代某、李某支付某实业发展公司案涉房屋首付款 17 万余元。2014 年 6 月 9 日，代某、李某向某实业发展公司出具承诺书（代某、李某仅持有复印件），内容为："本人于 2013 年 11 月 5 日购买贵公司开发的房屋，已支付首付款。由于本人银行按揭无法办理，现向贵公司承诺，剩余尾款 14 万元在房屋产权手续办理完毕后一次性支付。承诺当日，贵公司将该房屋装修钥匙交本人对该房屋装修。"某实业发展公司在该承诺上加盖印章，并有"同意……办理"字样（部分笔迹无法识别）。当事人之间的商品房买卖合同于 2014 年 6 月 19 日进行登记备案。代某、李某认可已装修入住案涉房屋。某实业发展公司不认可承诺书的真实性，诉至法院，要求代某、李某支付尾款及其利息，以及律师费等。

【案件焦点】

1. 代某、李某持有的案涉承诺书为复印件，是否能够采信；2. 代某、李某是否应当支付案涉尾款。

【法院裁判要旨】

云南省寻甸回族彝族自治县人民法院经审理认为：某实业发展公司不认可

代某、李某持有承诺书的复印件，根据承诺书内容，某实业发展公司持有原件具有一定合理性和可能性，结合代某、李某已经接收房屋，自 2014 年以来一直欠付尾款，而某实业发展公司并无在此之前催要尾款的证据，该承诺书真实存在具有高度可能性，故予以采信。关于购房尾款，当事人的承诺书对支付尾款作出安排，事实上改变了此前签订的购房合同及补充协议的相关条款，理应以承诺书约定为准。当事人约定办理产权登记后支付尾款，而目前尚未办理产权登记，代某、李某据此抗辩。但根据当事人签订的购房合同及补充协议，代某、李某未按约定办理银行按揭支付尾款，已经违约，某实业发展公司本有权要求代某、李某承担违约责任，即解除合同，收回房屋，不退首付款。但某实业发展公司却同意继续履行合同，将房屋移交给代某、李某，并放宽支付尾款的期限。根据日常生活经验，可推知某实业发展公司出于对代某、李某履约的信任，以及在短期内可以办理房屋产权登记并收回尾款的预期，同意代某、李某作出的承诺，将房屋交给代某、李某，促进合同继续履行，避免发生纠纷。若本案严格依照上述承诺的约定判定代某、李某无须支付尾款，则造成代某、李某因自身原因违约未支付尾款，却占有使用房屋多年，而某实业发展公司一时无法回收尾款的局面，这有违合同法的公平和诚实信用原则，故代某、李某的此项抗辩不能成立，代某、李某应当支付购房尾款。

云南省寻甸回族彝族自治县人民法院依照《中华人民共和国合同法》第五条、第六条、第一百三十条、第一百五十九条、第一百六十一条，《中华人民共和国民事诉讼法》第六十七条第一款，《最高人民法院关于适用〈中华人民共和国民法典〉时间效力的若干规定》第一条第二款之规定，判决如下：

一、代某、李某于本判决生效之日起十日内支付某实业发展公司购房尾款 14 万元；

二、驳回某实业发展公司的其他诉讼请求。

双方当事人均不服一审判决，提起上诉。

云南省昆明市中级人民法院经审理认为：某实业发展公司既没有合理解释为何不及时追究代某、李某的违约责任或者行使合同解除权，也不能合理解释在此情况下为何还要将案涉房屋交由代某、李某装修入住，案涉承诺书虽为复印件，却能比较合理地解释案件情况，具有更大的证明效力。一审法院采用该承诺书的内容并作出相应判决，并无不当。根据本案事实，遵循公平合理原则，一审判决代某、李某支付购房尾款 14 万元并无不当，予以维持。

云南省昆明市中级人民法院依照《中华人民共和国民事诉讼法》第一百七十七条第一款第一项之规定，判决如下：

驳回上诉，维持原判。

【法官后语】

对于合同纠纷，依照当事人合同约定及相关法律规定作出裁判，鼓励诚实守信，反对违约失信，是司法实践的价值追求。但是，如果依照当事人约定履行，所产生的后果显失公平，则有必要考虑是否运用公平原则予以调整，以平衡合同双方的利益，这是司法实践的难点问题，本案的关键亦在于此。

《中华人民共和国民法典》第六条是关于公平原则的原则性规定。公平原则对于实现社会公平正义、促进社会和谐稳定，具有重要意义。但司法实践中在应用这一原则的时候，应当审慎处理好公平原则与意思自治的关系，要坚持具体问题具体分析，兼顾法、理、情，兼顾公序良俗，确保政治效果、法律效果与社会效果相统一，只有在民事行为的结果显失公平时，才能以公平为尺度，协调处理当事人间的利益关系。

本案中，某实业发展公司在买房人代某、李某违约的情况下，未追究代某、李某的违约责任，反而持有善意继续履约，交付了房屋，维护了双方交易的稳定，避免了相关纠纷。根据常理推测，某实业发展公司在接受代某、李某承诺时认可办理房产证后再支付尾款，应是某实业发展公司当时对其楼盘短期内可以办理房产证具有高度期待，但因其他不可预知的因素，该楼盘长期未能顺利办理房产证，而尾款迟迟不能追回。如果本案严格按照当事人意思自治作出裁判，认定某实业发展公司在未办理房产证的情况下无权要求代某、李某支付尾款，造成的结果对诚实守信、持有善意、主动维护交易稳定的某实业发展公司一方显失公平，故本案用公平原则对当事人意思自治作出一定调整，以平衡双方当事人的权利和义务。

另外，本案对复印件证据的认定亦有一定借鉴意义。对于没有原件比对的复印件，司法实践中应当审慎认定。《最高人民法院关于民事诉讼证据的若干规定》第六十一条规定了采信复印件证据的例外情形。本案对复印件承诺书予以采信，主要考虑生活常理、不具备书证提出命令条件、承诺书事实与案件事实相符等因素，一、二审法院均对证据复印件载明内容予以采信，并以此为基础作出相应判定。

编写人：云南省昆明市寻甸回族彝族自治县人民法院　徐博煜

9

相对人明知单方虚伪意思表示的司法认定

——某置业公司诉周某、于某商品房预售合同案

【案件基本信息】

1. 裁判书字号

上海市第一中级人民法院（2023）沪 01 民终 16498 号民事判决书

2. 案由：商品房预售合同纠纷

3. 当事人

原告（被上诉人）：某置业公司

被告（上诉人）：周某、于某

【基本案情】

原告为上海市松江区某小区的开发商，2021 年，原告与两被告签订《上海市商品房预售合同》一份，约定：原告将上海市松江区某房屋出售给两被告，除不可抗力因素外，原告于 2021 年 12 月 31 日前将案涉房屋交付两被告，案涉

房屋总房价款暂定为348万元，两被告若未按合同约定的时间付款，则应当向原告支付违约金，违约金按逾期未付款额的日万分之二计算，逾期超过60天后，原告有权单方面解除合同，两被告应当承担赔偿责任，赔偿金额为总房价款的20%。合同附件一约定：两被告的付款方式为分期付款、商业贷款，付款期限为：两被告于2021年3月2日与原告签约，并支付房款70万元；两被告于2021年5月10日前支付房款174万元；两被告于2021年6月30日前办妥余款104万元的银行按揭手续，并支付至原告指定账户。合同还对其他事项作了约定。

两被告于2021年8月22日在上述合同上签字，然后将上述合同交给原告盖章，2021年12月，原告盖完章后，将合同寄给两被告。两被告签署完上述合同后，即向原告售楼处推荐的合作银行申请商业贷款，但由于两被告自身征信的原因，更换了数个银行后，两被告的贷款于2022年11月4日获得审批，并发放了贷款103万元。至此，两被告付清了全部房款。

另查明，案涉房屋房价款最终确定为3473782元，两被告支付原告房款的情况为：2021年2月28日前支付了70万元，2021年8月19日至21日共支付174万元，2022年9月9日支付3782元，2022年11月4日支付103万元。

又查明，预售合同签订后，两被告在2021年9月2日、2022年3月3日两次收到原告发来的催促支付购房款的公函，内容是两被告逾期付款已经构成根本违约，原告有权追究两被告的违约责任，两被告就通过微信问孙某，为何自己会收到原告的公函，孙某均回答，这个是形式，没事的，真正收尾人员不会这样做的。

其后，原告诉至法院，要求两被告支付逾期付款违约金143163元。

【案件焦点】

1. 预售合同中有关房款支付期限的约定是否有效；2. 两被告是否应当支付逾期付款的违约金。

【法院裁判要旨】

上海市松江区人民法院经审理认为：两被告签订《上海市商品房预售合同》时，两被告已经支付的第二期购房款 174 万元已经逾期超过 60 日，其尚未支付的第三期购房款 104 万元已逾期接近 60 日。此时原告可解除合同，收回房屋，同时追究两被告的违约责任，此种情况下，双方仍对付款期限作出上述约定，故而合同中关于第二期、第三期付款条款的约定，对两被告而言，并非两被告的真实意思表示，而是属于意思保留中的单方虚伪意思表示，因为两被告的行为和生活常理相悖，从 2021 年 9 月、2022 年 3 月两被告询问孙某的行为可以看出，两被告此时仍然相信原告不会真的让自己马上把所有的购房款付清，也不会真的追究自己的违约责任。

两被告同意按照合同约定的时间付款虽不是其真实意思表示，但从在案证据来看，合同约定的购房款的支付期限，应当是原告方的真实意思表示，这从孙某在审理中的陈述，以及 2021 年 9 月 2 日、2022 年 3 月 3 日原告向两被告发函催促支付购房款的行为均可以看出，原告当时对于房款的支付时间确实是有要求的。

由于两被告同意按照约定付款的意思表示属于单方虚伪表示，原告也应当知道两被告的表意为虚假，因此，对于两被告虚假的意思表示部分，应当认定其不发生法律效力，原告不能向两被告主张违约责任，但对于真实的意思表示部分，仍然应当确定其效力，以保护相对方即原告的信赖利益。

本案中，预售合同中有关第二期、第三期购房款付款期限的约定与实际情况不符，原告不能完全据此主张两被告的违约责任，但同时，两被告购房的意思是真实的，其愿意支付购房余款的意思也是真实的，故两被告应当在合理期间内支付剩余购房款，没有在合理期间内支付的，对于超出合理期间的部分应当承担违约责任，即支付逾期付款违约金。依据两被告实际贷款的过程，法院确定从申请贷款到放款的合理时间为 3 个月，该期间为贷款的必需时间，应当从两被告违约期限中扣除。依此计算，两被告应当支付原告的违约金共计 71495 元。

上海市松江区人民法院依照《中华人民共和国民法典》第一百四十二条第一款、第五百七十七条之规定，判决如下：

被告周某、于某于本判决生效之日起七日内支付原告某置业公司逾期付款违约金 71495 元。

两被告不服一审判决，提起上诉。

上海市第一中级人民法院经审理认为：关于双方合同中部分房款支付时间条款的效力问题，一审法院根据本案实际情况所作认定，于法有据，本院予以认同。该条款虽不发生法律效力，但并不表示上诉人作为买受人可以选择任意时间付款。在双方约定不明的情况下，依据法律规定以及公平原则，上诉人仍应在催告后的合理期限内付款，否则，被上诉人有权要求其承担相应的违约责任。一审法院结合预售合同签订的时间、贷款审批的正常流程等实际因素，基于公平和诚信原则，酌情确定的房款支付的合理期间，并无明显不当，本院予以确认。上诉人的上诉请求并无依据，上诉理由不能成立，应予驳回。

上海市第一中级人民法院依照《中华人民共和国民事诉讼法》第一百七十七条第一款第一项之规定，判决如下：

驳回上诉，维持原判。

【法官后语】

意思表示是指将意图发生法律效果的意思表示于外的行为，意思表示真实则是民事法律行为有效的条件之一。民事主体进行民事法律行为时，其意思表示应当真实，否则不会发生相应的法律后果。现实生活中，有些行为人在市场交易时出于某些方面因素的考虑，作出有所保留的意思表示。此时如何确定表意人行为的真实意思，如何确定意思表示的效力边界，就成为司法实践中的难题。

意思保留可分为通谋虚伪行为和单方虚伪行为，通谋虚伪行为是指双方当事人共同达成虚假的合意，隐藏了双方真实的意思，单方虚伪行为则指一方行为人将虚假的意思表示于外，相对方并无虚假的意思表示。我国现行法律中关于意思保留的规范可见《中华人民共和国民法典》第一百四十六条，该条规定："行为人与相对人以虚假的意思表示实施的民事法律行为无效。以虚假的意思表示隐藏的民事法律行为的效力，依照有关法律规定处理。"此条规制对象即为通谋虚伪行为，其确立的效力规则为，虚假的意思表示无效，所隐藏的真实意思表示，则按照相应的法律规定处理。但如果一方作出单方虚伪意思表示，其法律效力如何，我国现行法律并无明确规定。从域外法律来看，《德国民法典》第一百一十条规定了单方虚伪意思表示情况下，如果相对人知晓表意人的意思表示虚假时，该意思表示无效。《日本民法典》第九十三条规定了表意人作出单方虚伪意思表示，相对人能够知晓表意人真实意思的，虚假意思表示亦为无效。上述法律规范的理论基础，在于表意人应当受到自己意思表示的约束，否则容易放任民事主体恣意妄为，不守诚信，也不利于保护善意的相对人，但其行为产生法律效力还应当具备一个前提条件：表意人的意思表示真实。若表意人意思表示不真实，相对人知道或者应当知道表意虚假的，则该虚假的意思不应产生约束力。从《中华人民共和国民法典》第一百四十三条的规定来看，其实际上也秉持类似的观点。

同时，如何认定表意人的意思表示虚假，以及虚假意思背后的真实意思，除有确定的书面证据，如前述通过签订"阴阳合同"进行房屋买卖案件中双方均签字的第一份真实合同可予以证明，或者表意人在事中或事后以其他方式予以承认外，是司法实践中的另一个难题，需要从意思表示是否符合生活常识、常理，是否符合日常生活经验法则，结合其他在案证据进行综合判断。

本案中，原告和两被告签订《商品房预售合同》时，按照合同中房款支付时间的约定，两被告已经构成根本违约，原告可以立即主张解除合同并要求两被告支付高额的违约金，此种约定与日常生活的经验法则不符，也不符合社会常理，从合同签订后两被告对原告催款函所提出的疑问从侧面表明了两被告对合同中房款支付时间的约定并未当真，故应当认定关于购房款支付时间的约定，并非两被告的真实意思表示，而是其单方虚伪的意思表示。另外，从原告的角度来看，根据在案证据，公司对回款时间确有明确要求，故合同中房款支付时间系其真实意思表示，但其作为一个拥有众多专业人员的商品房开发企业，应当知道两被告关于房款支付时间的意思表示有违常理，不可能是两被告的真实意思表示，故两被告关于第二期、第三期房款支付时间的意思表示无效，原告无权要求两被告按照合同约定的时间支付购房款。

那么，如何确定两被告虚伪意思表示所隐藏的真实意思，即两被告应该在何种期限内履行支付购房款的义务呢？这需通过对《商品房预售合同》签订、履行的整个过程予以分析。从该合同的签订、履行情况来看，合同签订时，两被告已支付了购房首付款和第二期房款，并已经提交了贷款的相关资料，故两被告购买房屋的意思表示是真实的，考虑到合同约定两被告采用贷款方式支付购房余款，涉诉时合同已履行完毕，双方不可能就付款时间再次协商，故法院不再支持原告要求两被告承担逾期支付第二期房款的违约责任，并将通常情况下银行贷款需要的合理时间确定为两被告关于第三期房款支付时间的真实意思，以此作为原、被告双方合意的效力边界，来判定两被告应当承担的违约责任及责任大小，更符合双方当事人的真实意愿，符合诚实信用原则和公平原则。

编写人：上海市松江区人民法院　白志中

10

合法有效的“工抵房”买卖合同应继续履行

——黄某诉某置业公司商品房预售合同案

【案件基本信息】

1. 裁判书字号

四川省高级人民法院（2024）川民申 452 号民事裁定书

2. 案由：商品房预售合同纠纷

3. 当事人

原告（上诉人、再审被申请人）：黄某

被告（被上诉人、再审被申请人）：某置业公司

第三人（再审申请人）：某银行成都分行

第三人：某线缆公司、何某

【基本案情】

2020年6月17日，某置业公司与某银行成都分行签订《借款合同》《抵押合同》，向某银行成都分行借款并以某项目所使用土地的使用权抵押担保，并办理了抵押权登记。某银行成都分行是某项目的预售款监管银行，从2021年6月起，某置业公司的印章也被某银行成都分行监管。

2021年6月20日，某置业公司作为甲方，某商贸公司作为乙方，A置业公司、B置业公司、C置业公司作为丙方，何某作为丁方，签订《工程款抵付购房款协议》，约定由丙方应向乙方支付的工程款，作为丁方购买甲方开发建设的某项目房号为4-2-602商品房的购房款及房号为4-2-502、4-2-802商品房的部分购房款，由甲方与丁方于2021年6月30日签订商品房买卖合同。

2021年6月22日，某线缆公司两次向某发展公司和某商贸公司出具《承诺函》，载明某线缆公司持有出票人和承兑人均为某商贸公司的商业承兑汇票，约定由何某购买某项目房号为4-2-202、4-2-302、4-2-502、4-2-802的商品房，某线缆公司以商票承兑人应向某线缆公司承兑的款项抵扣购房人应向项目公司支付的商品房购房款。此外，何某于2021年6月23日、7月6日、7月18日通过刷卡的方式向某置业公司支付部分款项。

上述《工程款抵付购房款协议》签订及《承诺函》出具后，何某作为买受人签署过案涉房屋的买卖合同。后某线缆公司决定由黄某作为买受人出面与某置业公司签订案涉房屋的买卖合同。某置业公司已在成都房屋产权和交易管理系统中就案涉房屋拟定了《商品房买卖合同（预售）》，并录入了黄某的身份信息，但尚未完成网签合同备案。黄某在商品住房购房登记系统申请购房资格审核，龙泉驿区住建局对其购房资格申请进行复核并通过。

2021 年 9 月 7 日，某置业公司出具了客户名称为黄某的《收据》两张，载明收到案涉房屋的房款、维修基金，结算方式均为“结转”。

【案件焦点】

某置业公司是否应当就案涉房屋买卖合同向不动产登记机关申请办理网签备案。

【法院裁判要旨】

四川省成都市龙泉驿区人民法院经审理认为：第一，按照《城市房地产开发经营管理条例》第二十六条第二款，以及《成都市商品房买卖合同网签备案办法》第七条第二项、第三项的规定，网签备案的前提都是当事人签订了需要备案的合同。本案中，即使黄某已在《商品房买卖合同（预售）》上签名，但并无证据证明某置业公司业已签署了《商品房买卖合同（预售）》，在某置业公司的印章已被某银行成都分行监管的情况下，某置业公司已不能在《商品房买卖合同（预售）》上盖章以完成合同签订，现办理案涉房屋的商品房买卖合同网签备案的事实基础尚不具备。

第二，某置业公司以自己开发的商品房无偿为某商贸公司抵偿债务，违反了《中华人民共和国城市房地产管理法》第四十五条第三款的规定，增加了所在项目建设烂尾的风险，损害了该项目购房者的利益。

第三，根据《成都市商品房预售款监管办法》（已失效）第十四条、《成都市商品房预售款监管办法实施细则》第十三条的规定，某置业公司与某线缆公司之间以房抵债的行为逃避了前述商品房预售款监管政策，某线缆公司安排符合购房政策的自然人分别与某置业公司签订《商品房买卖合同（预售）》，实质上逃避了成都市的商品住房限购政策，不应当支持。

据此，四川省成都市龙泉驿区人民法院依照《中华人民共和国民法典》第八条，《中华人民共和国城市房地产管理法》第四十五条第三款，《城市房地产开发经营管理条例》第二十六条第二款，《中华人民共和国民事诉讼法》第六十七条第一款、第一百四十五条，《最高人民法院关于适用〈中华人民共和国民事诉讼法〉的解释》第九十条之规定，判决如下：

驳回原告黄某的诉讼请求。

黄某不服一审判决，提起上诉。

四川省成都市中级人民法院经审理认为：案涉房屋的交易原因是以房抵债，当事人约定了某置业公司与何某签订商品房买卖合同，抵扣对应工程款；某置业公司还开具了与房屋买卖合同金额一致的收据，并约定办理合同登记备案手续。

第一，《工程款抵付购房款协议》以及案涉房屋买卖合同已成立并生效，且开始实际履行。根据本案查明的相关事实，某置业公司已在成都房屋产权和交易管理系统中就案涉房屋拟定了《商品房买卖合同（预售）》，并录入了买受人即黄某的身份信息。故某银行成都分行在原审中主张的合同并未成立的理由不能成立。

房屋的买卖合同在上述系统中拟定后，某置业公司出具收据，并注明“结转”，结合某置业公司拟定合同，录入了黄某身份信息的行为，应当认定案涉房屋买卖合同已生效并开始实际履行。某置业公司还向黄某发出延期交房通知书，进一步可以证明某置业公司已实际履行其与黄某建立的合同关系。

第二，《工程款抵付购房款协议》以及案涉房屋买卖合同应属合法有效。当事人之间房屋抵债的行为系其真实意思表示且已开始履行，但因某置业公司印章被某银行成都分行监管导致无法签订正式的书面买卖合同。在案涉房屋所涉及的整个交易过程中，某置业公司以自有房屋进行以房抵债的，应付房款系由某线缆公司的应收款抵扣，且某置业公司出具了收据并注明“结转”。上述事实可以证明《工程款抵付购房款协议》的各方当事人均认可并实际履行以房抵债的相关协议，并无证据证明上述协议无效。

第三，《工程款抵付购房款协议》以及案涉房屋买卖合同应无不能克服的客观履行障碍。首先，某银行成都分行的抵押权基于借款而设立，某置业公司提供的抵押物为案涉项目土地使用权，并由某银行成都分行办理了土地使用权抵押登记。但是，案涉房屋尚未设置有某银行成都分行抵押权，某置业公司对其房屋的处置并无相应法律条文的限制。其次，黄某作为某线缆公司指定的买受人，具有相应的购买资格。最后，某银行成都分行的债务人某置业公司并非无偿转让或无偿处分，而是通过抵扣工程款的方式进行；且某银行成都分行享有对案涉项目的土地使用权和抵押权，并无相应证据证明某置业公司对房屋的处置方式影响了某银行成都分行的债权实现，故二审法院对某银行成都分行的该项理由不予采纳。

第四，本案查明的事实可以充分证明，由黄某签署过的合同文本应由某置业公司持有。故某置业公司可依据其持有的合同文本，向不动产登记部门申请办理网签合同备案。

综上，黄某的上诉请求成立，二审法院予以支持，四川省成都市中级人民法院依照《中华人民共和国民事诉讼法》第一百七十七条第一款第三项之规定，判决如下：

一、撤销四川省成都市龙泉驿区人民法院民事判决；

二、某置业公司在本判决生效之日起三日内向不动产登记行政机关申请办理案涉房屋的网签备案登记。

某银行成都分行不服二审判决，提起再审申请。

四川省高级人民法院经审查认为：同意二审法院裁判意见，驳回某银行成都分行的再审申请。

【法官后语】

“工抵房”一般是指“以工程款抵房”，其成因多为建设单位未能按约向施工单位、材料供应商支付工程款、材料款，而以房屋（已建或未建）折抵应付款。实践中，也存在建设单位以其房屋为其他公司（个人）折抵应付款的情况。在“工抵房”履行过程中，往往伴随建设单位的债权人对新建住房主张权利。尤其是在处置贷款银行和“工抵房”买受人纠纷中，需对贷款银行的抵押权范围和“工抵房”买受人权利范围进行辨析。

在开发贷模式下，开发商通过提供土地使用权抵押，向贷款银行申请贷款。贷款银行对房屋所在土地享有抵押权，案涉房屋系对土地使用权设立抵押后的新增建筑物。根据《中华人民共和国民法典》第四百一十七条“建设用地使用权抵押后，该土地上新增的建筑物不属于抵押财产。该建设用地使用权实现抵押权时，应当将该土地上新增的建筑物与建设用地使用权一并处分。但是，新增建筑物所得的价款，抵押权人无权优先受偿”之规定，建设用地抵押权并不自然延伸于地上新增建筑物。

并且，往往开发企业通过事先告知购房人土地存在抵押、贷款银行出具同意销售函件的方式，使预售模式得以顺利运转。在此种交易模式下，行政主管部门为了保障预售资金安全，作出预售资金需进入监管账户方可对预售合同备案，其目的是保障一般交易模式下的资金安全。

但是，本案的特殊性在于案涉房屋的建设单位将新建房屋抵偿给材料供应商，材料供应商是基于“以物抵债”的方式对其债权得以实现、对应的债务得以消灭。如果机械地理解和适用行政部门对于一般交易模式（商品房预售）下就资金监管的规定，则系对材料供应商等债权人提出新的要求，已抵偿的房屋还需提供对应的房款进入资金监管账户方能对合同进行备案登记，这明显超越了合同约定和法律规定的履行方式。

本案中，黄某提出对其已签署过的合同办理网签合同备案，系通过诉讼方式防止已达成“以房抵债”的财产被建设单位或控制建设单位印章的债权人再行处置导致其权利不确定甚至失权而得不到救济，故具有现实争议性和诉的利益性，其权利应当得到保护。

同时应当注意的是，在处理类似诉请时，应区分人民法院审判权与行政机关审批权的边界。本案判决的是建设单位应当按照合同约定和法律规定履行其合同义务，向不动产登记部门办理网签合同的备案申请行为；而备案申请的审批要求以及是否通过等问题，并不属于本案审理范围，应由行政机关根据其工作规范，对申请行为及相应的材料等进行审查审批。

编写人：四川省成都市中级人民法院　赵锋

11

合同约定的解除条件成就，守约方并不当然获得解除权

——朴某诉某房地产公司、某银行密云支行商品房预售合同案

【案件基本信息】

1. 裁判书字号

北京市第三中级人民法院（2023）京 03 民终 4363 号民事判决书

2. 案由：商品房预售合同纠纷

3. 当事人

原告（上诉人）：朴某

被告（被上诉人）：某房地产公司、某银行密云支行

【基本案情】

2020 年 3 月 21 日，某房地产公司作为出卖人与朴某作为买受人签订《北京市商品房预售合同》，约定：朴某购买某房地产公司开发的坐落于北京市密云区某号房屋，预测建筑面积共 111.62 平方米，总价款为 2502026 元。合同签订后，朴某支付首付款 150202 元，并通过由某房地产公司作为保证人从农业银行密云支行贷款方式支付剩余 100 万元房款，年利率为 5.8%，借期 25 年。朴某与某房地产公司就涉案房产已进行网上签约。

双方另在合同中约定：出卖人应当于 2021 年 9 月 30 日前向买受人交付该商品房，如因出卖人原因未按照本合同约定的交付时间向买受人交付该房屋的，按照逾期时间，分别处理［（1）和（2）不作累加］。（1）逾期在 90 日之内，自本合同第十一条约定的交付期限届满之次日起至实际交付之日止，出卖人按日计算向买受人支付全部房价款万分之零点五的违约金。（2）逾期超过 90 日

的，买受人有权解除合同。买受人解除合同的，应在出卖人书面交房通知确定的交付日之首日前向出卖人书面提出解除合同，否则视为买受人放弃单方解除合同的权利，本合同继续履行。出卖人向买受人支付逾期交付违约金最高不超过买受人已付房款的 2%。

庭审过程中，某房地产公司表示曾于 2021 年 12 月 30 日向朴某发出入住通知，但未提供充分证据予以证明，但从某房地产公司提供的与朴某的微信聊天内容可以推断出朴某在 2022 年 1 月 3 日就房屋交付的相关问题进行沟通。涉案房产于 2022 年 1 月 4 日完成工程竣工验收备案。2022 年 2 月 23 日，朴某向某房地产公司发出《解除北京市商品房预售合同通知书》，以某房地产公司交付房屋逾期超过 90 日为由要求解除案涉商品房预售合同。

【案件焦点】

朴某能否基于某房地产公司逾期交房行为获得案涉合同的解除权。

【法院裁判要旨】

北京市密云区人民法院经审理认为：原告、被告双方签订的《北京市商品房预售合同》是双方当事人的真实意思表示，亦不违反法律、行政法规的强制性规定，双方均应依约履行。本案的争议焦点为涉案的《北京市商品房预售合同》能否予以解除。

第一，从工程竣工验收备案表来看，涉案房产已于 2022 年 1 月 4 日完成了竣工验收备案，被告继续履行合同，交付房屋具备了客观条件。关于朴某所持涉案房产至少在 2022 年 1 月 28 日尚不具备交付条件的主张，法院不予采信。

第二，某房地产公司表示其向朴某发出入住通知的时间为 2021 年 12 月 30 日，但就其主张未提供充分证据加以证明。对此，朴某虽然否认收到入住通知书。但从某房地产公司提供的与朴某的微信聊天内容可以推断出朴某在 2022 年 1 月 3 日已经得知涉案房屋将可以交付这一情况具有高度盖然性。

第三，双方约定的房屋交付日期为 2021 年 9 月 30 日，涉案房产于 2022 年 1 月 4 日完成工程竣工验收备案。某房地产公司的逾期交房行为已超过 90 天。

对此法院认为，合同双方已就涉案房产完成网签，涉案房产的贷款亦已发放完毕，且朴某已按期偿还房屋贷款一段时期。另，朴某就逾期交房所遭受损失可通过双方在合同中约定的违约责任予以救济。故某房地产公司虽然存在逾期交房行为，但其违约行为比较轻微。涉案房产已完成工程竣工验收备案，涉案合同能够继续履行，目前并未影响到朴某购买涉案房产目的的实现。

综合以上情况，从鼓励交易、促进交易稳定的精神出发，对于朴某要求解除双方签订的《北京市商品房预售合同》的诉讼请求，法院不予支持。

北京市密云区人民法院依照《最高人民法院关于适用〈中华人民共和国民法典〉时间效力的若干规定》第一条第三款，《中华人民共和国民法典》第五百零九条、第五百六十三条，《中华人民共和国民事诉讼法》第六十七条第一款之规定，判决如下：

驳回原告朴某的诉讼请求。

朴某不服一审判决，提起上诉。

北京市第三中级人民法院经审理认为：朴某虽然否认收到入住通知，但从某房地产公司提供的与朴某的微信聊天内容可以推断出朴某在 2022 年 1 月 3 日就房屋交付的相关问题进行沟通。另外，根据查明的事实，涉案合同双方已就涉案房产完成网签，涉案房产的贷款亦已发放完毕，且朴某已按期偿还房屋贷款一段时期。根据某房地产公司提交工程竣工验收备案表，涉案房产亦于 2022 年 1 月 4 日完成了竣工验收备案，交付房屋具备客观条件，购房者的合同目的并非不能实现。朴某就逾期交房所遭受损失，可通过双方在合同中约定的违约责任予以救济。综上所述，某房地产公司虽然存在逾期交房行为，但其违约行为并不足以导致双方之间房屋买卖合同目的无法实现，一审法院综合考量合同双方履行的实际情况、公平及维护交易安全等案件因素所作判决处理意见并无不当，法院予以维持，朴某以某房地产公司未按照合同约定按时交付房屋为由要求解除合同及相关诉讼请求，法院不予支持。

北京市第三中级人民法院依照《中华人民共和国民事诉讼法》第一百七十条第一款第一项之规定，判决如下：

驳回上诉，维持原判。

【法官后语】

合同解除权是合同当事人依照合同约定或法律规定享有的解除合同的权利。依合同解除权产生的条件不同，可将其分为约定解除权和法定解除权。约定解除权是指在合同或协议中，双方通过约定赋予一方或双方在特定条件下解除合同的权利。这种权利通常通过合同条款明确约定，区别于由法律规定可解除情形的法定解除权。本案的核心争议焦点为，在认定案涉购房合同合法有效及被告的逾期交房行为已满足约定解除权行使条件的情况下，能否随即认定原告可据此行使解除权。对此，本案依据《全国法院民商事审判工作会议纪要》第四十七条的规定，结合案件审理情况，重点从履约背景、履约实际情况、公平及维护交易安全等方面就被告的违约行为进行审查，从而认定其违约情节为“显著轻微”，以此判决驳回原告的诉讼请求。

如何在审判实践中准确把握约定解除权法律适用涉及协议效力认定、约定解除权适用条件是否成就及违约程度是否“显著轻微”需审查三个层面。前两个层面分别有法律规定和合同约定作为依据，相对容易把握。但违约情节是否“显著轻微”的审查往往因具体案件情况的复杂多样而难度较大。以下将对其在个案中的认定问题进行探讨。

笔者认为，探讨该问题要结合契约观念变化对两大法系中合同解除权制度发展的影响。在形式主义契约观影响下，古代法中存在严禁解约的情况。交易发展的要求，产生了诺成契约。此时，合同解除权开始在各种合意契约中得以产生和发展。合意主义是合同解除权得以发展的基础。自罗马法中合意契约开始产生后，合同解除权便成为法律赋予当事人所享有的一项十分重要的权利。而随着社会经济的发展，需要对传统的合意主义原则进行适当限制：一是对强势主体一方的合同解除权进行必要的限制；二是对弱势一方赋予较为有利的合同解除权，以求在交易安全与合同法的其他价值如公平效率等之间寻求一种最佳的平衡，从而最终平衡双方合同利益。

审查违约情节是否“显著轻微”也应以此作为落脚点。对此，可以从以下三个方面进行认定：一是合同履行情况，即违约行为是否影响合同目的实现、违约行为的持续时间、导致违约行为发生的原因等都是应考量的因素；二是守约方的损失情况，即守约方是否实际遭受损失、损失大小及所受损失能否通过双方约定的其他违约责任进行救济；三是合同是否具备继续履行的可能性或条件。

如果双方约定的解除权事由发生后，即赋予当事人当然获得合同解除权，属于对当事人意思自治的放任，亦与促进交易的立法目的相悖。而本案是依据《全国法院民商事审判工作会议纪要》“约定解除适用”的规定，审查守约方是否可依据约定获得解除权的典型案例。对于同类案件的审理具有参考价值，有利于维护市场正常交易秩序，优化法治营商环境，充分发挥司法裁判对市场的规范引导和价值作用。

编写人：北京市密云区人民法院　史晓寒

12

“顶账房”逾期办证违约责任的认定

——赵甲诉王某、某开发公司某分公司商品房预售合同案

【案件基本信息】

1. 裁判书字号

山东省威海市中级人民法院（2023）鲁10民终2281号民事判决书

2. 案由：商品房预售合同纠纷

3. 当事人

原告（上诉人）：赵甲

被告（被上诉人）：王某、某开发公司某分公司

第三人：赵乙

【基本案情】

某开发公司某分公司以房产一处抵顶欠付王某的工程款 115980 元。王某将该房产转让给原告赵甲，双方并于 2018 年 10 月 29 日签订《协议书》，约定房屋价款为 20 万元。2018 年 11 月 30 日，赵甲与某开发公司某分公司签订《山东省新建商品房买卖合同（预售）》，约定某开发公司某分公司将上述房产出卖给买受人赵甲，房屋总价为 127578 元。合同约定了房产交付时间以及逾期办证应承担的违约责任。当天，某开发公司某分公司向赵甲出具房款金额为 115980 元的收款收据。2021 年 10 月 14 日，某开发公司某分公司将房屋钥匙交付原告赵甲，后赵甲要求某开发公司某分公司办理房权证未果，遂成诉。

【案件焦点】

赵甲能否以某开发公司某分公司未按合同约定办理房权证要求解除与王某签订的《协议书》及与某开发公司某分公司签订的《山东省新建商品房买卖合同（预售）》。

【法院裁判要旨】

山东省荣成市人民法院经审理认为：赵甲及王某签订的《协议书》约定了当事人名称、房屋位置、面积、价款、付款方式等内容，具备了房屋买卖合同的主要内容，且不违反法律、法规的强制性规定，应为合法有效，王某作为出卖方负有交付房屋并办理房屋过户的义务。《协议书》并未约定合同解除条件，至于是否已达到法定解除条件，因房屋已经交付，在赵甲无证据证实房屋已具备无法办理房权证的情况下，无法认定王某已构成根本违约，故赵甲要求解除与王某签订的《协议书》的诉请理由不当，法院不予支持。赵甲与某开发公司某分公司签订的《山东省新建商品房买卖合同（预售）》，实质是赵甲、王某、某开发公司某分公司三方协议由房产公司代王某履行房屋交付与办理产权登记、过户的行为，赵甲与某开发公司某分公司并不存在真实的房屋买卖的合意，故赵甲要求解除与某开发公司某分公司签订的《山东省新建商品房买卖合同（预售）》并承担违约责任无事实根据，法院亦不予支持。

山东省荣成市人民法院依照《中华人民共和国民法典》第一百四十六条，《最高人民法院关于适用〈中华人民共和国民事诉讼法〉的解释》第二百四十八条，《中华人民共和国合同法》第九十三条、第九十四条，《最高人民法院关于适用〈中华人民共和国民法典〉时间效力的若干规定》第一条之规定，判决如下：

判决驳回原告赵甲的全部诉讼请求。

赵甲不服一审判决，提起上诉。

山东省威海市中级人民法院经审理认为：某开发公司某分公司与王某均认可案涉房屋系某开发公司某分公司抵顶给王某的工程款，后由王某出卖给赵甲；某开发公司某分公司认可《山东省新建商品房买卖合同（预售）》是为了协助办证而签订。对此，赵甲不予认可，其主张王某没有完全的自主处分权，其与某开发公司某分公司成立房屋买卖关系。本院认为，《中华人民共和国合同法》第五十一条规定，无处分权的人处分他人财产，经权利人追认或者无处分权的人订立合同后取得处分权的，该合同有效。根据在案证据，赵甲与王某签订的《协议书》约定王某将案涉房屋出售给赵甲，并约定了购房款数额及付款期限，赵甲亦将购房款直接支付给王某，故可认定赵甲与王某之间成立了真实的房屋买卖合同关系。案涉《协议书》签订时，王某虽未取得案涉房屋的所有权，但某开发公司某分公司事后对王某将案涉房屋出售给赵甲的行为予以认可，故王某与赵甲签订的《协议书》合法有效。赵甲另与某开发公司某分公司签订了《山东省新建商品房买卖合同（预售）》，该合同中的房款数额、支付方式等条款并非赵甲与某开发公司某分公司达成的真实合意，双方仅就房屋的交付和办证达成合意，故合同的该部分条款有效。某开发公司某分公司现已就案涉房屋办理产权证书，赵甲亦认可其在 2023 年 9 月已知晓案涉房屋可登记至其名下，亦向某开发公司某分公司询问办证相关事宜，现赵甲合同目的已能够实现，故对其要求解除案涉《协议书》及《山东省新建商品房买卖合同（预售）》的上诉请求，本院不予支持。

综上所述，赵甲的上诉请求不能成立，应予驳回；一审判决认定事实清楚，适用法律正确，应予维持。山东省威海市中级人民法院依照《中华人民共和国民事诉讼法》第一百七十七条第一款第一项之规定，判决如下：

驳回上诉，维持原判。

【法官后语】

以房抵顶工程款又称“顶账房”，是建设施工领域常见的现象。受资金紧张、房屋滞销所限，开发商常将房屋抵顶给工程承包方、实际施工方、材料供应商等，上述人员顶房后再将房屋对外另行出售，以便实现资金的变现。作为购买“顶账房”的一方在享受“顶账房”较低价格红利的同时也面临着诸多风险。能否顺利过户即为其中一大隐患。

一、“顶账房”所涉法律关系的厘定及效力认定

“顶账房”往往涉及三方法律关系：开发商与建筑商等第三方之间的顶账合同关系；建筑商等与购房者之间的法律关系；购房者与开发商之间的合同关系。

开发商与建筑商之间往往因工程建设及买卖建筑材料等产生债权债务关系。开发商以房产抵顶欠付的款项实质是双方达成了以物抵债协议。一般情形下，该种以物抵债行为均合法有效，抵债的房屋是否办理所有权的变更手续不影响以物抵债的效力；建筑商等与购房者之间的房屋买卖合同通常也是双方真实的合意，如果不存在合同无效的情形，也是合法有效的。

对购房者与开发商之间的合同关系，实践中争议较大，一种观点认为双方形成商品房买卖合同关系，即双方签订的商品房买卖合同视为开发商同意建筑商将对其享有的债权转让给购房者，购房者支付购房款作为给付建筑商债权转让的对价；另一种观点认为双方不存在商品房买卖合同关系。建筑商等抵债而来的房产，只有办理产权登记后出卖给购房者并办理产权登记才发生物权变动的效力。建筑商在未取得房屋权属证书的情况下将“顶账房”出售给购买方，购房者又与开发商签订商品房买卖合同，属于规避法律的行为，购房者虽与开发商签订了合同，但双方并不存在商品房买卖合同关系。

笔者认为，“顶账房”真实的买卖双方应为购房者与建筑商，而购房者与开发商之所以签订合同，往往也是为房屋过户及办理产权登记所需。根据《中

华人民共和国民法典》规定的“行为人与相对人以虚假的意思表示实施的民事法律行为无效”，购房者与开发商签订的合同中关于房屋价款，款项支付的约定因系虚假的意思表示，应认定为无效。但双方对房屋交付及过户的约定应对双方具有约束力。故购房者与开发商之间签订的合同应为部分有效的合同。但就房屋交付及过户事宜实质上应为开发商代建筑商履行的行为。购房者与开发商之间并未形成商品房买卖合同关系。

二、“顶账房”逾期办证违约责任认定

当事人可以协商一致解除合同，也可以在达到法定的不能实现合同目的等情形下诉讼解除合同。除明知房屋本身不能办理产权登记的情形外，购房者购买“顶账房”的目的应为成为房屋所有权人。在有证据证实房屋已无法办理产权登记时，买卖房屋的目的已无法实现，购房者享有要求建筑商承担违约责任的权利。对购房者是否有权要求开发商承担责任的问题，根据上述的认定，即开发商与购房者签订合同实质是代建筑商履行义务的行为，根据《中华人民共和国民法典》第五百二十三条“当事人约定由第三人向债权人履行债务，第三人不履行债务或者履行债务不符合约定的，债务人应当向债权人承担违约责任”之规定，故购房者无权要求开发商承担责任。笔者认为，这种认定的合理性在于加重了建筑商等在未取得房屋权属的情形下转让房产的责任，其在顶账及对外出售房产过程中对房产权属有更加审慎的注意义务，以便开发商、建筑商、购房者三方间的权利义务顺利地履行。即使出现了合同解除的情形，建筑商在承担违约责任后，也并未丧失向开发商主张责任的权利。

编写人：山东省荣成市人民法院　孙文丽

三、商品房销售合同纠纷

（一）合同的效力

13

监护人代理行为效力认定的法律适用

——龚某诉朱某、林某房屋买卖合同案

【案件基本信息】

1. 裁判书字号

福建省南平市中级人民法院（2023）闽07民终748号民事判决书

2. 案由：房屋买卖合同纠纷

3. 当事人

原告（被上诉人）：龚某

被告（上诉人）：林某

被告：朱某

【基本案情】

1998年，某纺织器材厂与朱某签订《集资建房合同》，同意由朱某进行集资建房，集资住房面积90.02平方米，朱某实交集资建房价款28458元。2001

年2月14日，朱某与案外人协议离婚，约定纺织器材厂集资房归女方和女儿林某所有。2001年12月31日，案涉房产办理了产权登记，权利人为朱某、林某，两人各占50%的产权份额。2003年11月13日，龚某通过某中介服务中心与朱某签订《协议》，约定朱某将案涉房产出售给龚某，出售价为7.6万元，鉴于案涉房产无法及时办理过户手续，双方约定由龚某预交3.8万元，待房屋过户后一次性付清剩余购房款3.8万元。合同签订后，朱某将案涉房产交付龚某使用，龚某向朱某支付购房款3.8万元。2004年1月至2005年9月，龚某分4次支付朱某剩余购房款3.3万元，总计向朱某支付购房款7.1万元。林某于1988年6月7日出生，自2001年6月至2007年6月在浙江某艺术学校学习，朱某与龚某就案涉房产签订《协议》时，林某年满15周岁。林某成年后，龚某多次催促朱某、林某协助办理案涉房屋的过户手续无果，遂双方引发纠纷，龚某诉至法院。诉讼时，在龚某提供的通话录音中，朱某陈述林某当时就知道卖房的事。

龚某诉请：判令朱某、林某履行购房协议，配合龚某办理房屋过户登记手续。

【案件焦点】

朱某是否有权处分案涉房产中属于林某50%的财产份额。

【法院裁判要旨】

福建省南平市建阳区人民法院经审理认为：案涉房屋买卖协议签订时，林某年满15周岁，属于限制民事行为能力人。朱某系林某母亲，该身份关系并不会因其父母离婚而消除，故根据《中华人民共和国民法典》第二十三条“无民事行为能力人、限制民事行为能力人的监护人是其法定代理人”及第二十七条第一款“父母是未成年子女的监护人”之规定，朱某属于林某的法定监护人。《中华人民共和国民法典》第三十四条第一款规定：“监护人的职责是代理被监护人实施民事法律行为，保护被监护人的人身权利、财产权利以及其他合法权益等。”朱某作为林某的法定监护人，有管理被监护人林某财产的权利和义务，并有权代表林某从事财产法律行为，其所实施的法律行为的效力直接归属于林某。因此，朱某有权处分案涉房产中属于林某 50%的财产份额。林某自 2001 年 6 月至 2007 年 6 月长达 6 年的时间在浙江某艺术学校学习，朱某出售案涉房产在浙江老家购房方便照顾林某学习、生活并支付其生活费用、教育费用等符合常理，加之龚某购买案涉房产系支付了合理对价并实际占有使用该房产，朱某、林某并未提供相应证据证明朱某处分林某财产的行为侵害了林某的合法权益，亦未提供证据证明案涉协议存在合同无效的法定情形，故朱某与龚某签订的《协议》真实、合法，且未违反法律的强制性规定，各方当事人均应按约定全面履行各自的义务。现龚某依约履行了支付购房款的义务，朱某、林某亦应按约定履行协助龚某办理过户登记手续的义务。

福建省南平市建阳区人民法院依照《中华人民共和国民法典》第二十三条、第二十七条第一款、第三十四条第一款、第三十五条第一款、第四百六十五条第一款、第五百零九条、第一千零八十四条第一款，《最高人民法院关于适用〈中华人民共和国民法典〉时间效力的若干规定》第二十条，《中华人民共和国民事诉讼法》第六十七条第一款，《最高人民法院关于适用〈中华人民共和国民事诉讼法〉的解释》第九十条之规定，判决如下：

朱某、林某应于判决生效之日起七日内协助龚某办理案涉房产的过户登记手续。

林某不服一审判决，提起上诉。

福建省南平市中级人民法院经审理认为：虽然法律规定监护人除为维护被监护人利益外，不得处分被监护人的财产。但本案中林某并未提供证据证明朱某出售房屋的行为不是为了林某的利益或具有恶意损害林某利益的行为。且根据龚某提供的通话录音，朱某陈述林某当时就知道卖房的事。林某当时已年满 15 周岁，有一定的辨别能力，其成年后对此亦长期未提出异议。龚某系通过某中介服务中心与朱某签订《协议》，并按约定履行其合同义务，属于善意的合同一方。龚某与朱某签订《协议》不具有法律规定的无效情形，该协议对林某具有约束力。如林某认为朱某的行为侵害了其合法权益，可依法要求朱某承担相应法律责任。

福建省南平市中级人民法院依照《中华人民共和国民事诉讼法》第一百七十条第一款第一项之规定，判决如下：

驳回上诉，维持原判。

【法官后语】

《中华人民共和国民法典》第三十五条第一款规定："监护人应当按照最有利于被监护人的原则履行监护职责。监护人除为维护被监护人利益外，不得处分被监护人的财产。"司法实践中，要证明监护人处分被监护人财产系为了维护被监护人利益难度较大，对于合同相对方更难。在无法证明系为未成年利益处分财产的情况下，监护人签订的合同对于被监护人是否有约束力在实践中存在争议：一种观点认为该处分财产的行为超越法定代理权，在被监护人不予追认的情况下，本案属于无权代理，对被监护人不发生法律效力；另一种观点认为"监护人除为维护被监护人利益外，不得处分被监护人的财产"系非效力性规定，只要监护人与合同相对人不是恶意串通损害被监护人的利益，该行为不导致民事法律行为无效，代理行为对被监护人具有约束力。笔者赞同第二种观点。理由如下。

一、从法律规范的性质区分方面看，"监护人除为维护被监护人利益外，不得处分被监护人的财产"应属于非效力性规定

与强制性规定相对应的是任意性规定，即限制人们依自己的意思从事或者不从事某一行为。理论和实践中，普遍将强制性规范区分为效力性强制性规范和管理性强制性规范。对于二者的区分方法，当前较为成熟的观点是王利明教授提出的三分法，即若法律法规直接规定违反该规定将导致合同无效或法律法规虽没有规定违反该规定将导致合同无效，但若违反该规定使合同继续有效将损害国家利益和社会公共利益，这两种属于效力性强制性规定，除此之外，一般属于管理性强制性规定。强制性法律规定是国家行政权力透过法律干预经济、社会秩序的表现形式，它多规定于公法中。《中华人民共和国民法典》作为民事权利的"宣言书"，其规范的是平等主体间的人身和财产关系，是典型的私

法，调整的是私法关系和私法行为，一般不涉及国家和社会公共利益。显然，《中华人民共和国民法典》第三十五条第一款关于“监护人除为维护被监护人利益外，不得处分被监护人的财产”的规定不涉及国家利益、社会公共利益，其目的在于规范监护人行为，有效维护被监护人的合法利益。换言之，即便违反了上述规定，损害的仅为被监护人的利益，不涉及国家利益、社会公共利益，故根据上述区分方法，本条规定应当属于非效力性强制性规定。

二、从法益衡量维护交易安全角度看，维护被监护人利益是监护人的义务，不应苛责于善意的合同相对人

监护人除为维护被监护人利益外，不得处分被监护人的财产。通常而言，上述规定带有“不得”字眼，系强制性规定。但认定其是否属于效力性强制性规定涉及效力问题，不能仅凭语义识别，还应根据法益衡量法进行判断，从而确定条款效力。具体而言，应考察是否涉及交易安全保护问题，即法律法规禁止或不得进行的行为是一方的行为还是双方的行为，如果法律仅是禁止或要求一方不得进行某种行为，在确定合同效力时，就需优先考虑对交易相对人的保护。本案善意相对人的保护问题就是对交易安全的保护。具体到本案中，林某的法定监护人为朱某，维护林某利益是朱某的义务。至于合同相对人龚某购买案涉房产已支付了合理对价，在没有证据证明龚某有恶意的情况下，不应苛责于善意的合同相对人。退一步而言，即便朱某真的存在损害林某利益的行为，这也是其内部关系，该违法后果应由朱某承担，而非由合同善意相对人龚某来承担。由此，某些强制性规定尽管要求民事主体不得违反，但其并不当然导致民事法律行为无效。违反该法律规定的后果应由违法一方承担，没有违法的当事人不应当承受另一方违法的后果。《中华人民共和国民法典》第一百五十三条第一款规定中的后一句“但是，该强制性规定不导致该民事法律行为无效的除外”就是应有之义。

另外，监护人处分被监护人的财产时，是不是“维护被监护人利益”，合同相对人一般难以知晓，事后要进行举证则更加困难。而且，处分财产是不是为了“维护被监护人利益”本身就是一个难以确定判断标准的问题，实践中可能需要法官结合大量事实和经验法则判断。由此，若是以是不是“维护被监护

人利益”作为判断合同效力的依据，不仅在举证责任上对合同相对人不公平，且难以把握裁判标准，在实践中缺乏可操作性及可行性。

三、从被监护人权利救济角度考量，“恶意串通”无效的规则+监护人损害赔偿规则，足以保护被监护人的财产利益

《中华人民共和国民法典》第一百五十四条规定：“行为人与相对人恶意串通，损害他人合法权益的民事法律行为无效。”第一百六十四条规定：“代理人不履行或者不完全履行职责，造成被代理人损害的，应当承担民事责任。代理人和相对人恶意串通，损害被代理人合法权益的，代理人和相对人应当承担连带责任。”法定代理中，尽管法律会对代理人的权限及相关职责作出明确规定，代理人必须根据法律规定来行使代理权。但在实践中，不可避免地存在监护人损害被监护人利益的情况。如监护人与相对人恶意串通，损害被监护人利益，可以适用恶意串通的规定来否定代理行为效力，并由监护人和相对人对被监护人的财产损害依法承担连带赔偿责任进行保障。而对于非恶意串通的一般情况下，因不涉及国家利益、社会公共利益，监护人滥用代理权时，被监护人基于内部关系可以向监护人主张损害赔偿，亦可保障被监护人的财产利益。

综上，比照《最高人民法院关于适用〈中华人民共和国民法典〉合同编通则若干问题的解释》第十六条规定：“合同违反法律、行政法规的强制性规定，有下列情形之一，由行为人承担行政责任或者刑事责任能够实现强制性规定的立法目的的，人民法院可以依据民法典第一百五十三条第一款关于‘该强制性规定不导致该民事法律行为无效的除外’的规定认定该合同不因违反强制性规定无效……”同理，除监护人与案外人恶意串通外，监护人的代理行为虽可能违反《中华人民共和国民法典》第三十五条第一款关于“监护人除为维护被监护人利益外，不得处分被监护人的财产”的强制性规定，但由监护人承担民事责任能够实现强制性规定的立法目的，从法益衡量角度，人民法院可以依据《中华人民共和国民法典》第一百五十三条第一款“该强制性规定不导致该民事法律行为无效的除外”规定认定该监护人的代理行为有效。

编写人：福建省南平市中级人民法院　张廷贵　郑烁辉

14

在房屋地址具有易混淆特征下，房产中介带购买者看房过程中发生认识错误，购买者可主张重大误解

——张某诉袁某、某房地产经纪公司房屋买卖合同案

【案件基本信息】

1. 裁判书字号

重庆市第五中级人民法院（2023）渝 05 民终 2661 号民事裁定书

2. 案由：房屋买卖合同纠纷

3. 当事人

原告（被上诉人）：张某

被告（上诉人）：袁某

被告（被上诉人）：某房地产经纪公司

【基本案情】

2022 年 2 月 8 日，原告（乙方、买方）、被告袁某（甲方、卖方）、被告某房地产经纪公司（丙方、中介方）签订《居间买卖合同》，主要约定：经协商一致，甲方自愿将本合同第一条所列房屋出售给乙方，乙方在完全了解该房屋的基础情况后自愿购买。（1）物业基础情况：房屋坐落于重庆市九龙坡区某别墅，幢号 43，建筑面积 452. 32 平方米，套内面积 452. 32 平方米。（2）成交价：310 万元。（3）付款方式：一次性付款，甲乙双方约定 2022 年 3 月 10 日前办理过户手续，乙方在过户当天付清房屋尾款 300 万元给甲方（其中留 5 万

元作为尾款，于交房当日付清）。甲方应在产权过户后10日内将房屋交给乙方。（4）税费约定：经甲乙双方约定，该房屋交易税费由乙方一并承担。（5）服务费：签订本合同时，甲方向丙方支付居间服务费3.1万元，乙方向丙方支付居间服务费3.1万元。违约责任：甲乙双方从签订本协议之日起，自觉遵守本协议所约定事项，并按本协议约定履行双方的权利义务，如一方未按本协议约定的内容履行，导致该房屋交易失败，则视其违约，应向守约方支付房屋成交总额20%的违约金，并承担丙方应收取该房屋成交总额2%的居间服务费。合同签订当日，原告向被告袁某支付了购房定金10万元，向被告某房地产经纪公司支付了居间服务费4万元。被告袁某向被告某房地产经纪公司支付了居间服务费1万元。后张某发现其签订的合同中约定的房屋并非其实地带看的那套房屋。中介误把“043栋”看成“43栋”。合同约定的是“43栋”，中介带张某看的却是“043栋”。该楼盘分为一期和二期，两期楼盘均从同一大门进出。“43栋”为一期别墅，而“043栋”为二期别墅，不熟悉楼盘的人，一般不知二者的区别。张某遂联系房产中介和袁某，表示想要撤销合同，希望房产中介和袁某退还居间服务费和购房定金。三方协商未果，张某诉至法院，要求判令撤销《居间买卖合同》，袁某退还10万元购房定金，某房产中介公司退还4万元居间服务费。

【案件焦点】

1. 在房屋地址具有易混淆特征条件下，房产中介带购买者看错房屋，购买者可否主张重大误解；2. 若构成重大误解，撤销房屋买卖合同后，购房者可否请求返还定金与居间服务费。

【法院裁判要旨】

重庆市九龙坡区人民法院经审理认为：某别墅楼盘分为一期和二期，两者均从同一大门进出，按照一般生活常识，在同一小区里面不会存在楼栋编号相同或相似的情形。事实上，西区楼盘里面的一期指的就是该小区别墅，别墅编号为“43”，二期别墅指的是编号为“043”，作为不熟悉小区的人，一般不会注意二者区别。原告在 2022 年 2 月 7 日所看房屋为二期“043”号房屋，但签订合同所约定的房屋为“43”号房屋，该两栋房屋均在同一小区，而原告看中和想购买的房屋为二期“043”号房屋，因此，原告与二被告签订的《居间买卖合同》在标的物的品种上产生错误认识，由于该两栋房屋在外观上存在明显差别，如果原告不发生错误认识就不会作出与被告袁某签订《居间买卖合同》的相应意思表示，因此，法院认为原告与二被告签订的《居间买卖合同》中所实施的民事法律行为构成重大误解。综上，原告诉请要求撤销《居间买卖合同》，符合《中华人民共和国民法典》第一百四十七条、《最高人民法院关于适用〈中华人民共和国民法典〉总则编若干问题的解释》第十九条的规定，本院予以支持。根据《中华人民共和国民法典》第一百五十五条、第一百五十七条的规定，对原告要求被告袁某退还其支付的购房定金 10 万元，并要求被告某房地产经纪公司退还其支付的居间服务费 4 万元，符合法律规定，本院予以支持。

重庆市九龙坡区人民法院依照《中华人民共和国民法典》第一百四十七条、第一百五十五条、第一百五十七条，《最高人民法院关于适用〈中华人民共和国民法典〉时间效力的若干规定》第一条第三款，《最高人民法院关于适用〈中华人民共和国民事诉讼法〉的解释》第九十一条之规定，判决如下：

一、撤销原告张某与被告袁某、被告某房地产经纪公司于 2022 年 2 月 8 日签订的《居间买卖合同》；

二、被告袁某于本判决生效之日起十日内退还原告张某购房定金 10 万元；

三、被告某房地产经纪公司于本判决生效之日起十日内退还原告张某居间服务费 4 万元。

袁某不服一审判决，提起上诉。

上诉人袁某在收到通知后，未在本院指定的期限内预交二审案件受理费。重庆市第五中级人民法院依照《中华人民共和国民事诉讼法》第一百五十七条第一款第十一项、《最高人民法院关于适用〈中华人民共和国民事诉讼法〉的解释》第一百一十八条之规定，裁定如下：

本案按上诉人袁某自动撤回上诉处理。一审判决自本裁定送达之日起发生法律效力。

【法官后语】

本案的核心问题是在房屋地址具有易混淆特征条件下，房产中介带购买者看错房屋，购买者可否主张重大误解？司法实践中尚未形成统一规则，现行法律亦未明确规定。如果购房合同因为重大误解被撤销后，购房者可否要求返还购房定金？司法实践中存在争议。

一、房产中介带购买者看错房屋，购买者可否主张重大误解

在讨论中存在两种观点。第一种观点认为不构成重大误解，理由在于卖房者并不具有过错，此时允许购房者以重大误解为由解除房屋买卖合同，损害了卖房者的信赖利益。第二种观点认为构成重大误解。理由在于：首先，《最高人民法院关于适用〈中华人民共和国民法典〉总则编若干问题的解释》第十九条规定，行为人对行为的性质、对方当事人或者标的物的品种、质量、规格、价格、数量等产生错误认识，按照通常理解如果不发生该错误认识行为人就不会作出相应意思表示的，人民法院可以认定为《中华人民共和国民法典》第一百四十七条规定的重大误解。依照该司法解释的规定并未将合同相对方有无过错前置为认定重大误解的先决条件。其次，对于两栋别墅的外观在客观上的确存在显著差别，按照通常理解，如果不发生这种看错，就不会选择购买。换言之，本案中的购买人如果不是看错别墅就不会选择购买。这种错误认识不是一般误解，而是一种重大的误解，是将买卖的标的物看错。再次，本案中的房屋本身具有易混淆特征，按照一般人标准，看错房屋是符合常情常理的。最后，从查明的事实可以看出，楼盘分为一期和二期，两者均从同一大门进出，按照一般生活常识，在同一小区里面不会存在楼栋编号相同或相似的情形。事实上，案涉楼盘里面的一期指的就是该小区别墅，别墅编号为“43”，二期别墅，指的是编号为“043”，作为不熟悉小区的人，一般不会注意二者区别。笔者赞同第二种观点，房产中介带购买者看错房屋，购买者可以主张重大误解，因为两栋别墅的位置接近，均处于同一小区，且标号类似，其本身具有易混淆特征，通常都会被看错。且看错的两套房屋在外观及居住属性方面存在本质差异，按

照通常理解如果不发生该错误认识，行为人就不会作出相应购买房屋的意思表示，故本案看错房屋的行为构成重大误解。第一种观点显得较为片面，因为司法解释并未强调合同相对人的过错是认定重大误解的要件。

二、购房合同因重大误解被撤销后，购房人可否要求返还购房定金

对于此问题，存在两种观点争论。前种观点认为，购房者不能要求返还定金10万元。因为《中华人民共和国民法典》第一百五十五条规定："无效的或者被撤销的民事法律行为自始没有法律约束力。"第一百五十七条规定："民事法律行为无效、被撤销或者确定不发生效力后，行为人因该行为取得的财产，应当予以返还；不能返还或者没有必要返还的，应当折价补偿。有过错的一方应当赔偿对方由此所受到的损失；各方都有过错的，应当各自承担相应的责任。法律另有规定的，依照其规定。"本案中，卖房者没有过错。购房者存在疏忽大意的过错，在看房过程中没有向卖房者仔细核对确认房屋情况，因其存在疏忽大意的过错，故不得要求返还定金。后种观点认为，可以要求卖房者返还定金。笔者赞同第二种观点，反对第一种观点。笔者认为，购房者具有疏忽大意的过错的这种论断是值得商榷的。认定疏忽大意的过错的前提是购房者具有预见义务，是应该预见该房屋不是卖房者的房屋，因为自己的疏忽而没有预见。本案中，购房者没有预见义务。因为其是在房产中介的带领下去看房的，其对于房产中介有合理的信赖，同时，本案房屋本身具有易混淆特征，故本案发生的重大误解属于意外情况，故本案购房者没有过错。鉴于购房者没有过错，故应该退还购房定金。

编写人：重庆市九龙坡区人民法院　胡广南　邓晓光

15

对违反审批手续的合同效力认定，应综合考虑所保护的法益类型，违法行为法律后果，交易安全等因素

——叶某诉林某房屋买卖合同案

【案件基本信息】

1. 裁判书字号

福建省厦门市中级人民法院（2023）闽02民终4128号民事判决书

2. 案由：房屋买卖合同纠纷

3. 当事人

原告（被上诉人）：叶某

被告（上诉人）：林某

【基本案情】

林某将厦门市思明区的一处房屋的使用权转让给叶某，期限截至2065年12月31日，叶某于2006年11月向林某支付了15万元的对价款。双方还约定：根据市政府房改进度及该住房的产权办理情况，林某有权要求叶某按1997年房改价格买断产权；若叶某不愿意买断，林某有权收回房产；买断产权的手续，由林某先办理在其名下，所有钱款由叶某承付；林某取得产权证后，应在10天内以赠与的方式，将产权办理在叶某名下；同时，叶某应将林某夫妻二人的房改福利款（货币化补贴款）一次性付给林某，办理过户所需税费由叶某承担。上述事实，双方均无异议并于2017年2月12日补签一份《承诺书》予以确认，叶某依照前述约定在本案发生前实际居住、使用案涉房屋，并缴纳在此期间的水电费及物业管理费等各项费用。2022年12月9日，林某取得了案涉房屋的

产权证，其代垫房款（含费用）及福利款共计492404.23元，并要求叶某抓紧时间办理。叶某收到林某通知后于2022年12月14日按《承诺书》约定向林某足额支付了前述全部费用，然而林某却拒不按《承诺书》约定将案涉房屋转移登记至叶某名下。

【案件焦点】

1. 林某与叶某就讼争《承诺书》是否构成赠与合同关系；2. 讼争《承诺书》的效力问题。

【法院裁判要旨】

福建省厦门市思明区人民法院经审理认为：赠与合同是赠与人将自己的财产无偿给予受赠人，受赠人表示接受赠与的合同。赠与可以附义务，但受赠人接受赠与财产所承担的义务，不是其取得赠与财产所附的报酬或对价，与财产不具有对待给付性。如所附义务与赠与人承担赠与财产的义务构成对待给付，合同性质将发生改变，不再是赠与合同。叶某作为受赠人所附的义务系基于讼争房屋的市场价格给予林某合理补偿，其所主张的义务显然已与赠与财产构成对待给付，因此双方就讼争房屋并非赠与合同关系。

讼争《承诺书》明确约定林某将讼争房屋的使用权转让给叶某，并确认叶某已于2006年11月支付给林某15万元的对价款。林某在买断讼争房屋产权后通过短信告知叶某买断款及房改福利款的具体金额，叶某亦支付了该款项，双方已经实际履行《承诺书》第五条约定的买断以及付款义务；第五条虽有约定双方以赠与方式办理过户，但仅是对过户的具体方式进行约定，并非对案涉法律关系进行约定。故本院认定双方就讼争房屋存在买卖合同关系。

根据《中华人民共和国城市房地产管理法》第四十条第一款的规定，划拨土地上的房屋并非绝对禁止转让，只要办理土地出让手续、缴纳土地出让金后即可转让。前述规定亦非效力性强制性规定，讼争《承诺书》虽未经有批准权的人民政府审批也不导致无效。

根据《中华人民共和国民法典》第五百九十七条的规定，无权处分并不影响合同效力；因此，林某以讼争房屋共有权人不同意为由主张讼争《承诺书》无效，亦缺乏法律规定。

综上所述，叶某与林某签订的《承诺书》系双方当事人的真实意思表示，内容不违反法律、行政法规的强制性规定，为有效合同，双方应依约履行合同义务。

福建省厦门市思明区人民法院依照《中华人民共和国民法典》第五百零九条、第五百七十七条及《中华人民共和国民事诉讼法》第六十七条之规定，判决如下：

一、林某于本判决生效之日起十日内协助将案涉房屋产权转移登记至叶某名下；

二、驳回叶某的其他诉讼请求。

林某不服一审判决，提起上诉。

福建省厦门市中级人民法院经审理认为：同意一审法院裁判意见，依照《中华人民共和国民事诉讼法》第一百七十七条第一款第一项之规定，判决如下：

驳回上诉，维持原判。

【法官后语】

《中华人民共和国民法典》第一百五十三条第一款规定，违反法律、行政法规的强制性规定的民事法律行为无效。但是，该强制性规定不导致该民事法律行为无效的除外。该条款中的强制性规定指的是效力性强制性规定，而非管理性强制性规定。判断其是效力性强制性规定还是管理性强制性规定，要在综合考量强制性规定所保护的法益类型、违法行为的法律后果以及交易安全保护等因素的基础上认定。

首先，考量强制性规定所保护的法益类型。效力性强制性规定通常旨在保护国家安全、公共利益（如金融安全、市场秩序、国家宏观政策等）、公共安全、基本人身权利（如生命健康权、人身自由等）、自然资源和生态环境、公序良俗等，如果违反的强制性规定涉及上述法益保护，一般应当认定为效力性强制性规定，从而认定合同无效。其次，考量违法行为的法律后果。如果违法行为具有严重的社会危害性，可能构成犯罪，在民事后果上亦应当给予该违法行为否定性评价，一般应当认定合同无效。但若认定合同无效不利于保护受害人权益，则不宜认定，否则有违社会大众朴素情感。如果对行为人施以行政处罚不足以遏制违法行为，或可能涉及不特定当事人（属于公共利益范畴），在民事后果上亦应当给予该违法行为否定性评价，一般应当认定合同无效。反之，若可通过行政处罚对轻微违法行为予以纠正，或仅侵害特定当事人利益，一般不应导致合同绝对无效，而是赋予相对方撤销权。最后，考量保护交易安全。在确定合同效力时，需要结合双方当事人的过错程度，并优先考虑交易相对人保护的问题。此外，还应当尊重当事人意思自治，在不直接损害重大公共利益的前提下，应尽量维持民事行为效力，实现当事人利益和社会利益最大化。

《中华人民共和国城市房地产管理法》第四十条第一款规定，以划拨方式取得土地使用权的，转让房地产时，应当按照国务院规定，报有批准权的人民政府审批。有批准权的人民政府准予转让的，应当由受让方办理土地使用权出让手续，并依照国家有关规定缴纳土地使用权出让金。该条款保护的法益在于维护政府土地出让金利益，其违法行为的法律后果在于买受人未缴纳土地使用权出让金则无法办理房产过户手续，无法取得房产所有权。房屋买受人签订合同的目的在于取得房屋所有权。不动产物权的设立、变更、转让和消灭，经依法登记，发生效力，不动产物权的取得以登记为生效要件，而缴纳土地使用权出让金是房屋买卖双方当事人办理不动产变更登记的前置条件，认定合同有效不会影响该规范目的的实现。房产买受人基于房屋买卖合同取得要求过户的债权请求权，合同当事人对交易房产的性质均系明知，则不会对交易安全造成影响，若房产出售人故意隐瞒房屋性质，可能构成欺诈，房屋买受人有权撤销双方的房屋买卖合同。

本案中，讼争《承诺书》明确约定林某将讼争房屋的使用权转让给叶某，并确认叶某已于2006年11月支付给林某15万元的对价款。林某在买断讼争房屋产权后通过短信告知叶某买断款及房改福利款的具体金额，叶某亦支付了该款项，双方已经实际履行《承诺书》第五条约定的买断以及付款义务；第五条虽有约定双方以赠与方式办理过户，但仅是对过户的具体方式进行约定，并非对案涉法律关系进行约定，故认定双方就讼争房屋存在买卖合同关系。

根据《中华人民共和国城市房地产管理法》第四十条第一款的规定，划拨土地上的房屋并非绝对禁止转让，只要办理土地出让手续、缴纳土地出让金后即可转让。前述规定亦非效力性强制性规定，讼争《承诺书》虽未经有批准权的人民政府审批也不导致无效。

案涉《承诺书》系双方基于真实的意愿并自愿签署，内容也不违反法律的强制性规定，应当认定为合法有效，双方均应依约履行，也即林某应当按照《承诺书》的约定，协助叶某办理案涉房屋产权过户手续。

编写人：福建省厦门市思明区人民法院　王瑛　马嘉慧

16

房屋购买权转让的合同效力以及差价补偿问题

——陈某诉李甲房屋买卖合同案

【案件基本信息】

1. 裁判书字号

浙江省丽水市中级人民法院（2023）浙11民终382号民事判决书

2. 案由：房屋买卖合同纠纷

3. 当事人

原告（反诉被告、被上诉人）：陈某

被告（反诉原告、上诉人）：李甲

【基本案情】

李乙系某传动公司职工，与王某系夫妻关系，共同育有三子，李丁、李丙及李甲。2005年2月22日，某传动公司与李乙签订《遣散安置集资合作建房协议书》，约定：集资合作建设某房屋，由某传动公司交付李乙一套房屋，建筑面积85~105平方米，交付杂间一个，建筑面积8平方米以上（杂间设计在地面层），住房、杂间统一按平均价2920元/平方米计算（住房具体分配标准，层次价格另行核定公布）。原告陈某与李乙、王某分别于2005年6月12日、2006年6月12日签署《房屋订购协议书》《房屋购买权转让协议书》约定李乙、王某向陈某转让房屋购买权，并约定房屋面积为85~90平方米。合同签订后，原告向李乙先后支付了3.5万元和29.5万元，并向某传动公司交纳了建房款等款项共计428967元。后李乙与王某分别于2017年和2021年先后去世。2021年，原告以李乙的名义进行选房并领取了案涉房屋的钥匙后占有使用，并进行了装修。

2022年4月24日，公证处根据李乙、李丙作出的放弃对其父母遗产继承的声明，出具法定继承公证，证明案涉房屋回购权由被告李甲继承。2022年5月17日，李甲办理了案涉房屋的权属登记手续，其上载明：建筑面积分别为122.48平方米、10.32平方米。2022年7月17日，李甲通过浙江移动微法院平台向原告发送告知书，主要内容为：基于《房屋购买权转让协议书》并非李乙、王某的真实意思表示，因没有支付约定的对价款、该协议书为预约合同等因素，现告知解除《房屋购买权转让协议书》。另查明，因旧城改造政策变化，案涉房屋规划面积多次变更。2011年10月28日，县规划建设局作出《区块出让规划设计条件》，其上载明：地块建成后开发商须提供2号楼6~23层108套和24层F套型一套（共计109套）某传动公司遣散安置户回购。每套套型建筑面积均不少于120平方米。给安置户的回购价格：105平方米以内价格为2920元每平方米，超出105平方米部分面积按3400元每平方米。每套住宅配套提供一个储藏间，储藏间回购价格为2920元每平方米。李甲对原告以其父母的名义厂交纳建房款无异议。

【案件焦点】

1. 案涉两份协议书的性质；2. 协议书的效力；3. 原告是否应当支付被告差价以及差价的具体计算方式。

【法院裁判要旨】

浙江省青田县人民法院经审理认为：李乙与案外人某传动公司签订《遣散安置集资合作建房协议书》，系双方的真实意思表示，内容没有违反法律规定，该协议自成立起生效，李乙依约享有该协议约定的集资合作建房的权利与义务。关于《房屋订购协议书》，根据文意可知，属于房屋买卖合同，即双方约定杂间作价 3.5 万元，在李乙、王某取得产权证书后过户给原告；关于《房屋购买权转让协议书》，系约定“订购权”转让。于法律评价上，属于权利义务概括转让。原告作为受让方，自出让方李乙、王某处，以 26 万元（29.5-3.5=26）的价格，受让具有人身专属性的集资合作建房的权利及义务。关于李乙的签字及捺印的真实性各方无异议，没有证据证明在签订合同时李乙存在意识不清的情况，应认定案涉协议书系李乙的真实意思表示，对各合同当事人具有约束力。在审理过程中，李甲亦表示其母亲王某曾告知其房屋转让的事实，可以认定王某知悉出让的事实。而支付的建房款等 428967 元，亦均由陈某支付。王某系以行为表示对李乙的代签行为进行追认，案涉《房屋订购协议书》《房屋购买权转让协议书》成立并生效。依法成立的合同，对当事人双方具有法律约束力，当事人应履行合同约定的义务，不得擅自变更或解除合同。双方未约定合同解除的条件，也未能就解除合同协商一致，解除合同应遵循法律的规定。《中华人民共和国民法典》第五百六十三条规定：“有下列情形之一的，当事人可以解除合同：（一）因不可抗力致使不能实现合同目的；（二）在履行期限届满前，当事人一方明确表示或者以自己的行为表明不履行主要债务；（三）当事人一方迟延履行主要债务，经催告后在合理期限内仍未履行；（四）当事人一方迟延履行债务或者有其他违约行为致使不能实现合同目的；（五）法律规定的其他情形。以持续履行的债务为内容的不定期合同，当事人可以随时解除合同，但是应当在合理期限之前通知对方。”本案中，李乙已配合原告向案外人某传动公司缴纳了建房款，根据日常交易习惯及证据优势原则，可以认定原告已足额向李乙支付了转让费。故被告于2022年7月17日发出的解除合同通知不具有合同解除法律效力。案涉房屋建筑面积为122.48平方米，双方合同约定的建筑面积为85~90平方米，即原告拟购买85~90平方米的房屋购买权，但实际上最终获得了122.48平方米的房屋购买权。法院认为，因设计规划方面的变更，原告基于双方在先签订的合同额外享有了权利、负担了义务。对此，原告作为买受方，自其知道或者应当知道所受让的权利及义务与合同约定不符时，其即负有选择权。既可要求解除合同，亦可以选择继续履行。现原告明确不要求解除合同，本院亦予确认。其次，鉴于原告不解除合同，应当认定其构成不当得利。根据法律规定，得利人没有法律根据取得不当利益的，受损失的人可以请求得利人返还不当利益。但因本案原告额外获得的利益系房屋购买权，该权利无法拆分予以返还，故应当折价返还。本案中，原告主张其于2010年左右知悉房屋面积变更为不少于120平方米，本院予以确认。并根据本案查明的相关事实，酌定自2011年10月21日起（《关于某传动公司安置遣散有关问题的建议》作出之日），原告即知悉其构成不当得利，应负有折价返还金额的义务。同时，因不当得利规则的功能，并非为填补损害，而在于使受益人返还无法律上原因所受利益。故本院认定返还金额应为参照合同约定计算折价返还金额。因原告购买的系房屋购买权，而非房屋本身，且权利所指向房屋的面积增加。双方约定转让费26万元，面积按中位数87.5平方米计算，即每平方米的转让费计2971.43元，折价返还金额应为103940.62元。同时，因原告知悉后未主动支付折价款，应认定其构成嗣后恶意，其还应赔偿对方利息损失。《中华人民共和国合同法》第一百一十四条第二款规定："约定的违约金低于造成的损失的，当事人可以请求人民法院或者仲裁机构予以增加；约定的违约金过分高于造成的损失的，当事人可以请求人民法院或者仲裁机构予以适当减少。"第一百一十二条规定："当事人一方不履行合同义务或者履行合同义务不符合约定的，在履行义务或者采取补救措施后，对方还有其他损失的，应当赔偿损失。"确定违约损失应当按照"以实际损失为基础，兼顾合同的履约情况，当事人的过错程度以及预期利益”等综合因素考量。本案中，原告虽确有额外获利且未支付相应折价款，但该给付义务不属于合同义务，被告不得据此对抗原告要求过户的请求。现其拒不协助办理过户登记手续，应认定已构成违约。案涉协议虽然约定了违约金，但在李乙死亡前，案涉房屋尚不具备过户条件。虽然合同当事人死亡后，其因合同引发的债权债务可由其继承人一并继承。但从公平合理的角度出发，不能直接认定合同可继续履行，因为被告为继承人，对合同的情况可能了解得不够全面，在规划发生变更的情况下，给合同履行带来的困难在实际上无法避免。违约金的性质既具有补偿性，又具有赔偿性，陈某并未举证证明其除利息损失外还存在其他损失，故对于违约金本院依法予以调整。

据此，浙江省青田县人民法院依照《中华人民共和国合同法》第四十四条、第六十条、第一百零七条、第一百一十四条第二款、第一百一十二条，《中华人民共和国民法通则》第九十二条，《中华人民共和国民法典》第二百一十四条、第四百五十八条，《最高人民法院关于适用〈中华人民共和国民事诉讼法〉的解释》第九十条、第九十二条第一款、第九十三条第一款第四项及第五项，《最高人民法院关于适用〈中华人民共和国民法典〉时间效力的若干规定》第一条之规定，判决如下：

一、确认原告（反诉被告）陈某与李乙签订的《房屋订购协议书》《房屋购买权转让协议书》有效；

二、确认案涉房屋、案涉贮藏室不动产现所有权人为被告（反诉原告）李甲，被告（反诉原告）李甲于本判决生效后三十日内协助配合原告（反诉被告）陈某办理相关不动产登记变更手续并过户至原告（反诉被告）陈某名下（办理过户产生的税费均由陈某负担）；

三、被告（反诉原告）李甲于本判决生效后三十日内支付原告（反诉被告）陈某以 29.5 万元为基数，自 2022 年 7 月 17 日起至案涉房屋过户至陈某名下之日止按年利率 3.65%计算的违约金；

四、原告（反诉被告）陈某于本判决生效后三十日内支付给被告（反诉原告）李甲房屋面积差价总额103940.62元及利息损失（利息损失自2011年10月21日起至2019年8月19日止按中国人民银行同期同类贷款基准利率计算，自2019年8月20日起至款项实际付清之日止按LPR利率计算）；

五、驳回原告（反诉被告）陈某的其他诉讼请求；

六、驳回被告（反诉原告）李甲的其他诉讼请求。

李甲不服一审判决，提起上诉。

浙江省丽水市中级人民法院经审理认为：同意一审法院裁判意见，依照《中华人民共和国民事诉讼法》第一百七十七条第一款第一项之规定，判决如下：

驳回上诉，维持原判。

【法官后语】

现实生活中，房屋购买权转让已成为市场主体的重要经济行为。例如，在商品房销售过程中，部分开发商赋予购房人的合同更名权。又如，单位福利优惠购房购买权转让、动迁安置房的购买权转让等。然而，什么是“房屋购买权”，我国法律并无明文规定。经检索案例库、指导性案例，目前针对房屋购买权转让的性质和转让合同效力认定方面并未有相关案例，但实践中针对房屋购买权的交易处置属于物权行为还是债权行为仍存在较大争议，本案例旨在探析房屋购买权性质的基础上，厘清房屋购买权类案件适用的法律规范，并为相似案例提供一定参考。主要探讨两个问题：一是房屋购买权转让的性质和转让合同效力认定；二是房屋购买权转让合同约定与实际交付房屋面积差的认定和补偿原则，即既得利益溢出时对期待利益的填平问题。

一、房屋购买权转让的性质与转让合同效力认定

关于房屋购买权转让的性质问题。实践中，“房屋购买权”实质是请求他人为或不为一定行为而得到生活上的利益的权利，是买受人基于买卖合同获得出让人对不动产享有的债权权利和其他民事权利。从权利内容上看，房屋购买权的权利指向的标的物虽为不动产，但不同于传统的所有权、抵押权等，其是购买权人对未来取得特定不动产所有权的期待，是一种取得物权的“过渡性权

利”，房屋购买权人无法直接支配标的物不动产，该权利亦不可对抗不特定第三人，故不具有物权属性。从权利的实现方式上看，房屋购买权人需基于合同请求特定相对人履行出卖义务并配合履行不动产登记义务，权利一旦遭受侵害，亦需通过债权请求权寻求救济，如主张违约赔偿或要求继续履行合同，而不能直接主张对标的物不动产的权利。综上所述，房屋购买权的权利内容和救济方式均符合债权特征。但现有法律规定关于房屋购买权缺乏系统明确的规定，裁判时应当如何准确适用法律规范？学界与司法界对此类在物权变动过程中，当事人享有期待未来取得物权的其中一类权利已进行过充分论证并形成了统一认识，即物权期待权。房屋购买权亦是购买权人基于合同关系对出卖人配合履行不动产登记并取得物权所有权的一种期待性权利，故其效力特征可比照于理论较为成熟、规定较为周延的物权期待权。实践中倾向认为，“普通买受人的物权期待权虽被赋予‘物权’名义，但毕竟不是既得物权，其本质上仍是债权请求权”。故而，房屋购买权在效力特征上亦属于债权请求权。本案中，即陈某按约取得集资合作建房的权利义务请求李甲配合办理房屋过户手续取得不动产所有权的权利。

关于房屋购买权转让合同的效力问题。本案中的“房屋购买权”具体指向的是案外人李乙基于与案外人某传动公司签署的《遣散安置集资合作建房协议书》享有的“集资合作建房的权利与义务”；李乙与本案原告签署的《房屋订购权转让协议书》，系约定“订购权”转让即“房屋购买权”转让，本案原告承担支付相应对价的义务。于法律评价上，“房屋购买权”转让属于合同权利义务的概括转让。《中华人民共和国民法典》第五百五十五规定：“当事人一方经对方同意，可以将自己在合同中的权利和义务一并转让给第三人。”第五百五十六条规定：“合同的权利和义务一并转让的，适用债权转让、债权转移的有关规定。”因此，只要该“房屋购买权”转让的约定是双方真实意思表示，且不违反法律、行政法规的强制性规定，应属有效合同。

二、既得利益溢出时对期待利益的填平问题

本案中，双方合同明确约定房屋面积为85~90平方米，实际面积为122.48

平方米，存在面积差，即受让房屋购买权的受让人所取得的既得利益已溢出房屋购买权转让合同约定的期待利益，应当适用填平原则对出让方与受让方的利益予以平衡。综合分析本案，由于设计规划变更，陈某基于原合同额外享有权利并承担义务。在陈某明确表示不解除合同的情况下，其获益符合不当得利构成要件：陈某获得了超出合同约定面积的额外利益；李甲因房屋面积增加产生利益损失；二者之间存在直接因果关系，且陈某取得该额外面积利益缺乏合法依据。因此，此面积差价应被认定构成不当得利。换言之，既得利益溢出时，受让方对合同标的——期待利益之外的溢出部分所享有的权利属于不当得利，实践中可适用不当得利规则对出让方的损失予以填平。

关于得利人返还义务范围的认定问题。不当得利在性质上属于法定之债，得利人返还义务范围由法律直接规定。得利人返还义务的范围依得利人主观上是善意还是恶意有所不同，故应当首先确定得利人善意与否，再进一步明确返还范围。关于得利人善意与否的认定，取决于得利人主观上对其获得利益无法律根据是否明知。得利人基于对不动产登记、动产占有、商事登记等表象的认识与真实情况不一致并不知悉时，该认知状态在法律上可被评价为善意。相反，在得利人对其“不知”状态的形成存在故意或负有重大过失的情形下，得利人不能被判断为善意。关于恶意得利人返还义务范围的认定，根据《中华人民共和国民法典》第九百八十七条规定，恶意得利人应当返还其取得的全部利益。无论所得利益是否存在，恶意得利人均应承担返还所得利益的责任，若造成损失还应进行赔偿。所得利益为金钱时，应当按法定贷款利率自得利时起算利息，并将利息一并返还受损人。如果受损人的实际损失大于恶意得利人所获利益，恶意得利人还需对不足部分另行赔偿。自始恶意得利人的返还范围为取得的全部利益以及该利益产生的全部孳息。嗣后恶意得利人在知晓获益无法律根据前，应适用《中华人民共和国民法典》第九百八十六条规定，返还义务的范围以现存利益为限；在知晓获益无法律根据后，应适用《中华人民共和国民法典》第九百八十七条的规定，返还其取得的全部利益。上述案例中陈某明知实际房屋面积超出合同约定范围未支付房屋折价款，存在嗣后恶意，所以既要返还面积差价这一不当得利，也要赔偿相应损失。

现实生活中存在大量“房屋购买权”的转让合同以及衍生的不当得利返还纠纷，本案例对于该类合同性质和效力、不当得利返还范围认定提供了清晰的审理思路和明确的裁判要点，有助于统一司法裁判尺度，并且能够增强公众对房屋购买权转让行为及相关法律后果的认知，具有重要的实践指导意义。

编写人：浙江省丽水市青田县人民法院　林伟芬　季思思

17

开发商不得随意以格式条款排除广告宣传的要约效力

——凌某诉某房地产开发公司商品房销售合同案

【案件基本信息】

1. 裁判书字号

江苏省无锡市中级人民法院（2023）苏02民终252号民事判决书

2. 案由：商品房销售合同纠纷

3. 当事人

原告（上诉人）：凌某

被告（上诉人）：某房地产开发公司

【基本案情】

2021年6月，凌某与某房地产开发公司签订《商品房买卖合同（预售）》及《补充协议》，约定凌某向某房地产开发公司购买涉案房屋，建筑总层数为4层（含地下负一层），总价为7189988元，并约定出卖人在签订买卖合同之前已向买受人明示买卖合同正文、附件、补充条款及全部销售依据，并按照买受人的要求作出了完整、充分、合理的说明，买受人已清楚及充分预见到该商品房相关的包括但不限于建设依据、规划条件、设计条件、结构形式、法律状况及该商品房竣工后的自然状态，买卖双方的权利义务以买卖合同及其附件的约定为准，售楼书、广告、沙盘模型、样板房、展示区、体验馆仅作参考之用。

根据某房地产开发公司就涉案房屋户型对外投放的宣传资料，涉案房屋地下层装修示意图载明地下层有入户门，图片下方及资料封底以较小字体注明："免责：本宣传资料为要约邀请，不构成要约内容，具体信息以双方需签署的《商品房买卖合同》约定及政府最终审批为准。"

某房地产开发公司提供的《告知书》载明："本商品房为毛坯交付，楼书、户型单页、单体模型等宣传物料仅供参考之用，非最终交付标准。局部结构、空间尺寸、立面等可能因楼栋位置、楼层等的不同而有所不同。交付以《商品房买卖合同》及其附件之约定为准，没有约定的以政府相关批文为准"，凌某在上述告知书上签名，并手写"本人已详细阅读并充分了解告知书的全部内容"。

凌某于 2021 年 9 月 24 日办理涉案房屋交付手续，并于 2022 年 6 月 7 日取得涉案房屋的所有权。凌某在收房后，在涉案房屋负一层破墙开门。嗣后，涉案房屋所在小区的物业管理服务公司于 2022 年 4 月 25 日向凌某发整改通知单，认为凌某"破坏私立面、私自扩建"并要求其限期恢复整改。2022 年 6 月 23 日，街道办事处综合行政执法局发出《告知书》，要求凌某自告知之日起 3 日内将未取得规划许可、擅自搭建的建筑物自行拆除，恢复原状。现凌某已将涉案房屋负一层恢复原状。

【案件焦点】

1. 某房地产开发公司对地下室入户门的允诺是否构成要约；2. 开发商排除广告宣传要约效力的格式条款是否有效；3. 开发商是否构成违约，违约责任是多少。

【法院裁判要旨】

江苏省无锡市梁溪区人民法院经审理认为：某房地产开发公司对别墅开通

地下室入户门的允诺构成要约并作为商品房买卖合同内容约束交易双方。某房地产开发公司售房宣传资料中房屋地下室装修效果图显示地下室可以开门，媒体平台上关于涉案小区宣传广告的户型图明确显示别墅地下室可以开通入户门，结合涉案小区其他业主在别墅地下室开通入户门的照片，足以证明某房地产开发公司对涉案房屋地下室可以开通入户门进行了宣传介绍。某房地产开发公司对地下室开通入户门的宣传，对购房者订立商品房买卖合同及考量房屋价格具有重大影响，且本案并无证据显示某房地产开发公司对该免责条款向购房者作过充分的提示说明，应当作为要约经购房者接受后再作为商品房买卖合同内容。开发商意欲排除销售广告和宣传资料的约束，就应当对售楼广告宣传性质及效力范围作出明确、具体、清晰的说明，如本案情形应当明确告知购房者别墅地下室开通入户门未纳入规划图纸范围，存在违反规划被城管部门查处制止的可能及相应法律后果，而不能简单以购房者签署的系列文件中包含有格式免责条款为由进行抗辩。

凌某作为普通购房者，因某房地产开发公司的宣传对地下室开通入户门产生合理信赖并与某房地产开发公司签订商品房买卖合同，但在房屋装修地下室开通入户门后，因地下室开通入户门违反城乡规划法的相关规定，被主管部门责令整改而恢复原状。涉案房屋为别墅，购买者对于别墅居住使用舒适性有更高的期待，地下室能否开通入户门对业主形成购买意愿和接受合同约定价款具有较大影响。凌某开通地下室入户门的合同目的无法实现，客观上对凌某造成的经济损失，某房地产开发公司应当予以赔偿。关于损失的具体金额及确定，双方当事人对地下室无法开通入户门所产生的损失均不能提供充分证据证明，法院委托鉴定机构对该经济损失进行鉴定，也因无法鉴定而退鉴，在此情形下，法院综合某房地产开发公司的违约情节、涉案房屋现状等因素，酌定某房地产开发公司按照购房总价款的1%承担赔偿责任。

据此，江苏省无锡市梁溪区人民法院依照《中华人民共和国民法典》第七条、第四百七十二条、第五百七十七条，《最高人民法院关于审理商品房买卖合同纠纷案件适用法律若干问题的解释》第三条，《中华人民共和国民事诉讼法》第一百四十五条之规定，判决如下：

一、某房地产开发公司应于本判决发生法律效力之日起三日内赔偿凌某71899.88元；

二、驳回凌某的其他诉讼请求。

凌某、某房地产开发公司均不服一审判决，提起上诉。

江苏省无锡市中级人民法院经审理认为：二审法院同意一审法院裁判意见，依照《中华人民共和国民事诉讼法》第一百七十七条第一款第一项之规定，判决如下：

驳回上诉，维持原判。

【法官后语】

开发商在格式合同中预先排除商业广告、宣传要约效力的约定，属于免责条款，开发商未履行提示说明义务的，该条款依法不成为合同的内容。开发商欲使符合要约条件的商业广告、宣传失去要约效力，应当遵守要约撤回、撤销的有关规定。

一、符合要约条件的商业广告、宣传对开发商具有约束力

开发商制作的销售广告和宣传资料一般属于要约邀请，但符合要约条件的商业广告和宣传属于要约，对开发商具有法律约束力。开发商与购房消费者订立商品房买卖合同后，该商业广告和宣传构成合同内容，开发商应当恪守。所谓符合要约条件，根据《最高人民法院关于审理商品房买卖合同纠纷案件适用法律若干问题的解释》第三条的规定，指的是开发商对商品房开发规划范围内的房屋及相关设施所作的说明和允诺具体确定，且对商品房买卖合同的订立以及房屋价格的确定有重大影响。结合本案，某房地产开发公司对涉案房屋可以开通地下室入户门进行了广泛宣传，并在装修示意图中作出明确标注，消费者凌某基于对某房地产开发公司商业广告、宣传的合理信赖而与之签订商品房买卖合同，涉案房屋若具有从地下室直通房屋的便利无疑对价格具有较大的影响，故相关广告宣传符合要约条件，构成要约。某房地产开发公司未能按约提供该项便利，构成违约，应当承担相应民事责任。

二、排除要约效力的免责条款未经明确告知和提示说明不成立

《最高人民法院关于审理商品房买卖合同纠纷案件适用法律若干问题的解释》第三条制定的目的在于规制商品房销售虚假广告宣传行为，保护商品房消费者的合法权益。虽然法律并未禁止当事人对广告宣传行为的法律性质作出意思自治，但若允许开发商随意以格式条款排除商业广告、宣传的要约效力，无疑将导致该规定的制定目的落空。此类格式条款意欲预先排除商业广告宣传的要约效力，属于免责条款，开发商未尽到明确告知和提示说明义务的，相关条款依法不成立。开发商欲使符合要约条件的商业广告、宣传失去要约效力，应当遵守要约撤回、撤销的有关规定。一方面，商品房消费者有权知悉其所购房屋的真实情况，夸大、虚假的广告宣传损害了消费者知情权；另一方面，开发商应在消费者作出购买房屋的选择前如实告知商业广告、宣传中存在哪些不符合房屋的真实情况，以消除不实宣传所造成的错误影响。

编写人：江苏省无锡市梁溪区人民法院　李绥栋

18

涉违法建筑、改变土地用途的房屋买卖合同的效力认定

——屈甲诉屈乙房屋买卖合同案

【案件基本信息】

1. 裁判书字号

浙江省台州市中级人民法院（2023）浙10民终3177号民事判决书

2. 案由：房屋买卖合同纠纷

3. 当事人

原告（被上诉人）：屈甲

被告（上诉人）：屈乙

第三人（被上诉人）：某灯业公司

【基本案情】

1996年11月10日，屈甲与屈乙签订一份《立卖契》，载明：本村屈甲现有两间平顶楼层坐落在桥头以南新厂房南侧，因屈乙开店需要在该处位置营业，特请中介人相议，议定将屈甲楼屋北边两间出卖给屈乙开小店使用，屋价每间4万元整，另加化粪池2000元，共计8.2万元整。款项当即付清。现将有关事项订立如下：东起平屋后壁滴水界，南至屈甲中墙墙中界，西至环镇西路路边界，北至屈甲传达室墙皮界。有关事项：(1) 楼层层高允许建三层，尺寸按现状不变。(2) 平屋后壁水沟必须保持畅通。(3) 平屋准许建平顶一层，后壁只准开窗，不得挖门。(4) 此卖契自款付清之日起日后管理由屈乙营业使用等。1996年11月18日，屈甲（甲方）与屈乙（乙方）又签订一份《平房转让协议书》，载明：甲方自有平房两间坐落在新厂房传达室南侧，因乙方在桥头的小店拆除，急需营业，经乙方迫切需求，征得甲方自愿同意将此两间平房转让给乙方开店（住宅）使用，双方一致议定统价每间8500元整，两间共计人民币1.7万元整，款项当即付清。有关事项：①甲方允许乙方升楼房叁层，平顶壹层，准许后壁平层开窗，但不得挖门。②所有审批手续由甲方负责办理，但一切费用由乙方负担。③自转让协议形成款项付清之日起，望甲乙双方各自遵守协议事项，空口无凭，立此为证。此后，屈乙占有使用上述房屋，其间对房屋进行加层装修，并登记门牌号为11号。另查明，房屋所在的土地属国有土地，登记土地使用权人为某灯业公司，用途为工业用地。2006年6月，土地使用权类型由划拨转为出让，并办理房屋所有权证。某灯业公司的法定代表人即原告屈甲。现屈甲主张案涉房屋买卖合同均无效，并要求屈乙将案涉房屋腾退给某灯业公司。

【案件焦点】

案涉房屋买卖合同的效力如何认定。

【法院裁判要旨】

浙江省临海市人民法院经审理认为：屈甲与屈乙在签订协议时明确房屋转让给屈乙作为住宅、开小店使用，且屈乙受让后实际也作为住宅、开小店使用，而涉案房屋所涉土地登记用途为工业用地，该转让改变了土地用途。屈乙抗辩其转让经土管部门同意且已缴纳土地出让金，但未提供有效的证据证实，故其与屈甲签订的协议违反了法律强制性规定，应属无效。同时，协议所涉两间平房无合法建房手续、未依法登记、未取得权属证书，并非合法建造的房屋，也依法不得转让。故屈甲与屈乙签订《立卖契》《平房转让协议书》应认定为无效合同。

浙江省临海市人民法院依照《中华人民共和国合同法》第五十二条第五项、第五十八条，《中华人民共和国物权法》第一百四十条，《最高人民法院关于适用〈中华人民共和国民法典〉时间效力的若干规定》第一条第二款，《中华人民共和国民事诉讼法》第六十七条之规定，判决如下：

一、确认屈甲与屈乙于1996年11月10日签订的《立卖契》、于1996年11月18日签订的《平房转让协议书》无效；

二、屈乙于本判决生效之日起三十日内将案涉11号房屋返还给某灯业公司。

屈乙不服一审判决，提起上诉。

浙江省台州市中级人民法院经审理认为：第一，《中华人民共和国城市房地产管理法》第三十八条的立法目的实际上是避免来源不清、归属不明的房地产进入流通领域，其是行政管理上的规范，是对物权结果变动的规定，物权最后是否可以变动并不影响合同的效力，属于管理性强制性规定。虽然违法建筑不能办理物权登记，但无法登记只能导致物权不能转移，转让的房屋是否属于违法建筑、是否能够转移物权不是导致合同无效的法定因素，不影响房屋买卖合同的效力。第二，《中华人民共和国土地管理法》第五十六条所指的审批并非对房地产转让合同的审批，因双方只有签订房地产转让合同后，履行合同时才会发生报批问题，但是否批准并不导致合同无效。第三，《中华人民共和国民法典》施行前成立的合同，适用当时的法律、司法解释的规定合同无效而适用民法典的规定合同有效的，适用民法典的相关规定。《最高人民法院关于适用〈中华人民共和国民法典〉合同编通则若干问题的解释》第十六条第一款规定主要是维护国家利益，并非维护合同当事人的利益，认定合同有效并不影响国家利益的实现，国家利益的实现可通过办理登记手续予以保障。据此，即使根据民法典施行之前的法律、司法解释的规定，讼争的协议无效，但根据《最高人民法院关于适用〈中华人民共和国民法典〉时间效力的若干规定》第八条的规定，讼争的协议也应属有效。故屈甲的一审诉讼请求没有法律依据。一审判决认定有误，二审予以纠正。

浙江省台州市中级人民法院依照《中华人民共和国民事诉讼法》第一百七十七条第一款第二项之规定，判决如下：

一、撤销临海市人民法院（2023）浙 1082 民初 468 号民事判决；

二、驳回被上诉人屈甲、某灯业公司的诉讼请求。

【法官后语】

认定案涉房屋买卖合同效力的关键在于对强制性规定的理解和界分。1993 年修正的《中华人民共和国经济合同法》（已失效）第七条将“违反法律和行政法规”作为认定合同无效的依据。1999 年《中华人民共和国合同法》（已失效）第五十二条则将“违反法律、行政法规的强制性规定”作为合同无效的兜底条款。《最高人民法院关于适用〈中华人民共和国合同法〉若干问题的解释（二）》（已失效）第十四条进一步将“法律、行政法规的强制性规定”限制为“效力性强制性规定”。因此，合同即使违反法律、法规的强制性规定，也并不必然导致合同无效。总体而言，效力性强制性规定是国家基于利益价值考虑，以牺牲契约自由为代价维护社会、集体或国家利益，对意思自治的合理限制。具体界分应根据规范制定的目的，根据个案情况进行充分的价值判断，予以综合确定。《中华人民共和国民法典》施行后，《最高人民法院关于适用〈中华人民共和国民法典〉合同编通则若干问题的解释》第十六条明确了违反强制性规定不导致合同无效的几种情形，为如何认定合同不因违反强制性规定而无效提供了有力遵循，但该认定绝不是简单的法条援引，仍应结合各种利益因素、价值取向综合考量。

具体到本案中，首先，因本案的法律事实发生在《中华人民共和国民法典》施行之前，故应适用当时的法律、司法解释的规定。《中华人民共和国城市房地产管理法》第三十八条的立法目的实际上是避免来源不清、归属不明的房地产进入流通领域，其是行政管理上的规范，是对物权结果变动的规定，属于管理性强制性规定。案涉房屋无合法的手续，其无法登记只能导致物权不能转移，转让的房屋是否属于违法建筑、是否能够转移物权不是导致合同无效的法定因素，登记仅仅是物权变动的生效要件，不影响房屋买卖合同本身的效力。同理，《中华人民共和国土地管理法》等法律法规中虽然有不得擅自改变土地用途，改变土地用途必须经相关土地和规划主管部门审批，并办理土地用途变更登记的规定。但该规定是土地行政主管部门从土地用途管制角度对土地使用者应按照规划用途使用土地的行政管理性要求，违反该规定，仅应导致相关行政机关对其进行处罚的法律后果，不必然导致改变土地用途的房屋买卖合同无效。

其次，根据《最高人民法院关于适用〈中华人民共和国民法典〉合同编通则若干问题的解释》第十六条第一款规定，认定合同不因违反强制性规定而无效的其中一种情形为“强制性规定旨在维护政府的税收、土地出让金等国家利益或者其他民事主体的合法利益而非合同当事人的民事权益，认定合同有效不会影响该规范目的的实现”。根据《最高人民法院关于适用〈中华人民共和国民法典〉时间效力的若干规定》第八条的规定，民法典施行前成立的合同，适用当时的法律、司法解释的规定合同无效而适用民法典的规定合同有效的，适用民法典的相关规定。故讼争协议应属有效。

最后，买受人已支付购房款并实际占有案涉房屋，房屋所有权能否顺利办理变更登记，影响的仅是房屋买卖合同的后续履行。若案涉房屋无法办理变更登记，合同最终仍然无法履行，导致合同目的不能实现，当事人可依法请求终止合同权利义务关系。

编写人：浙江省台州市中级人民法院　邬卫国　葛宏婧

19

房屋买卖合同纠纷中显失公平的认定

——程某诉于某、某中介公司房屋买卖合同案

【案件基本信息】

1. 裁判书字号

吉林省延边朝鲜族自治州中级人民法院（2023）吉 24 民终 1410 号民事判决书

2. 案由：房屋买卖合同纠纷

3. 当事人

原告（上诉人）：程某

被告（被上诉人）：于某、某中介公司

第三人：陈某

【基本案情】

程某与案外人陈某系母子关系，陈某与案外人张某系夫妻关系，于某与某中介公司的法定代表人于某强系父子关系。2020 年 1 月 20 日，程某购买敦化市某房地产开发公司开发建设的案涉房屋，建筑面积为 156.93 平方米。程某购房时，由张某替程某向敦化市某房地产开发公司转账支付购房款 1513519 元。2022 年 7 月，程某因急需用款欲出售案涉房屋，经他人介绍到某中介公司商洽。程某与于某强经多次协商后于 2022 年 8 月 3 日签订《房屋买卖合同》。合同约定：某中介公司为居间人，程某将案涉门市房及附属建筑物地下一层及举升机、升降机以 55 万元的价款出售给于某。合同签订后，于某强、于某先后四次向程某女朋友梁某支付 52 万元。其间，程某陪同于某强到敦化市某房地产开

发公司售楼处交纳1万元，将案涉房屋原登记购买人程某变更为于某。同日，于某强向敦化市某房地产开发公司支付案涉房屋物业专项维修基金11770元。2022年8月9日，于某向敦化市某房地产开发公司交纳相关税费，并于2022年8月23日取得案涉房屋不动产权证书。

【案件焦点】

1. 案涉房屋买卖合同是否构成显失公平；2. 案涉房屋买卖合同是否符合可撤销情形。

【法院裁判要旨】

吉林省敦化市人民法院经审理认为：当事人依据《中华人民共和国民法典》第一百五十一条的主张撤销民事法律行为时，应当对显失公平的主、客观要件承担举证责任。本案中，程某作为完全民事行为能力人，其对签字的事实认可，对由此产生的法律后果应是明知的，程某不能证明签订案涉合同时其处于危困状态、缺乏判断能力，亦不能证明于某存在“利用”其不利状态的主观过错情形。本案民事法律行为成立的时点为2022年7月，程某以案涉房屋购买时支付的价款主张权利义务的失衡不符合法律规定。当事人之间权利义务关系的失衡必须要达到“显著”的程度，法律才有必要进行干预。本案难以认定程某与于某之间权利义务关系的失衡已达到“显著”的程度。

吉林省敦化市人民法院依照《中华人民共和国民法典》第一百一十九条、第一百四十三条、第一百五十一条、第一百九十九条、第五百零二条、第五百零九条、第五百九十五条，《中华人民共和国民事诉讼法》第六十七条第一款、第一百四十七条，《最高人民法院关于适用〈中华人民共和国民事诉讼法〉的解释》第九十条、第一百零八条之规定，判决如下：

驳回原告程某的诉讼请求。

程某不服一审判决，提起上诉。

吉林省延边朝鲜族自治州中级人民法院经审理认为：从《中华人民共和国民法典》第一百五十一条规定可以看出，当“一方处于危困状态、缺乏判断能力等情形”与“民事法律行为成立时显失公平”之间存在“利用”和“致使”的因果关系时才会构成显失公平，受损害方才有权请求人民法院或者仲裁机构予以撤销该民事行为。本案中，结合程某的女朋友联系出卖房屋的聊天记录、签订房屋买卖合同时的录像以及履行合同等情形来看，可以认定案涉合同是在自愿平等的基础上签订的。庭审中，程某未能提供充分证据证明签订案涉合同时自己正处于危困状态、缺乏判断能力等情形，以及于某利用该情形与自己签订案涉合同的事实。虽然案涉房屋交易时的价格确实属于畸低的范畴，但不能因此而否定案涉合同系双方当事人在自愿平等的基础上经过充分协商而签订且已履行完毕的事实，由此产生的市场风险只能由程某自己承担。

吉林省延边朝鲜族自治州中级人民法院依照《中华人民共和国民事诉讼法》第一百七十七条第一款第一项之规定，判决如下：

驳回上诉，维持原判。

【法官后语】

《中华人民共和国民法典》第一百五十一条规定：“一方利用对方处于危困状态、缺乏判断能力等情形，致使民事法律行为成立时显失公平的，受损害方有权请求人民法院或仲裁机构予以撤销。”从以上法律规定中可以看出，构成显失公平需满足主、客观两个方面的条件即：客观上一方处于危困状态或缺乏判断能力等情形；主观上另一方存在利用此种情形的故意，致使双方成立民事法律关系时的利益显著失衡。

就本案而言：从案涉《房屋买卖合同》条款的约定和订立及实际履行情况来看，可以判断出双方当事人是出于真意在平等、自愿的基础上达成交易的。在审理本案的过程中，承办法官反复观看2022年8月3日程某与于某在某中介公司办公室签订合同时的视频录像，并综合分析双方当事人在合同中约定的房屋交易价格、付款方式、办理房屋过户手续所产生的更名费的负担、违约责任及房屋交接时间等合同具体内容，以及双方自愿到敦化市某房地产开发公司办理更名手续、交付房款等实际履行情况，得出订立及履行合同时并不存在违反平等、自愿原则之情形的结论。

案涉《房屋买卖合同》的订立及履行过程中并没有出现满足“显失公平”的情形。从《中华人民共和国民法典》第一百五十一条规定中可以看出，当“一方处于危困状态、缺乏判断能力等情形”与“民事法律行为成立时显失公平”之间存在“利用”和“致使”的因果关系时才会构成显失公平。在本案中，尽管案涉房屋的交易价格明显超出正常交易价格的范畴，但程某并没有向法庭提供证据证明交易当时自己处于危困状态或缺乏判断能力，也未能举证证明于某或某中介公司故意利用自己的不利状态，致使双方之间的利益关系显著失衡的事实。

从以上两点中可以看出，程某作为对房屋买卖合同的性质、交易价格、订立及履行合同的法律后果和房屋交易中存在的商业风险等具有通常的认知和辨别能力的完全民事行为能力人，应对自己自愿订立及履行案涉房屋买卖合同的行为承担相应的法律后果，由此而产生的交易风险也只能由程某自己承担。

显失公平制度的设计并不是为了消除当事人应当承担的商业风险，而是禁止或限制一方当事人获得不符合交易规则的“暴利”。因此，从尊重当事人处分权和保护交易安全的角度出发，不能仅因交易价格畸低而否定或撤销双方基于平等、自愿基础上订立和履行的合同。而在显失公平的认定上，应正确把握构成要件，谨慎认定可撤销情形，以维护市场交易的安全和稳定。

编写人：吉林省延边朝鲜族自治州中级人民法院　朴仁杰　苏依林

20

无权处分房屋买卖合同的过户责任认定

——王甲诉王乙房屋买卖合同案

【案件基本信息】

1. 裁判书字号

河南省许昌市中级人民法院（2023）豫10民终1829号民事判决书

2. 案由：房屋买卖合同纠纷

3. 当事人

原告（被上诉人）：王甲

被告：王乙

第三人（上诉人）：郭某

【基本案情】

2023年2月18日，王甲（买方）与王乙（卖方）签订《二手房屋买卖合同》一份，约定：王甲购买王乙建筑面积为251.22平方米的住宅一套，房屋总金额为人民币180万元，由王甲于当日支付王乙购房订金1万元，20日内支付首付款100万元整（含购房订金），剩余房款97万元以二手房按揭贷款方式进行支付，支付期限为30个工作日（具体付款时间以银行审批放款的时间为准）。双方在房地产交易所办理完过户手续后3日内，王乙将房屋交付王甲。王乙在合同中保证其为房屋的合法所有权人，有完全处分权，能及时配合办理过户手续，并保证该房屋没有产权纠纷和财务纠纷，一旦存在纠纷，王乙承担全部责任。

上述合同签订后，王甲通过微信方式向王乙支付订金1万元，并多次要求支付剩余首付款99万元。双方合同签订后，王乙明确表示不愿再将案涉房屋出售给王甲，双方协商不成，王甲于2023年3月9日诉至魏都区人民法院。王甲向法院提出请求：(1) 确认双方于2023年2月18日签订的《二手房屋买卖合同》合法有效。(2) 依法判令王乙履行约定，将涉案房屋产权变更登记到王甲名下，并配合王甲办理该房屋的按揭贷款手续。(3) 本案的诉讼费用、诉前财产保全费用、保函费、律师费及其他费用等由被告承担。王乙的妻子郭某作为有独立请求权的第三人参与诉讼，以涉案房产系其与王乙夫妻共同财产，出售行为严重侵害其合法权益为由，请求法院确认王乙与王甲于2023年2月18日签订的《二手房屋买卖合同》无效。

2023年3月30日，王甲通过他人账户向王乙尾号1141银行账户转款99万元，王乙于当日分五笔将该99万元退还原账户。另查明，案涉房屋不动产权证显示权利人为王乙，共有情况为房屋单独所有，该房屋售卖时无人居住。王乙与郭某于2014年6月10日办理结婚登记手续，婚姻关系存续至今。

【案件焦点】

1. 案涉房屋买卖合同是否有效；2. 案涉合同是否能够继续履行并办理过户登记。

【法院裁判要旨】

河南省许昌市魏都区人民法院经审理认为：依法成立的合同，自成立时生效。本案中，原告王甲与被告王乙签订的二手房屋买卖合同系双方的真实意思表示，其约定未违反法律强制性规定，王甲关于确认合同合法有效的请求，符合法律规定，本院予以支持。不动产出售系家庭的一项重要决策，且案涉数额较大，第三人郭某作为王乙配偶，对工乙售房行为不知情与常理不符。不动产登记显示案涉房屋为王乙单独所有，且王乙庭审中陈述房款系其弟支付，综合本案案情，郭某关于确认案涉合同无效的请求于法无据，本院不予支持。

依法成立的合同，受法律保护。双方于2023年2月18日签订的房屋买卖合同对双方当事人均具有法律约束力，双方均应按照约定全面履行自己的义务。

王甲应在本判决生效后二十日内将剩余首付款99万元支付给被告王乙，并在办理按揭贷款后将剩余房款97万元支付给王乙。王乙应遵循诚信原则，严守契约精神，按照约定及时配合王甲办理相关过户手续，并将房屋交付王甲。故对王甲关于王乙继续履行合同、办理过户手续及其他附随义务的请求，本院予以支持。

河南省许昌市魏都区人民法院依照《中华人民共和国民法典》第七条、第四百六十五条、第五百零二条、第五百零九条、第五百七十七条及《中华人民共和国民事诉讼法》第六十七条之规定，判决如下：

一、确认王甲、王乙于2023年2月18日签订的《二手房屋买卖合同》合法有效；

二、王乙继续履行与王甲于2023年2月18日签订的《二手房屋买卖合同》；

三、王甲于本判决生效后二十日内支付王乙购房首付款990000元；

四、王乙于本判决生效后二十日内配合王甲将房屋产权变更登记至王甲名下，并配合办理按揭贷款手续；

五、驳回第三人郭某的诉讼请求。

郭某不服一审判决，提起上诉。

河南省许昌市中级人民法院经审理认为：关于案涉房屋是否系王乙与郭某的夫妻共同财产的问题。《中华人民共和国民法典》第一千零六十二条规定："夫妻在婚姻关系存续期间所得的下列财产，为夫妻的共同财产，归夫妻共同所有：（一）工资、奖金、劳务报酬；（二）生产、经营、投资的收益；（三）知识产权的收益；（四）继承或者受赠的财产，但是本法第一千零六十三条第三项规定的除外；（五）其他应当归共同所有的财产。夫妻对共同财产，有平等的处理权。"本案中，王乙取得案涉房屋系在其与郭某婚姻关系存续期间，即便该房屋的购房款系案外人支付，但在案外人未主张权利，没有证据证明该房屋只归王乙个人所有的情况下，根据上述法律规定，应当认定该房屋为王乙与郭某的夫妻共同财产，归夫妻共同所有。关于王甲主张因案涉房屋登记在王乙个人名下应为其个人财产的抗辩理由，《中华人民共和国民法典》第二百二十条规定："权利人、利害关系人认为不动产登记簿记载的事项错误的，可以申请更正登记……"这意味着房产登记本身不是确定房屋产权最终且不可抗拒或改变的依据，只是一种权利证明或权利表征，如果有证据证明该房产为实质上夫妻共有，则认定为共同共有，并不拘泥于房产登记的财产所有形式，因此王甲的该抗辩理由不能成立。

关于案涉房屋买卖合同效力的问题。《中华人民共和国民法典》第三百零一条规定："处分共有的不动产或者动产以及对共有的不动产或者动产作重大修缮、变更性质或者用途的，应当经占份额三分之二以上的按份共有人或者全体共同共有人同意，但是共有人之间另有约定的除外。"据此，在共同共有的场合下，部分共有人未经其他共有人同意处分共同共有财产的，构成无权处分。本案中，虽然案涉房屋登记在王乙一人名下，但无证据显示王乙出售该房屋经其妻子郭某同意，属于擅自处分夫妻共同所有房屋的行为，侵犯了郭某的共有权利，按照上述法律规定，王乙的行为属无权处分。但处分包括负担行为与处分行为，对于负担行为的买卖合同来说，合同效力不受处分权有无的影响，而是取决于当事人的意思表示是否真实以及是否满足法定的无效原因，因此在案涉房屋买卖合同系双方的真实意思表示，且不存在法律规定的无效情形的情况下，应当认定该合同为有效合同。

关于案涉合同是否能够继续履行并办理过户登记的问题。物权的变动要区分原因与结果，区分合同的效力与合同的履行问题，合同有效并不必然导致房屋过户的结果发生。王乙与王甲签订的案涉房屋买卖合同有效，但是合同有效并不必然导致房屋过户结果的发生。《最高人民法院关于适用〈中华人民共和国民法典〉婚姻家庭编的解释（一）》第二十八条规定："一方未经另一方同意出售夫妻共同所有的房屋，第三人善意购买、支付合理对价并已办理不动产登记，另一方主张追回该房屋的，人民法院不予支持……"按照上述司法解释的规定，在夫妻一方未经另一方同意的情况下，出售夫妻共同所有的房屋的，只有在购房人已经善意取得该房屋的情况下，房屋共有人才不能追回。本案中，王甲属于善意相对人，但并未支付合理对价，更未办理不动产登记，不符合法律规定的不动产善意取得必须具备的条件，在共有人郭某明确表示不同意出售案涉房屋并要求确认房屋买卖合同无效的情况下，实质是要求追回案涉房屋，合同已经构成法律上的履行不能，王甲无法取得案涉房屋的所有权。因此，一审法院判决继续履行合同并配合办理房屋产权登记和贷款按揭手续不当，本院予以纠正。另王甲的损失可按照《中华人民共和国民法典》第五百九十七条第一款“因出卖人未取得处分权致使标的物所有权不能转移的，买受人可以解除合同并请求出卖人承担违约责任”的规定另案主张权利。

河南省许昌市中级人民法院依照《中华人民共和国民事诉讼法》第一百七十七条第一款第二项之规定，判决如下：

一、维持河南省许昌市魏都区人民法院（2023）豫 1002 民初 2326 号民事判决第一、五项；

二、撤销河南省许昌市魏都区人民法院（2023）豫 1002 民初 2326 号民事判决第二、三、四项；

三、驳回王甲的其他诉讼请求。

【法官后语】

《中华人民共和国民法典》第五百九十七条确定了在仅有“因出卖人未取得处分权致使标的物所有权不能转移”情形下，无权处分的买卖合同有效。本案查明出卖人与买受人未存在双方串通等其他合同无效情形，在权利人不予配合过户的情况下，法院能否将房产强制过户给买受人，并无明确法条予以指引。本案的处理符合情理法统一性，具有一定示范意义。

一、无权处分合同效力的法律沿革分析

《中华人民共和国合同法》（已失效）第五十一条和第一百三十二条第一款规定，共同构建了买卖合同无权处分情形下的法律适用：出卖的标的物，应当属于出卖人所有或者出卖人有权处分，如果权利人追认或者出卖人事后获得处分权，那么合同是有效的。

其中的关键问题是：无处分权的人出卖他人财产，如果未获权利人之追认且无处分权的人缔约后未能取得处分权，该买卖合同的效力应当如何认定？在《中华人民共和国物权法》（已失效）颁布之前一般认为，在出卖人并非权利人的情况下，其与买受人之间的合同为效力待定合同，权利人行使追认权，则合同有效，权利人不行使追认权，则合同无效。

《中华人民共和国物权法》颁布后，依据其第十五条关于物权变动原因与结果区分原则，出卖他人之物的合同是标的物的物权发生变动的原因，物权是否能够发生变动则属于物权变动的结果。应特别注意区分负担行为与处分行为，区分物权变动的原因与结果，区分合同的效力与合同的履行，区分买卖合同与无权处分。一言以蔽之，无权处分与合同效力并非必然有相同的结果。在买卖合同法律关系中，买卖合同是物权变动的原因行为，所有权转移是物权变动之结果。根据合同归《中华人民共和国合同法》调整，物权变动归《中华人民共和国物权法》规制的原则，2012 年 7 月 1 日施行的《最高人民法院关于审理买卖合同纠纷案件适用法律问题的解释》第三条规定："当事人一方以出卖人在缔约时对标的物没有所有权或者处分权为由主张合同无效的，人民法院不予支持。出卖人因未取得所有权或者处分权致使标的物所有权不能转移，买受人要求出卖人承担违约责任或者要求解除合同并主张损害赔偿的，人民法院应予支持。"该司法解释采纳"完全有效说"，处分人无权处分只应对标的物之物权能否发生变动产生影响，而不能决定合同是否有效，合同的效力仅应取决于当事人的意思表示是否真实以及是否满足法定的无效原因。

2020 年 5 月 28 日第十三届全国人民代表大会第三次会议通过《中华人民共和国民法典》，其在删去《中华人民共和国合同法》第五十一条、第一百三十二条第一款关于出卖人必须有权处分以及无权处分合同需经权利人追认规定的基础上，吸收《最高人民法院关于审理买卖合同纠纷案件适用法律问题的解释》（已修改）第三条的规定，在第五百九十七条第一款规定"因出卖人未取得处分权致使标的物所有权不能转移的，买受人可以解除合同并请求出卖人承担违约责任"，立法机关采纳了"完全有效说"。

二、有效无权处分合同应当具备的要素

根据《中华人民共和国民法典》的规定，标的物的所有权因出卖人未取得处分权而无法向买受人转移，买卖合同依然是有效的，无权处分下买卖合同的效力不受标的物无法转移的影响。但是，不意味着得出无权处分下买卖合同必然有效的结论，仍须符合一般民事法律行为的有效条件。

在审理无权处分下买卖合同效力时，要根据具体案件事实进行以下判断：一是该无权处分下买卖合同的出卖人具有相应的民事行为能力；二是该无权处分下买卖合同的出卖人和买受人之间的意思表示必须真实；三是该无权处分下买卖合同没有违反法律、行政法规的强制性规定；四是该无权处分下买卖合同没有违背公序良俗；五是该无权处分下买卖合同的出卖人和买受人不能串通损害权利人的利益。

本案的具体事实表明，王乙为完全民事行为能力人，其向买受人王甲清楚表达了出卖房屋的意愿，二人签署了书面合同，合同内容明确，意思表示真实。涉案房屋未有限制出卖的行政禁止规定情形，合同不违反法律、行政法规的强制性规定，不违背公序良俗。王甲查看了出卖人王乙的房屋产权证书，并且根据王乙的陈述认为不需要另行查看王乙的婚姻状况并征得王乙配偶的同意，买受人与出卖人不存在串通行为。原审第三人郭某以“事先并未告知第三人，事后也没有征得第三人的追认”作为主张房屋买卖合同无效的依据，而根据《中华人民共和国民法典》的规定，出卖人有处分权以及权利人追认已经不属于买卖合同有效的必要条件，因此，一审、二审法院均对郭某要求确认合同无效的请求予以驳回。

三、无权处分下买卖合同中出卖人违约责任的承担

在无权处分买卖合同中，出卖人的主要义务为转移标的物的所有权给买受人，买受人的主要义务为支付相应的价款。当标的物的所有权无法被转移给买受人时，出卖人违约，《中华人民共和国民法典》第五百九十七条第一款规定，因出卖人未取得处分权致使标的物所有权不能转移的，买受人可以解除合同并请求出卖人承担违约责任。该法条赋予买受人“解除合同”的权利，但是，是

否意味着立法者认为买受人只能享有合同解除并要求出卖人承担违约责任的权利呢？

《中华人民共和国民法典》第五百七十七条规定，当事人一方不履行合同义务或者履行合同义务不符合约定的，应当承担继续履行、采取补救措施或者赔偿损失等违约责任。并不是所有无权处分下买卖合同均走向解除合同，应当根据具体案件事实，将无权处分下买卖合同的履行与履行不能的情况进行区分。就本案而言，法院是否支持合同继续履行并且判决强制过户，是一、二审裁判结果不同的重要原因。

本案中，买受人王甲提出要求出卖人王乙履行与其2023年2月18日签订的《二手房屋买卖合同》的约定，将案涉房屋产权变更登记到王甲名下，并配合王甲办理该房屋的按揭贷款手续的诉讼请求。本案中，涉案房屋的产权证书虽然仅有王乙一人的名字，但是，王乙的配偶郭某作为独立请求第三人参加了诉讼，根据查明的事实能够认定郭某为共同共有人。在共同共有的场合下，部分共有人未经其他共有人同意处分共同共有财产的，皆构成无权处分。物权是绝对权，合同中的债权是相对权，绝对权优先于相对权，出卖人对无权处分下买卖合同的继续履行必须得到权利人的配合。无权处分下买卖合同约定的内容无法对抗权利人的所有权，本案买受人王甲向出卖人王乙提出继续履行合同的诉讼请求，在不能得到共同共有人郭某的配合下，该实际履行的请求不能有效实现。

生效判决的裁判说理中运用了《最高人民法院关于适用〈中华人民共和国民法典〉婚姻家庭编的解释（一）》第二十八条规定，认为在夫妻一方未经另一方同意的情况下出售夫妻共同所有的房屋的，只有在购房人已经善意取得该房屋的情况下，房屋共有人才不能追回。本案中，王甲虽然属于善意相对人，但并未办理不动产登记，并未实际取得房屋所有权，不符合法律规定的不动产善意取得必须具备的条件。共同共有人郭某明确表示不同意出售案涉房屋并要求确认房屋买卖合同无效，合同已经构成法律上的履行不能。二审法院对一审法院的判决予以改判，将王甲有关继续履行合同的诉讼请求予以驳回，符合法律规定，合乎法理逻辑。

综上，无权处分下买卖合同，若不存在法律规定的无效情形，应为有效合同。如果买受人要求出卖人承担违约责任的方式为“继续履行”，法院应当结合案件具体事实，判断是否存在履行不能的情况。物权作为绝对权，应当比债权具有优先性，在共同共有人不配合房屋过户的情况下，不宜采取强制过户方式。

编写人：河南省许昌市中级人民法院　李柯远　颜森

21

家庭成员之间通谋虚伪意思表示的司法认定

——朱某诉吴甲房屋买卖合同案

【案件基本信息】

1. 裁判书字号

上海市虹口区人民法院（2023）沪 0109 民初 8729 号民事判决书

2. 案由：房屋买卖合同纠纷

3. 当事人

原告：朱某

被告：吴甲

第三人：吴乙、吴丙、吴丁

【基本案情】

朱某系吴乙、吴丙、吴丁之母，吴甲系吴丁之女。

201 室房屋（以下简称系争房屋）产权原登记在朱某名下。2022 年 6 月 22 日，朱某（出卖人、甲方）与吴甲（买受人、乙方）签订《上海市房地产买卖合同》一份，约定朱某将系争房屋出售给吴甲，双方未通过经纪机构居间介绍，转让价款为150万元，付款方式和付款期限由甲乙双方在付款协议（附件三）中约定等内容。该合同中交房时间处空白、违约责任处空白、房款支付方式与期限（附件三）处空白。双方约定于2022年7月15日之前向房地产交易中心申请办理转让过户手续。审理中，吴甲提供证人证言，证明在2022年6月22日当天，证人与吴甲陪同朱某共同至房地产交易中心办理系争房屋过户，朱某曾与证人提到其愿意将房屋赠与吴甲，朱某、吴甲曾在交易窗口咨询工作人员关于房屋赠与事宜的税务问题。合同签订后，吴甲未向朱某支付房款。2022年6月30日，该系争房屋核准登记在吴甲名下。系争房屋长期由朱某居住使用至今。

2022年7月，吴乙、吴丙、吴丁先后出具《承诺书》，载明：承诺人自愿放弃对系争房屋的继承权，按房屋产权人朱某的意愿，此房归孙女吴甲一人所有。为了补偿三个子女放弃继承权，吴甲一次性补偿三个子女人民币各25万元整（以银行转账形式），之后将不存在任何经济补偿和房屋的继承权。嗣后，吴甲分别向吴乙、吴丙支付25万元，向吴丁支付18万元。

审理中，吴甲承诺，其愿意将系争房屋由朱某居住至百年，并为老人养老送终。考虑到亲情，其亦愿意一次性再补偿朱某10万元。

【案件焦点】

1. 本案中朱某、吴甲的房屋买卖行为是否为其真实意思表示，吴甲是否应向朱某支付购房款；2. 如非双方真实意思表示，通谋虚伪意思表示如何认定，其隐藏的真实意思表示如何认定；3. 本案涉及九旬老人的以房养老协议，如何在裁判中最大限度保护老年人的合法权益。

【法院裁判要旨】

上海市虹口区人民法院经审理认为：行为人与相对人以虚假的意思表示实施的民事法律行为无效。以虚假的意思表示隐藏的民事法律行为的效力，依照有关法律规定处理。所有权人对自己的不动产，依法有权处分。朱某与吴甲签订了《上海市房地产买卖合同》，但该合同就房款支付、房屋交付及违约责任等条款均未作约定，且朱某在未收到任何房款的情况下就将该房屋过户至吴甲一人名下，朱某也未提供证据证明其曾向吴甲催讨过房款，即使朱某与吴甲系祖孙关系，房屋买卖仍属大宗商品交易，上述情况不符合房屋买卖行为常理，难以认定朱某有向吴甲出售房屋的意思表示。结合朱某的三名子女吴乙、吴丙、吴丁在系争房屋交易完成后向吴甲出具《承诺书》中的“按房屋产权人朱某的意愿，此房归孙女吴甲一人所有”“为了补偿三个子女放弃继承权”等内容，吴甲亦向吴乙、吴丙各支付25万元，向吴丁支付18万元的事实，法院认为朱某实际的意思表示系将系争房屋赠与吴甲的盖然性较高。因此，综合分析本案事实，可以认定系争房屋买卖合同系虚假意思表示，该合同应属无效。而隐藏行为应为赠与行为，隐藏行为应属有效。

自系争房屋过户以来，房屋仍由朱某居住使用，审理中吴甲自认朱某将房屋赠与吴甲系基于吴甲承诺由其负责赡养朱某，故本案中的赠与行为可认定为附义务的赠与，赠与附义务的，受赠人应当按照约定履行义务。吴甲在本案审理中亦再次承诺将按照约定履行义务，对朱某尽到赡养义务并养老送终，且愿意将房屋由朱某居住至百年，并愿意一次性再补偿朱某10万元，故赠与系争房屋亦并未导致朱某的利益受到侵害。综上，吴甲愿意就本案一次性再补偿朱某10万元，属于对自身权利的处分，法院予以确认，对朱某的其他诉讼请求本院不予支持。

上海市虹口区人民法院依照《中华人民共和国民法典》第一百四十六条、第六百五十七条、第六百六十一条之规定，判决如下：

一、吴甲于判决生效之日起30日内支付朱某案涉201室房屋折价款10万元；

二、驳回朱某的其他诉讼请求。

宣判后，双方当事人均未提出上诉，本判决现已生效。

【法官后语】

近年来，在亲属之间的房屋买卖行为中，名为买卖实为赠与的现象较为常见，实践中将其称为“以房养老”。当家庭关系发生变化之后，往往就房屋归属问题产生纠纷。故亲属间的房屋买卖行为是否为通谋虚伪行为的认定成为司法实践中的一个难点。本案中，如何探究原、被告双方的真实意思表示以及如何保护老年人的合法权益是本案依法判决、取得良好社会效果的关键。

一、通谋虚伪意思表示的认定

（一）问题的提出

通谋虚伪表示，是指行为人与相对人串通，作出与真实意思不一致的意思表示，双方一致同意仅仅造成订立某项法律行为的表面假象，实际上并不希望相关行为发生法律效力。《中华人民共和国民法通则》（已失效）和《中华人民共和国合同法》（已失效）没有通谋虚伪意思表示的直接规定，有关案件主要依据《中华人民共和国民法通则》第五十五条处理。《中华人民共和国民法总则》（已失效）第一百四十六条第一次对通谋虚伪行为和隐藏行为进行了明确规定，《中华人民共和国民法典》第一百四十六条原文保留。依照该条第一款，行为人与相对人基于虚假意思表示实施的虚假行为无效，依照该条第二款，含有真实意思表示的隐藏行为的效力依照有关法律规定处理。

（二）构成要件

第一，行为人具有意思表示。第一要件以当事人之间存在意思表示为前提，司法实践中可以加强对当事人意思表示的探究，防止出现当事人不存在意思表示仍进行通谋虚伪行为的认定的情况。

第二，外部行为与内心真意不一致。第二要件着重论证表示与真意的一致性，以当事人客观行为为基础，结合主观思想，限定解释通谋虚伪行为的范围，避免出现对当事人意思表示认定不清，从而侵害当事人意思自治的情形。这一要件也是区别其他恶意串通、合法形式掩盖非法目的等概念的关键点。

第三，相对人明知行为人的外部行为与内心真意不一致。只有在当事人对于非真意共同追求时，在尊重当事人意思自治的情形下，该法律行为才会被认定为无效。如果其中当事人对非真意不知情，那么就不属于通谋虚伪行为，而是构成单方虚伪行为或者欺诈等其他情形。

（三）法律效力

从意思自治角度来看，当事人之间作出通谋虚伪行为，就应当承担通谋虚伪表示无效的后果，这是尊重当事人意思自治的结果。通谋虚伪表示在当事人之间的效力是无效的。通谋虚伪的成立不要求第三人的存在，但是当该法律关系中存在善意第三人时，其效力问题又与第三人信赖利益产生冲突。为保护交易安全，我国学理界多持相对无效说，认为表意人和相对人不得以无效对抗善意第三人。

（四）证明责任及证明标准

主张依民事法律行为的内容履行义务的当事人须就民事法律行为的缔结负担证明责任，故主张构成通谋虚伪表示的当事人须就通谋虚伪表示的构成要件负担证明责任。

面对民事诉讼中出现的法律行为无效或证据不充分的情况，实践中通用的证明标准是高度盖然性标准。法官结合全案证据综合分析，结合自由心证的综合判断和评估，较为合理及真实地还原了当事人的真意。

本案中，朱某与吴甲签订了《上海市房地产买卖合同》，但该合同就房款支付、房屋交付及违约责任等条款均未作约定，且朱某在未收到任何房款的情况下就将该房屋过户至吴甲一人名下，朱某也未提供证据证明其曾向吴甲催讨过房款，即使朱某与吴甲系祖孙关系，房屋买卖仍属大宗商品交易，上述情况不符合房屋买卖行为常理，难以认定朱某有向吴甲出售房屋的意思表示。结合朱某的三名子女吴乙、吴丙、吴丁在系争房屋交易完成后向吴甲出具的《承诺书》中的内容，吴甲亦向吴乙、吴丙、吴丁支付承诺书中对应款项的事实，朱某实际的意思表示系将系争房屋赠与吴甲的盖然性较高。因此，可以认定系争房屋买卖合同系虚假意思表示，该合同应属无效。而隐藏行为应为赠与行为，隐藏行为应属有效。

二、综合认定真实意思表示应为“附义务的赠与”

规则之下，亦有温度。本案原告系一名九旬老人，老年人是社会的弱势群体，保障其合法权益不受侵犯是全社会共同的责任。房屋系老年人养老之根本，让老人老有所依、老有所住是中华民族敬老、爱老、助老的传统美德的体现。

结合本案查明事实，自系争房屋过户以来，房屋仍由朱某居住使用，审理中吴甲自认朱某将房屋赠与吴甲系基于吴甲承诺由其负责赡养朱某，故本案中的赠与行为可认定为附义务的赠与，赠与附义务的，受赠人应当按照约定履行义务。本案经过多次与当事人尤其是被告沟通交流后，吴甲在本案再次承诺将按照约定履行义务，对朱某尽到赡养义务并养老送终，且愿意将房屋由朱某居住至百年，并愿意一次性再补偿朱某10万元，故赠与系争房屋亦并未导致朱某的利益受到侵害，本院判决最终使老人最基本的养老得到一定保障。

编写人：上海市虹口区人民法院　赖弈萱

22

双方基于虚假意思表示签订的合同无效

——张某诉杨某房屋买卖合同案

【案件基本信息】

1. 裁判书字号

北京市第一中级人民法院（2024）京01民终1229号民事判决书

2. 案由：房屋买卖合同纠纷

3. 当事人

原告（上诉人）：张某

被告（被上诉人）：杨某

【基本案情】

2022年3月，张某（买受人）与杨某（出卖人）签订《北京市存量房屋买卖合同》，约定：出卖人所售401号房屋，该房屋所在楼栋建筑总层数为6层，该房屋所在楼层为4层，建筑面积共129.6平方米。该房屋规划设计用途为住宅。该房屋已经设定抵押，抵押权人为某银行北京分行，抵押登记日期为2021年1月21日，出卖人应于2022年6月17日前办理抵押注销手续，出卖人与买受人自行达成交易。经买卖双方协商一致，该房屋成交价格为440万元整。买受人向出卖人支付定金，定金金额为50万元整。出卖人应当在2022年7月15日前将该房屋交付买受人。除不可抗力因素外，出卖人未按照上述约定的期限和条件将该房屋交付买受人的，逾期30日后，买受人有权退房。买受人退房的，出卖人应当自退房通知送达之日起15日内退还全部已付款，并按照房价总额的20%向买受人支付违约金。当事人双方同意，自本合同签订之日起120日内，双方共同向房屋权属登记部门申请办理房屋权属转移登记手续。合同末页出卖人处由杨某签字并按手印，落款日期为2022年3月，日期处为空白，买受人处由张某签字并按手印，落款日期为2022年3月16日。合同下方手写备注载明：如甲方违约，致使买卖双方交易无法顺利履行，则甲方需承担所有违约责任（如因诉讼产生的律师费、诉讼费、差旅费及过户产生的税费）。如乙方违约，致使买卖双方交易无法顺利履行，则乙方需承担所有违约责任（如因诉讼产生的律师费、诉讼费、差旅费及过户产生的税费）。房款交接方式：以网签合同为准。

2022年3月17日，张某、杨某签订网签版《北京市存量房屋买卖合同》一份，并办理401号房屋的网签手续，该份合同的内容为：出卖人杨某，买受人张某。出卖人所售房屋坐落于401号，该房屋建筑面积共129.6平方米。该房屋已经设定抵押，抵押权人为某银行北京分行，抵押登记日期为2021年1月21日，出卖人应当于2022年6月17日前办理抵押权注销登记。双方当事人委托房地产经纪机构成交。经买卖双方协商一致，该房屋成交价格为390万元整，签订本合同前，买受人已向出卖人支付定金50万元整，该定金于2022年3月18日支付时抵作本房屋成交价款。总金额390万元整，买受人应当于过户前向出卖人支付。合同其他内容均系空白。合同末页买受人处由张某签字并按手印，在出卖人处由杨某签字并按手印。

2022年3月18日张某分两次向杨某转账5万元、5万元，2022年3月19日张某向杨某转账40万元。2022年3月19日，杨某为张某出具收条一份，载明：今本人杨某收到张某2022年3月18日和3月19日共计转账购房款50万元整，房屋坐落于401号。张某主张合同签订后，杨某一直未腾退401号房屋，也未解除401号房屋的抵押手续，构成根本违约，故其诉至本院要求解决。

【案件焦点】

1. 张某与杨某是否具备买卖涉案房屋的真实意思表示，双方是否形成房屋买卖合同关系；2. 双方签订的房屋买卖合同是否有效。

【法院裁判要旨】

北京市昌平区人民法院经审理认为：行为人与相对人以虚假的意思表示实施的民事法律行为无效。以虚假的意思表示隐藏的民事法律行为的效力，依照有关法律规定处理。本案中，张某虽与杨某签订了《北京市存量房屋买卖合同》并办理了涉案房屋的网签手续，依照常理，双方之间应当具有买卖房屋的意思表示及相应的履行行为，但是根据本院已查明的案件事实，张某与杨某一系列的外在行为与上述意思表示之间存在相悖之处，主要表现在：第一，从合同的签订和交易习惯来看，房屋买卖作为大宗商品交易，对买卖双方均具有重大利益影响。无论是通过自行成交还是通过中介公司居间成交，买卖双方从签约前洽商、看房到签订合同、对合同具体条款的商榷及约定均会持相当谨慎的态度。而张某与杨某签订的《北京市存量房屋买卖合同》除约定房屋成交价格为440万元、张某向杨某支付定金50万元外，对剩余购房款的支付时间这一关键条款未作出约定。合同末页备注中虽写明房款交接方式以网签合同为准，但该备注内容书写在双方签字的下方，双方对备注中的关键内容未再次签字确认，与常理不符。合同中虽约定该房屋已经设定了抵押，杨某应于2022年6月17日前办理抵押注销手续，但未明确约定抵押金额，且根据杨某所述，涉案房屋不止办理了一笔抵押，作为对买受方权益产生重大影响的事项，双方合同对此项内容的约定如此简单，明显有违常理。且房屋交易的一般流程为双方就购房价格、房款支付方式、房屋交付时间及方式进行洽商、沟通，达成一致后签订房屋买卖合同，再根据双方签订的房屋买卖合同办理网签手续，而张某与杨某签订的该份买卖合同却约定房款交接方式以网签合同为准，而网签合同仅约定张某应当于过户前向杨某支付剩余购房款，未就购房款的具体支付时间进一步明确，上述行为明显不符合一般交易习惯及交易流程。

第二，从合同的履行来看，双方于 2022 年 3 月 17 日签订的网签版《北京市存量房屋买卖合同》载明签订该合同前，买受人张某已向出卖人杨某支付定金 50 万元，该定金于 2022 年 3 月 18 日支付时抵作房屋成交价款，而事实上张某于 2022 年 3 月 18 日向杨某转账 10 万元，于 2022 年 3 月 19 日向杨某转账 40 万元，上述合同约定的内容与张某实际向杨某转账的时间明显不符。且双方合同签订后至今，张某未向杨某支付剩余购房款，杨某亦未配合张某办理涉案房屋的过户手续，双方的上述行为明显不符合正常房屋的交易习惯。

第三，从杨某报警后民警对石某的询问可知，杨某系因借款需要与石某联系，经石某安排后与张某签订合同，并由张某为杨某转账，办理 401 号房屋的网签手续。关于张某支付杨某的款项是借款还是买房定金，石某的回答是“张某认为是买房定金，我跟杨某说的是该笔钱让她先拿着周转，到时候把钱还回来也行，卖房也行”，即石某并未明确告知杨某该笔款项系买房定金还是借款。杨某与他人的微信聊天记录亦显示对方要求杨某返还借款 35 万元及服务费，其为杨某撤销网签，故综合双方在合同签订、履行及争议解决过程中种种不符合交易习惯的行为，本院认为杨某关于其与张某签订房屋买卖合同系双方以办理 401 号房屋网签手续的形式保障张某借款资金安全的主张具有高度盖然性，张某关于双方存在真实房屋买卖合同关系的主张不足以采信，据此，本院认定张某与杨某不具有买卖涉案房屋的真实意思表示，双方并未就涉案房屋的买卖事宜达成合意，亦不存在真实的房屋买卖合同关系，双方就涉案房屋签订的买卖合同应属无效。张某据此要求解除双方签订的《北京市存量房屋买卖合同》，要求杨某退还已付款 50 万元、支付违约金 88 万元并承担律师费的诉讼请求，缺乏依据，本院不予支持。双方如存在其他债权债务关系，张某可另行解决。

北京市昌平区人民法院依照《中华人民共和国民法典》第一百四十六条和《中华人民共和国民事诉讼法》第六十七条第一款之规定，判决如下：

一、原告张某与被告杨某就北京市昌平区案涉房屋签订的《北京市存量房屋买卖合同》无效；

二、驳回原告张某的诉讼请求。

张某不服判决，提起上诉。

北京市第一中级人民法院经审理认为：二审法院同意一审法院裁判意见，依照《中华人民共和国民事诉讼法》第一百七十七条之规定，判决如下：

驳回上诉，维持原判。

【法官后语】

《中华人民共和国民法典》规定：民事法律行为是民事主体通过意思表示设立、变更、终止民事法律关系的行为。具备下列条件的民事法律行为有效：(1) 行为人具有相应的民事行为能力；(2) 意思表示真实；(3) 不违反法律、行政法规的强制性规定，不违背公序良俗。行为人与相对人以虚假的意思表示实施的民事法律行为无效。以虚假的意思表示隐藏的民事法律行为的效力，依照有关法律规定处理。

从上述规定可以看出，意思表示真实是民事法律行为有效的要件之一。虚假意思表示的特征在于双方当事人都知道自己所表示的意思不是真实意思，民事法律行为本身欠缺效果意思，双方均不希望此行为能够真正发生法律上的效力。司法实践中，对于当事人签订的合同是否因存在虚假意思表示而无效，法院一般从“合同缺少相关条款”“合同约定不符合常理或交易习惯”“合同实际履行情况”“其他可以直接证明合同为虚假意思的证据”等方面进行认定，即当合同缺少相关条款，不具有相应法律特征，当合同的约定和履行情况不符合常理或交易习惯，且当事人无法作出合理解释，或合同并未实际履行，结合案件中存在的其他一些证据，如当事人陈述、双方协商记录、刑事案件中的证据等，综合全案案情认定双方是否存在虚假意思表示。

具体到案件中，法院一般可以按照以下“三步法”进行认定：第一，可以根据主给付义务的真实情况进行判定。如果双方当事人之间的主给付义务实际上根本不具备特定类型合同项下主给付义务的基本特征，则可以初步认定双方签订合同时存在虚假意思表示。第二，在此情况下，可以根据双方当事人订立合同前后的情况（特别是双方缔约背景）和履约行为等相关事实，进一步认定双方订立合同所隐藏的真实意图。第三，综合全案案情，如果上述两个方面的认定可以相互吻合并能够排除合理怀疑，即可最终认定双方当事人以虚假的意思表示订立合同。

认定无效后，法院的处理有“审理隐藏的民事法律行为”和按“合同无效的法律规定处理”两个方向。如有隐藏的合同关系，法院会审理隐藏的合同关系，但因民事诉讼“不告不理”的审理原则，法院在民事诉讼中的审理仅停留在当事人诉讼请求的范围内，故当事人如经法院释明，仍坚持原有的诉讼请求，则法院不应就隐藏的合同关系进行审理，而应根据当事人原有的诉讼请求作出相应判决。就双方因虚假意思表示签订的合同应认定为无效，并按照合同无效的法律规定进行处理。本案中，一、二审法院结合双方在签订及履行涉案合同中存在的与常理及交易习惯不符的方面，并结合民警对案外人石某的询问笔录等证据材料所载内容，认定双方不具有真实的房屋买卖合意，据此判定双方签订的房屋买卖合同无效。但因张某在经法院释明的情况下，仍坚持主张双方存在真实的房屋买卖合同关系，并基于房屋买卖合同要求杨某承担该合同项下的各项义务，故法院判决驳回张某的诉讼请求。双方就隐藏的民事法律关系产生的争议，双方可另行解决。

编写人：北京市昌平区人民法院　田雅娟

23

所有权与抵押权冲突时的效力认定

——容某诉李某、喻某房屋买卖合同案

【案件基本信息】

1. 裁判书字号

湖北省武汉市中级人民法院（2023）鄂01民终21417号民事判决书

2. 案由：房屋买卖合同纠纷

3. 当事人

原告（被上诉人）：容某

被告：李某、喻某

第三人（上诉人）：某典当公司

【基本案情】

李某与喻某于2015年3月11日登记结婚。2016年3月10日，容某与李某签订了《房屋买卖协议》，约定李某将其名下某室房屋出售给容某。2016年3月12日，容某向李某支付了95万元购房款。2016年3月15日，李某向容某出具了《委托书》，容某装修入住该房。2020年8月21日，该房办理了不动产权证，登记的权利人为李某。2022年3月16日，该房设立抵押，抵押权人为某典当公司，担保主债权数额为50万元，担保期限为自2022年3月16日起至5月15日止。2022年3月17日，某典当公司向李某转账支付了50万元。因该房需要办理不动产权变更登记手续，故容某诉讼主张确认其与李某签订的《房屋买卖协议》合法有效，李某协助变更该房登记至其名下，某典当公司协助办理该房的抵押权注销手续。

【案件焦点】

容某对该房所主张的完全所有权与某典当公司对该房的抵押权发生冲突时，某典当公司抵押权的效力认定。

【法院裁判要旨】

湖北省武汉市青山区人民法院经审理认为：容某、李某及喻某签订的《房屋买卖协议》合法有效，喻某有协助变更登记义务。容某于2016年开始对该房享有实际的占有、使用、收益等权益，其提交的证据足以证明其有合法的依据能够确定案涉房屋的最终归属。李某只是形式上的产权人，其抵押系无权处分行为。某典当公司作为专业从事典当业务的公司，应当对借贷和抵押存在的风险有所预见，应尽审慎的注意义务，其行为不符合善意取得的要件，不能被认定为善意第三人。因此，容某的诉讼请求，于法有据，可以支持。

湖北省武汉市青山区人民法院依据《中华人民共和国民法典》第四百零六条、第五百零九条、第五百九十五条及《中华人民共和国民事诉讼法》第一百四十五条之规定，判决如下：

一、李某、某典当公司于本判决生效之日起十日内注销某室房屋的抵押登记；

二、李某、喻某于上述抵押登记注销后十日内协助容某将某室房屋的产权变更登记至容某名下，变更登记的相关费用由容某承担。

某典当公司不服一审判决，提起上诉。

湖北省武汉市中级人民法院经审理认为：容某与李某、喻某签订的《房屋买卖协议》合法有效。李某与某典当公司之间的抵押权依法设立。容某享有该房的过户请求权。李某在该房设立的抵押权，导致容某对该房的完全所有权的权能受限。某典当公司作为专业从事典当业务的公司，未履行审慎审查的合理义务，该重大过失行为使李某的不诚信行为有可乘之机，其应承担相应的不利后果。容某未尽早主张不动产登记权利，确实存在一定过失。但对比专业能力、规避风险的成本及过错程度，某典当公司的过失及可归责性更明显。综合考虑，容某有权主张该房抵押登记予以注销。

综上，某典当公司的上诉请求不能成立，应予驳回。一审判决认定事实清楚，适用法律正确，应予维持。据此，湖北省武汉市中级人民法院依照《中华人民共和国民事诉讼法》第一百七十七条第一款第一项之规定，判决如下：

驳回上诉，维持原判。

【法官后语】

我国采不动产登记主义，而在商品房销售过程中，购房人即使已支付全部购房款甚至占有房屋，在办理过户前仍未取得房屋所有权。此时，对房屋享有优先受偿权的抵押权人与享有房屋过户权益的买受人，双方间的居住生存权益与抵押经济利益存在利益冲突，法学理论和司法实践中存在不同的观点。本案的核心在于房屋出卖以后、办理过户登记之前，房屋办理了抵押登记导致买受人取得房屋受限，买受人主张的所有权确认与抵押权人的抵押权优先冲突时的裁判依据。对此，法律及相关司法解释并无明确的规定。因此，在审判实践中，应当注意。

第一，区分买受人与抵押权人的权属性质。本案中容某与李某、喻某签订了《房屋买卖协议》，支付了全部购房款，并自2016年3月起实际占有案涉房屋。案涉房屋未办理过户登记，不具有物权公示效力，但容某作为买受人享有过户请求权。该请求权实际系物权期待权，但在我国"物权法定"的法律体系下，该期待权本质上依旧是债权。本案中，案涉房屋于2020年8月21日办理了不动产权证，李某于2022年3月16日与某典当公司办理了抵押权登记。设立抵押权时，案涉房屋登记在李某名下，无充分证据证明上述设立抵押权的合同存在法定无效事由。因此，李某与某典当公司间构成抵押关系，某典当公司享有抵押权，该抵押权系真正的物权。

第二，买受人权利优先于抵押权的理论依据。我国民法的基本原则就是"物权优先于债权"，但基于生存利益至上，法律及相关司法解释还是有例外规定的。为了保护房屋买受人的权利，法学理论将买受人的一般债权定性上升为物权期待权。起源于德国的物权期待权，是指买受人在已经履行合同部分义务的情况下，虽然尚未取得标的物的所有权，但赋予其类似所有权人的地位，其物权期待权具有排除执行等物权效力。我国虽然没有物权期待权的规定，但对物权期待权的保护见于相关司法解释中。《最高人民法院关于建设工程价款优先受偿权问题的批复》首次对具有消费者身份的房屋买受人予以优先于金钱债权人的特殊保护。《最高人民法院关于人民法院办理执行异议和复议案件若干问题的规定》第二十八条、第二十九规定，赋予消费者对买受房屋的物权期待权以排除执行的效力。《全国法院民商事审判工作会议纪要》第一百二十六条、第一百二十七条更是针对实践中存在的商品房预售不规范现象为保护消费者生存权而作出的例外规定。

第三，区分买受人、抵押权人的过错程度。容某作为买受人未办理过户登记的过错，应结合主观和客观两个方面因素认定原因。主观方面主要考察买受人是否存在怠于甚至故意不办理过户登记，或由于自身未尽到合理注意义务等。本案容某向李某提出了办理过户登记的请求，主观上不存在过错。客观方面主要考察是否存在买受人无法控制的原因而办理不能等。案涉房屋系李某单位的福利分房，存在当时无法办证的客观原因。但容某在购买涉案房屋且房屋办证后未尽早通过诉讼等方式主张不动产登记权利，确实存在一定过失。某典当公司作为抵押权人也存在过错，其作为专业从事典当业务的公司，在对涉案房屋设定抵押权时应当对抵押房产进行充分的现场调查，以查明抵押物是否存在真实权利人，从而避免错误接受已出售房屋作为抵押物。但某典当公司在出借款项、办理抵押前未至案涉房屋内查勘，未履行审慎审查的合理义务，某典当公司的该重大过失行为使李某的不诚信行为有可乘之机，并导致容某所购房屋上被设定抵押权，以致容某要求过户并享有案涉房屋的完全所有权的权能受限，某典当公司应承担相应的不利后果。因此，对比某典当公司和容某的专业能力、规避风险的成本及过错程度，某典当公司的过失及可归责性更明显。

虽然法律对物权期待权进行了保护，但为了避免动摇抵押权的物权优先性，适用条件较为严格，且赋予消费者买受人物权期待权的超级优先性，系基于对当事人居住权及生存利益至上的维护。所以，司法实践中对“买受人权利优于抵押权”的认定，一定要结合案情谨慎适用。另外，提醒广大购房者，购房前要了解清楚所购房屋是否存在不能过户的情形，明知不能过户还签订房屋买卖合同并付款的，就需要承担相应的风险。

编写人：湖北省武汉市青山区人民法院　程红丹

24

房屋中介机构与开发商共同无权处分房屋，应对善意买受人承担连带赔偿责任

——王某诉某传媒公司、某置业公司房屋买卖合同案

【案件基本信息】

1. 裁判书字号

湖北省荆州市中级人民法院（2024）鄂10民终73号民事判决书

2. 案由：房屋买卖合同纠纷

3. 当事人

原告（被上诉人）：王某

被告（上诉人）：某传媒公司、某置业公司

【基本案情】

2019年8月8日，徐某（案外人）以某房产经纪公司（2020年5月9日变更登记为某传媒公司）为中介将某小区1502室的房屋以38万元的价格出售给袁某，在房屋买卖合同尾部空白处手写委托书："全权委托某房产经纪公司办理本人房屋相关交易手续及银行贷款交付，以及乙方按揭手续。"后，袁某解除该房屋买卖合同。2019年10月14日，某房产经纪公司将案涉房屋以37万元的价格出售给王某，该公司分别以自己的名义与王某签订一份《二手房屋买卖合同》，以工作人员郭某的名义与王某签订一份《房屋买卖合同》交给王某。上述两份合同的第五条均约定：在合同期内无论市场行情是涨还是跌，甲方不能将此房屋私自涨价或终止销售，否则视为甲方违约，乙方在合同期内若不能按时缴纳全额首付款，则视为乙方违约，任何一方违约均需支付对方违约金2万元。

某传媒公司的工作人员郭某以加盖有某房产经纪公司印章的工商服务业统一收款收据收王某购房款17万元。2019年10月18日，王某将购房首付款支付给签订合同时在场的某置业公司的工作人员和某房产经纪公司。某房产经纪公司将房屋交给王某，王某对房屋予以装修。

2021年6月21日，徐某向法院提起诉讼要求王某、某传媒公司返还某小区1502室房屋，并恢复原状；要求二被告连带赔偿损失。法院作出民事判决：（1）王某与某传媒公司于2019年10月14日签订的房屋买卖合同无效。（2）由王某于本判决生效后十日内原状返还1502室房屋给徐某。（3）由王某、某传媒公司于房屋返还之日共同赔偿徐某房屋贷款逾期利息损失：以321732.36元为基数，按年利率2.695%从2019年10月14日起算至房屋返还之日止。王某不服该判决，提起上诉，法院作出民事判决：（1）撤销松滋市人民法院（2021）鄂1087民初1229号民事判决第一项。（2）维持松滋市人民法院（2021）鄂1087民初1229号民事判决第二项、第三项。（3）驳回徐某的其他诉讼请求。终审判决生效后徐某向本院申请强制执行，从而引发了本案诉讼。

原告为证明其房屋装修费用委托房地产评估事务公司对房屋装修价值进行评估，2023年5月22日房地产评估事务公司作出报告，结论为：房屋室内装修价值为85604元。

【案件焦点】

1. 某置业公司是否应当承担与某传媒公司共同返还王某购房款17万元的责任；2. 某传媒公司是否应当向王某赔偿房屋装修损失85604元；3. 某传媒公司是否应当承担违约金2万元。

【法院裁判要旨】

湖北省松滋市人民法院经审理认为：王某与被告某传媒公司签订的购房合同系双方的真实意思表示，因某传媒公司对房屋的无权处分行为，导致王某的合同目的不能实现，生效判决已判决王某将案涉房屋返还给徐某，王某与某传媒公司签订的房屋买卖合同已实际解除。

关于王某支付购房款的金额法院认定如下：在王某与被告某传媒公司签订的《二手房屋买卖合同》中约定支付购房首付款为 20 万元；在王某与郭某签订的《房屋买卖合同》中约定，下欠首付款 3 万元见房产证后付清。两份合同结合起来可以看出王某实际支付购房款为 17 万元；2019 年 10 月 15 日，以加盖有某房产经纪公司印章的工商服务业统一收款收据收王某购房款 17 万元。从上述证据法院认定王某已支付购房款的金额为 17 万元，因此，原告要求二被告共同返还 17 万元，法院予以支持。

关于原告要求被告某传媒公司支付违约金 2 万元的问题。法院认为，被告某传媒公司在与王某签订房屋买卖合同后，理应按照合同约定向其交付房屋，并保证其正常使用，因其无权处分的行为，导致买卖合同被解除，根据合同的约定某传媒公司应承担相应的违约责任。原告要求被告某传媒公司支付违约金 2 万元合理合法，法院予以支持。

关于原告要求二被告赔偿房屋装修损失 85604 元的问题。法院认为，王某在购买案涉房屋后，进行装修前，已实际支付部分房屋装修材料款和人工工资 5 万元，同时原告也举证证明了房屋装修的鉴定价值为 85604 元。二被告也未申请对房屋的装修损失进行重新鉴定。因此，法院认为原告主张的 85604 元房屋装修损失合情合理，法院对原告所举的关于房屋装修损失的证据予以采信，原告要求被告某传媒公司赔偿 85604 元房屋装修损失予以支持。因被告某置业公司并不是房屋买卖合同的相对人，原告要求被告某置业公司承担赔偿责任没有事实和法律依据，法院不予支持。原告要求二被告赔偿水电过户费用损失 1.3 万元。法院认为，王某实际支付的水电过户费用和物业管理费、装修押金合计为 12470 元，是由某置业公司收取，因王某已被判决将案涉房屋返还，因此，12470 元也应由被告某置业公司返还给原告。原告要求被告某传媒公司返还 12470 元，本院不予支持。

据此，湖北省松滋市人民法院依照《中华人民共和国民法典》第五百六十三条、第五百六十六条、第一千一百八十三条，《中华人民共和国民事诉讼法》第六十七条第一款之规定，判决如下：

一、由被告某传媒公司、某置业公司共同返还原告王某购房款 17 万元。

二、由被告某传媒公司支付原告王某违约金 2 万元，赔偿房屋装修损失 85604 元，合计 105604 元。

三、由被告某置业公司返还原告王某水电过户费用和物业管理费、装修押金合计 12470 元。

四、驳回原告王某的其他诉讼请求。

某置业公司、某传媒公司不服一审判决，提起上诉。

湖北省荆州市中级人民法院经审理认为：本案中，王某就涉案房产不仅与某传媒公司签订了二手房屋买卖合同，还与某置业公司签订了商品房认购书，而且某置业公司还出具了含有“同意徐某将 1502 房出售给王某”字样的字据。同时，某传媒公司虽然向王某出具了收款收据，但王某分别将款项支付给了某传媒公司和某置业公司。因此，某置业公司应当承担与某传媒公司共同返还涉案购房款的责任。

王某在购买涉案房产时，不仅向前一手购买人支付了前期装修及材料款等，而且向某传媒公司等支付了购房款，某传媒公司就购房款出具了收据。现某传媒公司主张购房款中包含王某支付的前期装修及材料款等，不仅涉案交易价格与此前的交易价格相比不符合实情，而且没有提交充分的证据证明其主张。因此，某传媒公司应当赔偿涉案房产的装修损失 85604 元。

《中华人民共和国民法典》第五百八十四条规定，当事人一方不履行合同义务或者履行合同义务不符合约定，造成对方损失的，损失赔偿额应当相当于因违约所造成的损失，包括合同履行后可以获得的利益；但是，不得超过违约一方订立合同时预见到或者应当预见到的因违约可能造成的损失。本案中，涉案房产的装修系王某实际投入的资金，在合同解除后，该投入资金仅是王某损失的一部分，某传媒公司仅赔偿该部分损失并不足以弥补王某的全部损失，还应当按照合同约定支付相应的违约金 2 万元。综上，某传媒公司、某置业公司的上诉请求均不能成立，应予驳回；一审判决认定事实清楚，适用法律正确，应予维持。

湖北省荆州市中级人民法院依照《中华人民共和国民事诉讼法》第一百七十七条第一款第一项之规定，判决如下：

驳回上诉，维持原判。

【法官后语】

本案的核心争议焦点在于无权处分情形下房屋买卖合同的效力认定及法律适用问题，需重点厘清《中华人民共和国民法典》对合同效力规则的调整及其背后的价值导向，并在此基础上解决物权保护与交易安全之间的冲突。下文将从三个维度展开论述：第一，无权处分合同效力规则的演变及其对本案的影响；第二，物权静态保护与交易动态安全的平衡原则；第三，本案中违约责任的具体认定与赔偿范围。

一、合同效力规则的演变与适用

根据《中华人民共和国合同法》（已失效）第五十一条，无权处分合同属效力待定状态，需权利人追认或处分人事后取得处分权方为有效。而《中华人民共和国民法典》第五百九十七条删除了该条款，明确无权处分不影响合同效力，仅导致所有权无法转移。这一规则的转变体现了立法价值取向的调整：从侧重保护物权人静态权利转向兼顾交易动态安全与善意买受人信赖利益。本案中，某置业公司与某传媒公司虽无权处分徐某的房屋，但双方与王某签订的买卖合同不存在其他无效事由，应认定为有效。合同效力独立于物权变动结果，王某可依据有效合同主张违约责任，突破了《中华人民共和国合同法》框架下合同效力与处分权绑定的限制。

二、物权保护与交易安全的平衡路径

本案的深层矛盾在于物权人与买受人的利益冲突。一方面，徐某作为房屋登记权利人，其物权受《中华人民共和国民法典》第二百一十五条“区分原则”保护，不因他人无权处分而丧失；另一方面，王某基于对开发商和中介机构的合理信赖签订合同，其交易安全利益需通过合同效力维护。司法裁判需在二者间寻求平衡：承认合同效力并不直接否定物权归属，而是通过违约责任填补买受人损失，避免因保护物权而牺牲交易秩序。本案中，法院确认合同有效但阻却物权转移，既维护了徐某的物权，又赋予了王某违约救济权，实现了“静态归属”与“动态流转”的协调。

三、违约责任的认定与赔偿范围

根据《中华人民共和国民法典》第五百九十七条及第五百八十四条，王某可主张的违约责任包括：(1) 购房款返还：某置业公司与某传媒公司共同收取购房款，构成无权处分下的合同欺诈，依据《中华人民共和国民法典》第一百六十七条（连带责任）应连带返还本息。(2) 实际损失赔偿：王某支付的装修材料费、人工工资等直接损失，属于违约方订立合同时预见到或应当预见到的损失范围。

本案的裁判要旨在于系统阐释《中华人民共和国民法典》时代无权处分合同的新规则：合同效力与物权变动脱钩，违约救济取代合同无效的刚性处理。这一裁判思路具有三重制度价值：其一，通过确认合同效力保障交易安全，避免善意买受人因出卖人无权处分陷入“救济真空”。其二，借助违约责任的可预见性规则合理限定赔偿范围，防止利益保护失衡。其三，对开发商与中介的协同欺诈行为施以连带责任与惩罚性赔偿，彰显维护市场诚信的司法立场。本案的处理结果，实质上是《中华人民共和国民法典》优化营商环境、统一裁判尺度理念的生动实践，为同类案件提供了“区分效力—平衡利益—强化责任”的裁判范式。

编写人：湖北省松滋市人民法院　李欣桐

25

精神病性因素对于房屋买卖合同效力影响的司法认定

——易某诉谭某房屋买卖合同案

【案件基本信息】

1. 裁判书字号

重庆市九龙坡区人民法院（2023）渝 0107 民初 9756 号民事判决书

2. 案由：房屋买卖合同纠纷

3. 当事人

原告：易某

被告：谭某

第三人：某经纪公司

【基本案情】

2022 年 12 月 23 日，易某与谭某在某经纪公司居间下签订《房屋买卖合同》，约定：易某购买谭某名下一套房屋，建筑面积 36.96 平方米，成交价 23 万元；双方因违约行为导致合同不能按约继续履行的，均视为严重违约，守约方有权解除合同，并由违约方支付该房屋成交价 20%的违约金，违约方还须承担守约方因实现权利所支出的相关合理费用（如律师费、误工费、差旅费等）。同日，易某向谭某支付定金 1 万元。

2022 年 12 月 23 日，某经纪公司业务员罗某通知谭某携带相关证件办理银行按揭贷款手续。2022 年 12 月 25 日，罗某通知谭某前往房交所打印无房证明并预约次日共同办理按揭贷款手续。2023 年 1 月 4 日，罗某："你好，按揭审批通过了，明天有时间吗，我们去房交所过户。"2023 年 1 月 11 日，谭某：

“小罗，你们的方案我父亲不认可。”后因谭某拒绝办理房屋产权过户手续，易某遂诉至法院，请求判决解除双方签订的《房屋买卖合同》，同时判令谭某退还定金、支付违约金并赔偿损失。

审理过程中，谭某（43岁）的父亲谭某刚向重庆市九龙坡区人民法院申请宣告谭某无民事行为能力，该院于2023年3月7日作出（2023）渝0107民特27号民事判决，宣告谭某为无民事行为能力人，并指定谭某刚为谭某的监护人。该案《司法鉴定意见书》载明：谭某患有精神分裂症，目前处于发病期，不能客观分析事物，在处理自身事务中，丧失独立判断是非和理智处理自我事务的能力，评定谭某目前无民事行为能力。

庭审中，谭某举示的病历资料载明：2019年10月21日，谭某在某精神卫生中心入院治疗，2019年11月11日出院，诊断为急性而短暂的精神病性障碍；2019年12月10日，复诊诊断为急性而短暂的精神病性障碍、锥体外系综合征；2022年12月29日，复诊诊断为妄想状态；2023年1月20日，复诊诊断为妄想状态。处理为：告知家属普通诊疗受患者依从性及病情变化影响，不能反映病情全貌，无法满足其精神疾病司法鉴定要求，叮嘱家属加强监管，严防自伤及冲动伤人言行。

另查明，易某因本案产生律师代理费6000元。

【案件焦点】

1. 易某与谭某签订的《房屋买卖合同》的效力应如何认定；2. 易某基于谭某违约要求解除合同所主张的各项诉求应否予以支持。

【法院裁判要旨】

重庆市九龙坡区人民法院经审理认为：关于本案《房屋买卖合同》效力问题。首先，案涉《房屋买卖合同》的效力判断应该以合同缔结时当事人的民事行为能力为依据。（2023）渝0107民特27号民事判决书于2023年3月7日发生法律效力，该判决对于谭某此前参与的民事行为并不当然具有溯及力。其次，谭某举示的某精神卫生中心病历资料仅能反映谭某在本案房屋交易前患有急性而短暂的精神病性障碍且进行过治疗，其未能充分证明其在本案房屋交易时是否处于发病状态，或其精神疾病对进行房屋交易时的精神状态、认知能力是否构成严重影响，谭某仅凭某精神卫生中心病历资料就认定其为无民事行为能力人，缺乏事实与法律依据。最后，谭某与第三人业务员之间的微信聊天记录反映谭某在房屋交易过程中神志正常，且买卖双方在银行成功办理了按揭贷款手续，2023 年 1 月 20 日门诊病历也显示谭某无法满足精神疾病司法鉴定要求。另，房屋交易价格不是判断合同效力的构成要件，且当时房屋降价出售也符合市场行情，谭某辩称以 23 万元出售案涉房屋是受购买方及中介方的诱导亦无相应事实依据。综上，谭某不能证明在本案房屋交易时系无民事行为能力人，《房屋买卖合同》系当事人的真实意思表示，其内容不违反法律、法规的规定，合法有效，当事人应当按约履行。

谭某以其行为明确表明不再继续履行合同，易某据此主张解除双方签订的《房屋买卖合同》，法院予以支持。合同解除时间为谭某法定代理人收到本案起诉状副本之日即 2023 年 4 月 19 日。根据合同约定，合同解除后，谭某应退还易某定金 1 万元，并承担相应的违约金和律师费损失 6000 元。因合同约定违约方须向守约方支付按该房屋成交价的 20%计算的违约金，谭某辩称违约金过高，考虑到谭某患有精神疾病，且谭某家人在发现谭某出售房屋后也及时要求停止履行合同，结合谭某违约的过错程度，易某实际产生居间服务费、贷款咨询服务费及增加购房成本等损失，法院酌情调整违约金至 1.4 万元。

综上所述，重庆市九龙坡区人民法院依照《中华人民共和国民法典》第二十四条、第一百四十三条、第五百零九条、第五百六十三条、第五百六十五条、第五百六十六条、第五百七十七条，《中华人民共和国民事诉讼法》第六十七条之规定，判决如下：

一、易某与谭某于 2022 年 12 月 23 日签订的《房屋买卖合同》于 2023 年 4 月 19 日解除；

二、谭某于本判决生效之日起七日内退还易某定金 1 万元；

三、谭某于本判决生效之日起七日内支付易某违约金 1.4 万元与律师费

6000元；

四、驳回易某的其他诉讼请求。

判决后，双方当事人均未上诉，本判决现已生效。

【法官后语】

本案处理重点在于，易某与嗣后被确诊为精神分裂症的谭某签订的《房屋买卖合同》效力应当如何认定。

合同有效的要件之一是行为人具有相应的民事行为能力，判断行为人是否具有相应的民事行为能力应当溯及至合同缔结时。但对于缔约时尚未经法院宣告为无民事行为能力的成年人，如何认定其订立的合同效力？对此，实践中主要存在两种观点。一种观点坚持形式审查判断，即未经人民法院特别程序依法认定的，不能认定行为人在签订合同时欠缺民事行为能力；另一种观点坚持个案审查判断，即法官可依据案件本身的情况对当事人在某个时间点的行为能力作出判断，但需要由当事人举证证明。

上述两种观点各有利弊。一方面，民事行为能力欠缺的认定对于自然人的基本权利影响重大，理应慎重，由此更宜通过法定设置的规范程序予以确认；但另一方面，成年人“不能辨认自己行为”的状态独立于法院认定而客观存在，实践中存在未被依法认定为无民事行为能力的成年人在作出民事行为时不能辨认自身行为的情形。事实上，《中华人民共和国民法典》第二十一条将辨认能力作为行为能力的要素，而辨认能力实际上就是意思能力，不能辨认自己的行为就是缺乏意思能力。所谓意思能力，是指一般人正常的意思决定能力，包括两层含义：一是行为人能正确认识自己要做的行为；二是行为人按照该认识妥当地控制自己将要发生的行为。大陆法系民法理论通说认为，缺失意思能力将会导致民事法律行为无效。因此，笔者认为，宜将前述两种模式结合，即以意思能力的法律拟制作为原则，并以意思能力的个案判断作为辅助①。具体

① 彭诚信、李贝：《民法典编纂中自然人行为能力认定模式的立法选择——基于个案审查与形式审查的比较分析》，载《法学》2019年第2期。

而言，对于未经特别程序认定为无民事行为能力的成年人，推定其为完全民事行为能力人，其实施的民事法律行为原则上有效，除非行为人举示的证据足以证明其在特定时间点欠缺相应的意思能力。

具体而言，可从以下四个方面对全案进行综合考量：

一是法律行为与当事人的生活关联。一般而言，行为人所实施的行为与其日常生活的关联程度越密切，则行为人在行为时具有必要的意思能力的可能性也越高。

二是行为人的精神疾病状况。通常情况下，行为人的意思能力水平与精神疾病严重程度成反比。但需要注意的是，意思能力是法律概念而非医学概念，行为人的精神健康状况只能作为辅助参考，因其并非判断意思能力的决定性因素。在进行个案审查时，可参考权威机构出具的鉴定结论、精神残疾证明、医学诊断证明、病历材料等文件，对行为人的精神状态进行整体把握。

三是行为人对于交易活动的认识能力。主要衡量行为人是否对缔约行为及其后果存在较为清晰的认知，以及行为人根据该认知能否对自身行为进行妥当控制。行为人的认知属于内心活动，但部分可通过行为人的外在表现进行判断，如判断行为人在缔约过程中表现出的神态、动作、语言是否符合一般理性人标准，可参考交易过程中的录音视频、微信聊天记录、交易参加者对于行为人精神状态的陈述等证据。

四是法律行为内容本身的公平性。如果合同条款对行为人明显不利，如以明显不合常理的低价出售自己名下房屋，则倾向于认定行为人在订立合同时欠缺必要的理解能力，因为根据一般理性人标准，通常情况下只有欠缺意思能力者才可能实施明显不利于自己的法律行为。

本案中，谭某确诊为精神分裂症并被法院宣告为无民事行为能力人发生在订立二手房买卖合同之后，因上述认定不具有当然溯及力，谭某需要举示充分证据证明其在缔约时受精神病性症状的直接支配，致使自己缺乏相应的意思能力。此外，谭某以交易方式处置自己名下房屋不同于日常购买生活用品，前者需要行为人具备更高的意思能力。但谭某与第三人业务员罗某的微信聊天记录反映谭某在交易过程中神志正常，且谭某配合易某在银行成功办理按揭手续，谭某举示的多份病历资料亦无法证明谭某在房屋交易期间存在持续性的、严重的精神障碍，以及该精神障碍对其订立合同的意思能力造成严重影响。综上所述，谭某举示的证据不足以证明其在缔约时欠缺相应的意思能力，应当承担举证不能的不利后果。《房屋买卖合同》系双方当事人的真实意思表示，其内容不违反法律、法规的规定，合法有效。谭某未按约办理过户手续，构成违约，应承担相应的违约责任。

编写人：重庆市九龙坡区人民法院　沈沁雪　钱涛

（二）订立、变更与解除

26

购房人“断供”情形下对开发商行使合同约定解除权的限制

——某置业公司诉田某、林某商品房销售合同案

【案件基本信息】

1. 裁判书字号

河南省郑州市中级人民法院（2024）豫 01 民终 714 号民事判决书

2. 案由：商品房销售合同纠纷

3. 当事人

原告（上诉人）：某置业公司

被告（被上诉人）：田某、林某

第三人：某银行郑州分行

【基本案情】

2016年8月1日，某置业公司与田某、林某签订《商品房买卖合同》，约定，田某、林某购买某置业公司开发房屋一套。合同签订后，田某、林某依约支付首付款440988元，剩余172万元通过某银行郑州分行办理银行按揭贷款方式支付。某置业公司为田某、林某提供阶段性保证。合同还约定，田某、林某未能按期偿还银行贷款本息，导致某置业公司承担阶段性担保责任的，应当向某置业公司支付全部代偿款及损失；田某、林某逾期支付迟延达30日的构成严重违约，某置业公司有权选择解除本合同并要求田某、林某承担还款、赔偿及违约责任。2016年12月31日某置业公司交付房屋。田某、林某自2016年12月1日起一直按时偿还银行按揭贷款，自2023年4月开始逾期还款，截至2023年5月26日某置业公司为田某、林某代偿银行按揭贷款48124.21元，田某、林某贷款余额还剩余1457588.28元。

因田某、林某经多次催要一直未偿还垫付的代偿款，某置业公司依据《商品房买卖合同》约定的解除合同条款诉至法院，要求：(1) 解除某置业公司与田某、林某签订的《商品房买卖合同》，并判令田某、林某协助某置业公司办理《商品房买卖合同》的备案登记、预告登记等撤（注）销手续。(2) 解除某置业公司与田某、林某及某银行郑州分行签订的《商品房担保贷款合同》。(3) 田某、林某向某置业公司返还房屋。(4) 田某、林某向某置业公司支付代偿的银行贷款48124.21元、违约金1915.63元及律师代理费4万元（违约金按日万分之五计算至实际清偿之日），并从某置业公司收取的购房款中优先扣除。(5) 合同解除后，判令某置业公司将收取的购房款优先偿还田某、林某在某银行郑州分行处购房款的欠款本息及违约金，剩余购房款返还田某、林某。(6) 判令田某、林某承担本案诉讼费、保全费。

【案件焦点】

某置业公司是否能够依据合同约定的解除权要求解除《商品房买卖合同》。

【法院裁判要旨】

河南省郑州市管城回族区人民法院经审理认为：田某、林某逾期偿还银行按揭贷款，某置业公司作为连带责任保证人承担保证责任后，有权在其承担保证责任的范围内向债务人追偿。某置业公司要求田某、林某偿还代偿款本息48124.21 元及违约金，应予以支持。案涉《商品房买卖合同》签订后，田某、林某已经足额支付了购房款，某置业公司也已交付案涉房屋，主要合同义务已经履行完毕。某置业公司以保证人身份代田某、林某偿还贷款本息 48124.21 元，该代偿款项数额占银行按揭贷款总额的比例以及房屋总价的比例均较少。且田某、林某在 2016 年 12 月至 2023 年 4 月一直按约偿还银行按揭贷款，后虽然出现逾期还款的情况，但该违约行为较为轻微且并不影响某置业公司合同目的的实现。另外，本案中，田某、林某购买房屋的时间是 2016 年，在房屋价格已连续多年全面上涨的情况下，如因田某、林某轻微违约即解除《商品房买卖合同》，不利于平衡当事人之间的利益关系，也与“促进交易”的合同立法目的相悖。综上，依照公平和诚实信用原则，对于某置业公司要求解除《商品房买卖合同》及《借款合同》，田某、林某协助某置业公司办理《商品房买卖合同》的备案登记、预告登记等撤（注）销手续，并要求田某、林某返还房屋的诉讼请求，不予支持。关于某置业公司主张的律师费，某置业公司虽然有权依照双方协议约定要求违约方田某、林某赔偿支出的律师费损失，但其同时亦负有采取相应措施避免该项损失扩大的义务。综合考虑案涉合同的履行情况、当事人的过错程度以及某置业公司的诉讼请求，依照公平原则，酌定田某、林某赔偿某置业公司律师费 1 万元。

河南省郑州市管城回族区人民法院依照《中华人民共和国民法典》第六条、第七条、第五百零九条第一款、第五百七十七条、第五百九十一条、第七百条，《中华人民共和国民事诉讼法》第六十七条第一款、第一百四十七条之规定，判决如下：

一、田某、林某支付某置业公司代偿款 48124.21 元及违约金 735.66 元，并支付剩余违约金（以 48124.21 元为基数，自 2023 年 12 月 1 日起至实际清偿之日止，按照同期全国银行间同业拆借中心公布的一年期贷款市场报价利率的 1.95 倍标准计付）；

二、田某、林某支付某置业公司律师费 1 万元；

三、驳回某置业公司的其他诉讼请求。

某置业公司不服一审判决，提起上诉。

河南省郑州市中级人民法院经审理认为：同意一审法院裁判意见，依照《中华人民共和国民事诉讼法》第一百七十七条第一款第一项之规定，判决如下：

驳回上诉，维持原判。

【法官后语】

部分购房人偿还房贷能力降低进而“断供”，导致开发商承担阶段性担保责任代购房人向银行偿还贷款。开发商为规避此类风险，一般会在商品房买卖合同中约定解除合同的相关条款，收回商品房及时止损。

一、合同约定解除权的性质及适用

约定解除权是当事人以合同条款的形式，约定由一方当事人在约定的解除合同事由发生时享有合同解除权，使合同关系归于消灭。虽然约定解除权符合合同自由原则，但如果不对解除权的行使加以限制，显然是对当事人意思自治的过度放任，不利于维护交易安全。最高人民法院发布的《全国法院民商事审判工作会议纪要》第四十七条对合同约定解除权也给予了司法实践指导，即人民法院应当审查违约方的违约程度及对实现合同目的的影响，如果违约程度显著轻微，不影响守约方合同目的的实现，解除合同对违约方显失公平的，一般人民法院不予支持解除合同。

就商品房销售合同而言，开发商是否基于合同约定而当然享有合同解除权，特别在约定明显不具正当合理性或是一方当事人明显利用其优势地位作出，且按照约定履行会产生显失公平的后果时，该约定对双方是否仍具约束力，有待商榷。

二、对合同约定解除权的审查

（一）审查合同的履行情况

在商品房买卖合同中，开发商的目的是出售房屋获得购房款，购房人的目的是取得商品房。购房人通过向银行按揭贷款的方式付清全部购房款，开发商也依约办理了预告登记，甚至有些已将商品房交付购房者使用。商品房买卖合同中各方的权利义务基本履行完毕，合同目的已实现。例如，本案中，购房人田某、林某在付清全部购房款后，自2016年12月31日即已入住案涉房屋至今，合同主要权利义务基本履行完毕，若解除合同势必会破坏已形成的稳定的社会关系，影响交易安全。

（二）审查解除条款是否显失公平

根据《中华人民共和国民法典》第四百九十六条第二款的规定，采用格式条款订立合同的，提供格式条款的一方应当遵循公平原则确定当事人之间的权利和义务。商品房买卖合同一般系开发商单方预先拟定，提供该条款没有协商余地且不得更改，符合格式条款的法律特征。开发商作为格式条款提供方，应当遵循公平原则确定双方之间的权利和义务。而开发商能否根据诉争条款主张解除合同，其关键在于诉争条款是否公平。案涉《商品房买卖合同》约定田某、林某逾期向某置业公司支付代偿款及损失达30日的即构成严重违约，某置业公司有权选择解除合同。该约定较为笼统，未对违约程度或具体的代偿款数额予以明确解释。且在30年的贷款期限内，超30日未偿还贷款即认定为严重违约，从而赋予开发商合同解除权，该约定明显加重了购房人的责任，对购房人显失公平。

（三）审查违约行为的形态

在考察约定解除权的条件是否成就时，还需要考量违约方的过错程度，如购房人的逾期次数、金额、偿还期限等违约行为的程度，从而判断是轻微过失、故意还是严重过失，是否达到合同约定的解除条件。具体到本案中，某置业公司以保证人代偿款项数额占银行按揭贷款总额的比例以及房屋总价的比例均较少，且田某、林某自购房后近7年时间一直按时还贷，属于轻微违约形态，未达到致使合同目的无法实现的根本违约情形，不能轻易根据合同约定认定解除合同条件成就。

（四）审查违约行为的后果

在按揭贷款买房的交易制度下，商品房买卖合同和商品房担保贷款合同构成合同联立，涉及多重法律关系，买卖合同解除与否事关多方权益，并可能引发一系列新的纠纷。若解除合同，则依据合同所形成的一系列社会关系将会被破坏。例如，已经装修入住的购房者将会面临腾房的局面，而且对于装修损失该如何处理，会给执行带来重重困难。另，基于当前房地产市场形势的变化，开发商为了利益最大化，其选择解除合同的房屋，多数是房价处于上涨或稳定形势的楼盘。例如，本案中，田某、林某购买房屋的时间是2016年，其购房后房屋价格已连续多年全面上涨，如因田某、林某轻微违约即解除合同，购房者一方面享受不到房价上涨的利润，另一方面还要承担高额的违约金，不利于当事人之间的利益平衡。

促进社会公平正义是政法工作的核心价值和追求，要求法官在案件办理中要实现政治效果、法律效果、社会效果的统一。商品房买卖合同的解除与否关系到社会民生，需慎重对待。在合同约定与民法的基本原则相冲突时，应当将公平、诚实信用的社会主义核心价值观融入裁判之中。在购房人轻微违约情形下，即使形式上符合当事人约定的合同解除权行使事由，对开发商行使解除权仍应予以合理限制，从而更好地平衡当事人之间的利益，充分发挥司法裁判的价值指引作用。

编写人：河南省郑州市中级人民法院　蔡理亮
河南省郑州市管城回族区人民法院　王纯

27

购房者因开发商未尽到合理审查义务致使贷款不能，可以请求解除买卖合同

——某房地产公司诉郑某、邓某商品房销售合同案

【案件基本信息】

1. 裁判书字号

湖北省宜昌市中级人民法院（2023）鄂05民终2928号民事判决书

2. 案由：商品房销售合同纠纷

3. 当事人

原告（反诉被告、上诉人）：某房地产公司

被告（反诉原告、被上诉人）：郑某、邓某

【基本案情】

2019年9月22日，郑某、邓某夫妇与某房地产公司签订《商品房买卖合同》及补充协议。合同约定郑某、邓某向某房地产公司购买其开发的商品房一套，房屋总价款为587030元。合同第七条对付款方式和期限作了约定："买受人按贷款方式付款；若因银行或者住房公积金管理机构同意买受人购房贷款申请，导致买受人无法按照本合同约定的期限支付相应房价款的，买卖双方约定变更本合同，另行协商付款方式及付款期限，重新签订商品房买卖合同。"

合同附件四对于商品房的计价方式、总价款、付款方式及期限进行了具体约定。买受人于《商品房买卖合同》签订当日支付房屋首付款107030元整，剩余房款46万元通过贷款方式支付。买受人必须于本合同签订之日起15日内办妥按揭贷款手续，付清剩余全部款项［买受人通过公积金贷款的，必须在其

所购商品房所在楼宇工程主体结顶（结顶时间以工程监理公司出具的结顶证明为准）之日起7日内办妥按揭手续，付清剩余全部款项]。买受人没有在约定期限内办妥贷款手续付清剩余款项的，根据《商品房买卖合同》第八条及甲乙双方协商的约定，处理如下：（1）逾期不超过90日，自上述付款期限届满之日起至实际全额支付应付款之日止，买受人按日向出卖人支付逾期应付款万分之二的违约金，合同继续履行。（2）逾期超过90日后，出卖人有权解除合同。出卖人解除合同的，买受人按房屋总价款的10%向出卖人支付违约金。（3）买受人申请公积金贷款或者组合贷款的，如因提交资格不合格、征信不符合要求等原因导致无法通过公积金贷款或者组合贷款付款的，出卖人有权要求买受人将付款方式变更为银行按揭贷款或一次性全额付款。如转为银行贷款方式的，买受人应当在收到出卖人通知之日起3日内办妥贷款手续，否则，出卖人有权追究买受人的违约责任。

2019年9月20日，郑某、邓某向某房地产公司支付购房定金。同时对个人征信和不动产登记情况进行了查询，相关机构出具了《个人征信报告》《不动产登记信息查询记录》《现有住房查询结果证明》等文件，结果显示郑某、邓某无不动产登记记录，同时显示2011年3月10日郑某在某商业银行有一笔12万元的个人住房贷款，期限10年，到期日为2021年3月10日，剩余还款期数19期。2019年9月22日双方签订合同时确定首付款比例20%，郑某、邓某于当日向某房地产公司支付购房款，加上前述定金，向某房地产公司付清首付款127030元（略高于20%）。之后郑某、邓某持相关材料前往公积金中心办理贷款手续，公积金中心审核资料后告知，因为二人名下有尚未办理不动产转移登记的首套商品房，本次购房属于第二套住房，根据相关规定，第二套住房首付款比例不低于购房总价的50%，其本次购房首付比例不符合公积金贷款条件。为此郑某、邓某的公积金贷款申请未获批准。

此后双方就余下购房款46万元的付款方式和期限以及合同如何处理未能协商达成一致，案涉商品房至今也未交付。2021年1月27日，某房地产公司通过邮寄方式向郑某、邓某发函，要求郑某、邓某于2021年2月20日前办理完毕按揭手续并完成按揭支付或者自筹全部按揭款一次性支付。后又通过微信要求按照上述期限办妥按揭手续。

【案件焦点】

1. 双方签订的《商品房买卖合同补充协议》附件四中关于公积金贷款申请未获通过情况下的付款方式及期限等约定是否有效；2. 案涉商品房买卖合同应当继续履行还是应当予以解除。

【法院裁判要旨】

湖北省宜都市人民法院经审理认为：本案中的商品房买卖合同附件四由某房地产公司提供，从内容表述上看，除总价款、定金数额、贷款方式、首付款数额、贷款数额等根据不同购房者作调整或勾选外，其余条款内容对银行按揭贷款、公积金贷款、组合贷款等不同贷款方式下的购房者均可以适用，明显系其为重复使用而事先拟定且在订立合同时无须与对方协商的格式条款。按照该合同的约定，如因买受人无法通过公积金贷款付款的，出卖人有权将付款方式变更为通知买受人 3 日内办理银行按揭贷款或 7 日内一次性全额付款，逾期买受人需承担违约责任。该约定违反了格式条款提供方公平拟约的义务，明显加重了买受人的责任，排除了买受人的权利，应认定为无效。理由如下：（1）商品房买卖的特点之一就是标的额巨大，对于选择以首付款与按揭贷款相结合作为付款方式的买受人而言，如果贷款申请未获批准，则很难在短期内一次性付清余款，因此，该约定显然加重了买受人的付款义务，对买受人不公平。（2）合同中双方就公积金贷款申请未获同意导致买受人不能按照约定期限支付房价款的情形，约定按照另行协商付款方式和付款期限的方式处理，但上述格式条款约定却赋予出卖人单方对付款方式及期限的决定权，对处理方式进行了实质性变更，排除了买受人对付款方式进行选择和协商的权利。

涉及住房公积金贷款，在签订《商品房买卖合同》之前，购房者一般需要通过房地产开发企业对其个人征信以及不动产登记信息等资料的审查。本案中，被告于 2019 年 9 月 20 日交付购房定金，同日取得了个人征信报告和不动产登记信息查询结果。原告称其在签订商品房买卖合同前只看见了不动产登记信息查询结果，未见个人征信报告。法院认为，原告作为专业从事房产开发与销售的企业，对商品房按揭贷款政策应当具有较高的熟知程度，应当知道个人征信报告属于按揭贷款必备的基本材料，其所称明显不符合常理。付款方式及付款期限系商品房买卖合同的重要内容，首付款及贷款金额的多少对购房者决定是否签订商品房买卖合同有着重要影响，商品房交易中，房地产开发公司相较一般购房者而言，更具专业性和优势，在与购房者先行签订商品房买卖合同确定首付款比例时，应当尽到适当的审查义务。本案中，被告的不动产登记信息查询结果虽然显示“无不动产登记记录”，但被告郑某的个人征信报告中明确记载其在某商业银行有一笔 12 万元的十年期个人住房贷款尚在正常还款中，由此原告应当发现被告名下已购买首套商品房。但在签订案涉商品房买卖合同时仍按照首套房约定公积金贷款的首付款比例，导致其后公积金贷款未获得批准，对此原告未尽到适当的审查义务，存在过错。在公积金贷款不成的情形下，双方又无法就付款方式及期限协商达成一致，商品房买卖合同已经不能继续履行。根据《最高人民法院关于审理商品房买卖合同纠纷案件适用法律若干问题的解释》第二十三条“商品房买卖合同约定，买受人以担保贷款方式付款，因当事人一方原因未能订立商品房担保贷款合同并导致商品房买卖合同不能继续履行的，对方当事人可以请求解除合同和赔偿损失。因不可归责于当事人双方的事由未能订立商品房担保贷款合同并导致商品房买卖合同不能继续履行的，当事人可以请求解除合同，出卖人应当将收受的购房款本金及其利息或者定金返还买受人”的规定，反诉原告请求解除合同，依法应当予以准许，反诉被告应退还反诉原告首付款及利息。经本院释明，反诉被告拒绝一并就认定合同解除情形下提出相应权利主张，可另行起诉主张权利。

湖北省宜都市人民法院依照《中华人民共和国合同法》第三十九条、第四十条、第九十四条第五项、第九十七条，《最高人民法院关于审理商品房买卖合同纠纷案件适用法律若干问题的解释》（法释〔2003〕7 号）第二十三条、《最高人民法院关于适用〈中华人民共和国民法典〉时间效力的若干规定》第一条第二款、第十条，《中华人民共和国民事诉讼法》第六十七条第一款和《最高人民法院关于适用〈中华人民共和国民事诉讼法〉的解释》第九十条之规定，判决如下：

一、驳回原告某房地产公司的诉讼请求；

二、解除反诉原告郑某、邓某与反诉被告某房地产公司于 2019 年 9 月 22 日签订的《商品房买卖合同》及补充协议，解除时间为 2023 年 3 月 2 日；

三、反诉被告某房地产公司于本判决生效之日起十日内退还反诉原告郑某、邓某购房首付款 127030 元及利息损失（以 127030 元为基数，自 2019 年 9 月 22 日起至付清之日止按照中国人民银行授权全国银行间同业拆借中心公布的同期贷款市场报价利率计算）。

某房地产公司不服一审判决，提起上诉。

湖北省宜昌市中级人民法院经审理认为：（1）关于本案的法律适用问题。法律事实的发生时间不同于纠纷的发生时间和起诉时间，通常要早于纠纷发生的时间和起诉时间。本案系商品房销售合同纠纷，出卖人负有交付房屋并移转房屋所有权的义务，买受人负有一次性或分期支付购房款的义务，无论约定的是一次性付款还是分期付款，商品房销售合同均是一时性合同，不属于继续性合同。且商品房销售合同属诺成合同，在合同签订时双方的民事法律关系即已产生。根据《最高人民法院关于适用〈中华人民共和国民法典〉时间效力的若干规定》第一条第二款“民法典施行前的法律事实引起的民事纠纷案件，适用当时的法律、司法解释的规定，但是法律、司法解释另有规定的除外”之规定适用当时的法律、司法解释的规定正确。上诉人某房地产公司关于本案应适用民法典的相关规定的上诉理由不能成立，法院不予采纳。（2）关于买受人与贷款方未能订立商品房担保贷款合同并导致商品房买卖合同不能继续履行的责任方问题。购房者采取按揭贷款方式负担购房余款的情形下，能否办理按揭贷款事关买受人有无能力负担房屋价款，其对商品房买卖合同的订立具有决定性作用。对于按揭贷款政策，作为专业从事房地产开发与销售的开发商，应当比购房者更具有专业性和优势。买受人的个人征信报告是双方在订立合同过程中对首付比例确定的重要依据，即便购房者未提交其个人征信报告，开发商也应要求其提交后再约定首付比例，以使购房者符合按揭贷款的条件。而本案中，某房地产公司称其在未见到购房者提交的个人征信报告即约定首付比例为 20%，致使购房者因存在首套商品房而办理按揭贷款不能，一审认定某房地产公司对未能订立商品房担保贷款合同存在过错并无不当。上诉人某房地产公司关于购房者未向其提交个人征信报告、未能办理按揭贷款的原因在于购房者的上诉理由不能成立，本院不予采纳。（3）关于涉案补充协议附件四第二款效力的问题。涉案补充协议附件四系某房地产公司为重复使用而事先拟定的合同，其中第二款对银行按揭贷款、公积金贷款、组合贷款等不同贷款方式下的购房者均可以适用，该条款在购房者无法获得按揭贷款的情形下，赋予出卖人单方对付款方式及期限的决定权，排除了买受人对付款方式进行选择和协商的权利。在某房地产公司未提交证据证明其与购房者在签订该协议时已向购房者履行提示或者说明义务的情况下，一审认定该条款无效符合《中华人民共和国合同法》第三十九条、第四十条的规定。上诉人某房地产公司关于该补充协议附件四第二款不属于格式条款的主张，没有事实与法律依据，本院不予支持。（4）关于涉案合同及补充协议是否应予解除的问题。本案因买受人未能与贷款方订立商品房担保贷款合同，且双方无法就新的付款方式及期限达成一致，涉案商品房买卖合同的继续履行已成为事实上的不可能，故一审根据《最高人民法院关于审理商品房买卖合同纠纷案件适用法律若干问题的解释》（法释〔2003〕7 号）第二十三条的规定判决解除双方的商品房买卖合同及补充协议正确，本院予以维持。本案因已支持购房者解除合同的请求，且某房地产公司在一审释明后拒绝提出同时履行抗辩，故其关于郑某、邓某支付购房余款并承担逾期付款违约责任及律师代理费的请求不能得到支持。

湖北省宜昌市中级人民法院依照《中华人民共和国民事诉讼法》第一百七十七条第一款第一项之规定，判决如下：

驳回上诉，维持原判。

【法官后语】

《最高人民法院关于审理商品房买卖合同纠纷案件适用法律若干问题的解释》第十九条规定："商品房买卖合同约定，买受人以担保贷款方式付款、因当事人一方原因未能订立商品房担保贷款合同并导致商品房买卖合同不能继续履行的，对方当事人可以请求解除合同和赔偿损失。因不可归责于当事人双方的事由未能订立商品房担保贷款合同并导致商品房买卖合同不能继续履行的，当事人可以请求解除合同，出卖人应当将收受的购房款本金及其利息或者定金返还买受人。"由此可见，因不可归责于当事人双方的事由未能订立商品房担保贷款合同并导致商品房买卖合同不能继续履行的，可以请求解除合同。从举重以明轻角度解释，在因可归责于一方当事人的事由未能订立商品房担保贷款合同而导致贷款不能的情形下，对方当事人可以请求解除合同。

就本案而言，在购房者采取按揭贷款方式负担购房余款的情形下，能否办理按揭贷款事关买受人有无能力负担房屋价款，其对商品房买卖合同的订立具有决定性作用。对于按揭贷款政策，作为专业从事房地产开发与销售的开发商，应当比购房者更具有专业性和优势。买受人的个人征信报告是双方在订立合同过程中对首付比例确定的重要依据，即便购房者未提交其个人征信报告，开发商也应要求其提交后再约定首付比例，以使购房者符合按揭贷款的条件。某房地产公司称其在未见到购房者提交的个人征信报告即约定首付比例为20%，致使购房者因存在首套商品房而办理按揭贷款不能，房地产公司对未能订立商品房担保贷款合同存在过错并无不当。

涉案补充协议系某房地产公司为重复使用而事先拟定的合同，其中对银行按揭贷款、公积金贷款、组合贷款等不同贷款方式下的购房者均可以适用，该条款在购房者无法获得按揭贷款的情形下，赋予出卖人单方对付款方式及期限的决定权，排除了买受人对付款方式进行选择和协商的权利。在某房地产公司未提交证据证明其与购房者在签订该协议时已向购房者履行提示或者说明义务的情况下，该条款无效。

编写人：湖北省宜都市人民法院　李子嫱　邓敏

28

开发商擅自将已出售房屋作为样板房展示的，买受人能否解除房屋买卖合同

——李某诉某房地产公司房屋买卖合同案

【案件基本信息】

1. 裁判书字号

江苏省无锡市中级人民法院（2023）苏02民终3987号民事判决书

2. 案由：房屋买卖合同纠纷

3. 当事人

原告（被上诉人）：李某

被告（上诉人）：某房地产公司

【基本案情】

2022年4月29日，李某与某房地产公司签订房屋买卖合同（预售），向某房地产公司购买某小区201号房屋，预测建筑面积共243.28平方米，每平方米31285.72元，总价款7611189元（包含装修款486560元），某房地产公司应当于2024年9月30日前交付房屋。房屋买卖合同签订后，李某支付了全部价款。此外，双方还签订了装修合同。

2022年9月初，李某发现某房地产公司未经其同意，将上述房屋装修后作为样板房展示使用，为阻止某房地产公司的行为，李某多次打电话、发微信联系该公司员工要求改正。9月22日，江苏某律师事务所受李某委托向某房地产公司发送律师函，要求某房地产公司立即停止侵权行为；将标的房屋恢复崭新状态，将目前展示的所有装饰装潢全部铲除；如未能达到上述要求，则双方之

间的房屋买卖关系及时解除；等等。某房地产公司收函后并未按照李某要求整改。当年 10 月 10 日，江苏某律师事务所再次向某房地产公司出具律师函，要求解除与某房地产公司的房屋买卖关系，返还所有已收款项并按照 LPR 四倍支付资金占用费等。

【案件焦点】

某房地产公司出售房屋后又将房屋作为样板房展示的，买受人能否据此解除房屋买卖合同。

【法院裁判要旨】

江苏省无锡市梁溪区人民法院经审理认为：李某已经全额支付房屋价款且买卖合同已经过备案登记，李某对案涉房屋享有合理物权期待权。李某购买的是全新商品房，某房地产公司未经李某同意擅自将案涉房屋作为样板房进行装修并对外展示，已经侵犯了李某的合法权益，违约在先，已无法向李某交付买卖合同约定的全新商品房，李某的合同目的已无法实现，有权解除买卖合同，某房地产公司理应向李某返还全部款项 8618322 元及资金占用费。

江苏省无锡市梁溪区人民法院依照《中华人民共和国民法典》第五百零九条、第五百六十三条、第五百六十五条、第五百七十七条、第五百七十九条之规定，判决如下：

一、双方签订的《商品房买卖合同（预售）》《某小区装修升级合同》于 2022 年 10 月 13 日解除；

二、某房地产公司应于判决发生法律效力之日起十日内向李某返还 8618322 元并支付资金占用费（以 8618322 元为基数，自 2022 年 10 月 13 日起至实际给付之日止，按全国银行间同业拆借中心公布的贷款市场报价利率计算）。

某房地产公司不服一审判决，提起上诉。

江苏省无锡市中级人民法院经审理认为：某房地产公司的上诉请求和上诉理由不成立，依照《中华人民共和国民事诉讼法》第一百七十七条第一款第一项之规定，判决如下：

驳回上诉，维持原判。

【法官后语】

通过类案检索，开发商将房屋出售后未经买受人同意又将房屋作为样板房展示从而导致诉讼纠纷。审判实践中，对于出卖人违约情节如何把握，出卖人行为损害了买受人何种权利，该行为有无达到合同解除的程度等问题均存在不同认识，值得作进一步分析，以为类案提供借鉴。

一、买受人应受保护的利益并非物权期待权

有观点认为，出卖人行为是对买受人物权期待权的侵害，并以此作为合同应予解除的论证基础。笔者认为该观点是对法律的误读，应予防范。我国现行民事法律体系中并无“物权期待权”概念，物权期待权的说法主要见于学理和裁判文书。究其源头，最为贴近的实证法基础一般认为是《最高人民法院关于人民法院办理执行异议和复议案件若干问题的规定》第二十八条至第三十条的规定，该司法解释明确特定条件下，尚未完成所有权登记的不动产买受人、消费者商品房买受人、预告登记权利人三种类型的债权人，可以请求排除强制执行。司法解释起草者则创造性地将上述债权人的民事权益定性为物权期待权，该术语及理念进而为部分司法工作者所接受，甚至将物权期待权适用范围扩展至其他领域，大有泛化迹象。本案一审法官即明确使用了物权期待权概念，认为房屋出卖人的行为侵害了买受人的物权期待权。实际上，这种审判思路对于司法解释及本案诉争涉及的法律存在一定认识误区，本案房屋买受人享有的并非物权期待权，而是债权。

所谓物权期待权系期待权的下位概念，而期待权则是与完整权相对应的学理概念。法理上，对于要件已经完全具备的权利，称之为完整权或既得权，而权利要件尚不完全具备，对于应受法律保护的取得完整权利之期待，则称之为期待权。期待权是一种未成型的权利，而绝不是涉及期待利益的权利，更不是单纯的事实期待。一般认为，附停止条件的法律行为，在条件成就与否未定期间，法律行为拟创设的权利尚未发生，但当事人已经享有期待权；所有权保留买卖中，买受人在价款支付完毕前也享有期待权。期待权的本质是权利要件尚不完备，债权显然不具备该特征，其属于完整权而不是期待权，债权的权利要件已经完全具备，权利已经实际存在，只是行使期限可能尚未届至而已。在债权履行期限届满前，虽然债权人享有的是对将来利益的取得，但该利益的取得是行使债权请求权的结果，而债权在合同成立生效之日起就属于要件完备的权利，不存在债权要件欠缺的事实。[①] 所以在通常的房屋买卖合同中，不动产买受人享有请求对方交付房屋、办理不动产登记手续的债权，并非物权期待权，否则就是将债权的履行宽泛地理解为涉及期待利益的权利，导致法教义学体系的颠覆。因此，司法实践中应准确把握债权、期待权概念及其在法律体系中的准确位置，避免出现"行内人"说"行外话"的现象。

二、出卖人擅自利用房屋的行为构成违约

债之关系必须经由履行始能获得实现，债的关系在成立之后会由于债务之履行或不履行而发生变化，可以随其发展阶段产生各种请求权、抗辩权、形成权等。[②] 该论断深刻地揭示了债务关系的本质及其发展性。合同之债成立生效后，除即时履行完毕的合同外，都有一个履行过程，而在履行过程中可能出现债务人违约或各种情形的瑕疵履行，相对而言债权人即取得不同的请求权，以对抗债务人动态的履行行为。本案房屋买卖合同中，从合同订立至出卖人交付房屋、办理房屋过户登记有长达两年半的时间，在两年多的期限内，房屋建设由施工状态进展至竣工状态，直至具备交付、办理过户条件，在上述建成后、交付前期间，房屋实际由出卖人控制，买受人并不能对房屋施加事实上的管控，其对出卖人享有的只是按照合同约定请求其交付房屋的债权。为了保障买卖合同的正常履行和买受人的预期利益，必须对出卖人于事实和法律上任意处分该房屋的行为课以相应的责任。

房屋买受人的预期利益对应的也是出卖人的注意义务，一般可归纳为三个方面：首先，房屋建成的状态应符合约定，不能出现明显瑕疵、质量问题。房屋买卖合同中，双方对于房屋交付时的状态会作出相应约定，但不可能事无巨

① 杨代雄：《民法总论》，北京大学出版社2022年版，第20页。

② 黄茂荣：《债法总论》（第一册），中国政法大学出版社2003年版，第8页。

细、纤毫无遗，但出卖人应保证房屋质量，所交付房屋符合一般人对房屋的认知，不能出现室内墙体高低不平、出现影响房屋正常使用的构造等。其次，出卖人应对已出售房屋尽到善良管理义务，保障房屋不出现事实上的损坏。比如，在日常生活中应检查门窗是否关闭以避免出现风雨侵蚀室内空间的情况，杜绝他人随意使用或利用房屋等。最后，出卖人不得交付具有权利负担或瑕疵的房屋，即在房屋买卖合同签订后，出卖人不得再对已出售房屋作出法律上的处分，为买受人实现债权设置障碍，如“一房二卖”、在房屋上设定抵押权或者出租房屋等。如出卖人违反上述义务，即构成瑕疵履行直至履行不能，相应发生不同违约程度的后果。本案中，出卖人将房屋作为样板房展示的行为就是一种为自己利益的房屋利用行为，构成违约。

三、出卖人将房屋作为样板房展示的行为已达到合同解除程度

如前所述，房屋出卖人在房屋占有转移之前，应尽到妥善管理义务，不应再对标的物进行超出正常容忍范围的使用，其将房屋作为样板房装修展示、后续拆除重新装修的行为必然会对标的物造成事实上的损害，也会给不同买受人造成主观心理上的损害，其将来交付的房屋已经与合同约定及买受人预期接受的房屋不同，出卖人行为构成违约。但是该种违约行为是否已经达到“致使合同目的不能实现”的程度，买受人是否享有法定解除权则不无疑问。通说认为，合同目的不能实现是合同客观目的不能实现，即标的物本身在事实或法律上已经不具备交付条件，在房屋还具备交付条件的情况下，房屋买卖合同目的是否不能实现，此时的交易目的是否考虑买受人主观因素，则是判断解除权成立与否的关键所在。

有学者认为，合同目的概念本身充满张力和弹性，合同目的在个案中应赋予其客观目的还是主观目的的含义，需要在个案中综合判断。《中华人民共和国民法典》合同编中出现的所有涉及合同目的的法律条文，均可能在特定情形下表达合同主观目的的含义。除将合同目的定位为合同的给付义务内容（客观目的），还需将合同目的定位为合同给付义务之外的利益，即将合同目的纳入合同的交易基础领域，作为合同有意义的前提，这种意义上的合同目的就是成

为合同交易基础的主观目的。[①] 就本案而言，裁判过程中即综合各种因素，充分考量了买受人订立合同的主观目的这一因素，因其主观目的受挫而支持了其合同解除权。

首先，买受人以高额资金购买大面积户型房屋，其改良住房条件的意图明显，由此也决定了买受人对房屋品质的高要求，该事实无论是出卖人还是一般公众都会有较为一致的认知。出卖人将房屋作为样板房展示的行为给买受人造成了房屋已经“折旧”，成为“二手房”的心理感受，在买受人明确要求出卖人停止展示行为后，出卖人仍不予纠正，更进一步侵害了买受人的心理预期，使其丧失对出卖人的信赖。其次，虽然买受人对房屋并不享有所有权，但其已经支付了房屋对价，对于将来可取得的房屋有了明确预期，即其房屋不应区别于其他同户型房屋，既然其他房屋在交付前不存在被装修、展示的事实，那么其房屋也不应该被不特定人参观。在房屋交易市场中，作为样板房的房屋一般是未出售的房屋，而出售样板房时出售价格也会低于相同户型的房屋价格，由此造成了买受人房屋事实上的贬损和心理上的贬损。最后，不管是房屋交易还是其他合同履行行为，双方当事人均应遵守诚实信用原则和公序良俗原则，在具体的合同约束和社会主义核心价值观指引下全面履行合同义务。本案出卖人的行为违背了诚信原则，应当对其行为科以否定性评价，在买受人不同意减价的情况下以解除合同的形式实质性解决纠纷。

编写人：江苏省无锡市中级人民法院　张朴田　卢文兵

---

① 杨锐：《论〈民法典〉中的“不能实现合同目的”》，载《北方法学》2021年第2期。

29

不影响居住使用房屋根本目的的，房屋买卖合同未达到法定解除条件

——王某诉某置业公司商品房预售合同案

【案件基本信息】

1. 裁判书字号

北京市密云区人民法院（2023）京 0118 民初 3449 号民事判决书

2. 案由：商品房预售合同纠纷

3. 当事人

原告：王某

被告：某置业公司

【基本案情】

2022 年 3 月 5 日，王某与某置业公司签订《认购书》及补充协议，购买某小区房屋，预测套内建筑面积 73.2 平方米，单价为 31881.15 元，总房款价为 2333700 元。同日，王某支付定金 5 万元。2022 年 3 月 12 日，出卖人某置业公司与买受人王某签订《预售合同》。《预售合同》附件十一《出卖人关于遮挡或妨碍房屋正常使用情况的说明》（以下简称《情况说明》）对涉案项目整体不利因素、红线内外不利因素进行说明，载明："第一条项目整体不利因素中第一款为本合同中的'遮挡妨碍房屋正常使用情况'不包含该商品房所在项目规划设计所造成的公共设施、市政配套设施的设置和维护所造成的遮挡或妨碍等。第二条和第三条对红线内外不利因素进行告知，其中红线内不利因素第 28 项为本小区设置配电室三处，三处分别位于 9#住宅楼地下一层南侧、13#住宅楼地

下一层北侧、16#住宅楼地下一层南侧、可能会产生一定的噪声和环境秩序影响。该说明另备注：(1) 以上信息收集截至2020年12月。上述不利因素未必包含本期建设范围内外所有信息，如将来发生变化，本公司不再另行通知。(2) 项目在售房屋价格制定过程中，已经充分考虑了《特别提示本期建筑范围内外可能对业主生活产生的不利影响的环境因素》中不利因素的影响。(3)《特别提示本期建设范围内外可能对业主生活产生不利影响的环境因素》相关内容已经在本项目宣传资料中进行特别提示，本公司保留对公示内容修改的权利，敬请留意最新资料。(4) 以上信息，基于经政府批准的规划及设计方案；因规划及设计方案调整而导致信息变化的，以最终政府批准的规划及设计方案为准，甲方不承担责任。"王某在该情况说明上签名捺手印。同日，王某支付购房款309325元。某置业公司提交了《工程设计图》，显示工程名称：某置业公司小区配电室工程，设计阶段施工设计，专业分类1KV电缆、土建，出图日期为2022年5月。

王某称发现涉案房屋前安置涉案电井，于是电话联系以及到现场与"销售人员以及负责人"，双方沟通更换房屋及合同解除事宜未协商一致，王某遂诉至法院。庭审中，某置业公司称涉案房屋已经具备交付条件。涉案小区正在陆续交房。

2023年7月4日，本院进行现场勘查，王某诉称的两个电井位于涉案房屋所在楼栋南侧的公共绿地上，经测量：涉案房屋客厅窗户西沿至电井东沿北延长线平行直线距离是1.11米，窗户西沿至电井北沿东延长线平行直线距离是2.1米。南卧室窗户东沿至电井北延长线平行直线距离是3.15米，窗户东沿至电井北沿西延长线平行直线距离是0.93米。两个电井高度是1.07米。王某要求解除双方签订的《预售合同》并主张解除后的损失。

【案件焦点】

双方签署的《预售合同》是否符合解除的条件。

【法院裁判要旨】

北京市密云区人民法院经审理认为：依法成立的合同，对当事人具有法律约束力。本案中，王某与某置业公司签订的《预售合同》系双方的真实意思表示，且不违反法律、行政法规等强制性规定，应属合法有效，双方均应按约定全面履行各自义务。根据法律规定，当事人行使合同解除权，须以法定或约定事由为依据。本案中，王某主张合同解除事由为某置业公司在双方签署《预售合同》时未告知涉案电井安置构成违约，某置业公司对此不予认可，并要求继续履行合同。根据本院查明事实，某置业公司在双方签署《预售合同》时未约定未告知王某涉案电井安置属于双方约定合同解除事由，且涉案电井系为保障相关楼栋的用电使用，系不可缺少的公共基础设施，涉案电井并未安置于涉案房屋窗户的正前方，没有造成对涉案房屋的遮挡，亦不存在影响王某正常居住使用房屋的情况，加之涉及涉案电井安置的《配电室设计图》于《预售合同》签署后审核通过予以确定，双方签署《预售合同》时某置业公司对电井事宜不存在隐瞒的情形，再加之王某未提供充分有效的证据证明某置业公司在双方签署《预售合同》时存在已知涉案电井安置而未告知的隐瞒情况。双方签署的《预售合同》并未约定应当告知涉案公共设施电井事宜而未告知的情形，据此，某置业公司就履行双方签署的《预售合同》不存在违约行为，故对王某要求解除《预售合同》的诉讼请求，缺乏法律和事实依据，法院不予支持。某置业公司与王某签署的《预售合同》约定定金转为购房款，王某基于解除《预售合同》提出的双倍返还定金及购房款的诉讼请求亦缺乏依据，本院不予支持。

综上所述，北京市密云区人民法院依照《中华人民共和国民法典》第五百零九条、第五百六十二条、第五百六十三条，《中华人民共和国民事诉讼法》第六十七条之规定，判决如下：

驳回原告王某的全部诉讼请求。

判决后，双方当事人均未上诉，本判决现已生效。

【法官后语】

合同的解除包括以下几种形式，约定解除和法定解除、单方解除和协议解除。解除合同的法律规定包括：具体来说，首先是因不可抗力致使不能实现购房合同目的的，买房人有权解除合同。其次是根本违约的行为导致合同目的无法实现。在履行期限届满前，卖房人明确表示或者以自己的行为表明不履行主要债务的，即卖方明确表示将不交付房屋。如果存在卖房人“一房二卖”的情况，除了双方签订合同，还包括卖房人将该房屋出卖给第三人导致买方购房合同目的不能实现的。卖房人故意隐瞒没有取得商品房预售许可证明的事实或者提供虚假的预售许可证明的，导致无法实现变更登记的情况。因房屋主体质量不合格不能交付使用或者交付使用后，房屋主体质量经检验确属不合格，买房人有权解除合同。房屋存在严重质量问题，严重影响正常居住的。交付使用的房屋套内建筑面积或者建筑面积与商品房买卖合同约定面积不符，合同没有约定处理方式或约定的处理方式不明确的，若面积误差比绝对值超出3%，买受人有权解除合同。除上述情形外，过分迟延交付房屋的或者产权过户的，经催告合理期限内仍不能交房或办理产权的，影响合同目的实现的，买房人有权解除合同。近年来，也有存在卖房人隐瞒房屋存在凶案等情形导致合同解除的情形。买房人在行使合同解除权时，要以书面方式通知卖方，合同自通知到达卖方时解除。卖方有异议的，可以请求人民法院（有仲裁协议的为仲裁机构）确认合同解除的效力。合同解除后，尚未履行的，终止履行；已经履行的，根据履行情况和合同的性质，买房人可以要求返还自己已付购房款及利息，并有权要求对方赔偿损失。个别情况下，买房人还可以请求法院判令卖方承担不超过已付购房款一倍的赔偿责任。

在现实生活中，很多购买人以影响视野、采光等原因主张解除购房合同，确实会影响居住的舒适度，可能存在“如果签订合同之前知道会有这些影响，购房人也就不会签订合同购买房屋”的想法，但从签订合同的根本目的、约束合同双方的稳定性等角度考虑，不影响双方签订合同居住使用房屋的根本目的的实现，没有达到根本违约的情况，也就无法达到法定解除合同的条件，但如果存在违约行为，可以主张违约责任。因单方解除合同需要具备严格的法定条件并要遵循一定的程序，不当行使合同解除权买房人可能构成违约。

编写人：北京市密云区人民法院　黄杰

30

买受人死亡是否导致房屋买卖合同终止

——孙甲、孙乙诉某房地产公司房屋买卖合同案

【案件基本信息】

1. 裁判书字号

北京市第二中级人民法院（2023）京 02 民终 10004 号民事判决书

2. 案由：房屋买卖合同纠纷

3. 当事人

原告（反诉被告、上诉人）：孙甲、孙乙

被告（反诉原告、上诉人）：某房地产公司

【基本案情】

陈某与孙甲系夫妻关系，婚生一女孙乙。2021 年 9 月 30 日，陈某与某房地产公司签订了《北京市商品房买卖合同》，约定陈某购买某房地产公司位于大兴区某街道 1002 号房屋（以下简称 1002 号房屋），签订合同当日支付房价款 4544635 元，采用银行按揭贷款方式支付尾款 300 万元。贷款办理过程中，陈某于 2022 年 3 月 30 日突然去世。孙甲、孙乙处理完后事，找到某房地产公司售楼人员，提出因买受人去世无法继续履行房屋买卖合同，要求与公司有关负责人当面协商解决后续事宜未果。

孙甲、孙乙表示孙甲已退休，退休金每月仅有 8000 元，孙乙月工资仅有 2

万余元，无法办理贷款，也无力支付尾款，因陈某去世构成不可抗力，不履行合同不构成违约，要求解除合同。

孙甲、孙乙另提出如下诉讼请求：（1）解除陈某与某房地产公司签署的《北京市商品房买卖合同》。（2）判决某房地产公司退还购房款4544635元及利息，利息从2022年4月1日按照全国银行间同业拆借中心公布的同期贷款市场报价利率标准支付至付清之日。某房地产公司对孙甲、孙乙上述主张均不同意，提起反诉，要求：（1）确认与陈某签订的《北京市商品房买卖合同》于2023年4月7日解除。（2）判令孙甲、孙乙协助某房地产公司办理撤销《北京市商品房买卖合同》网签手续。（3）判令孙甲、孙乙支付违约金1508927元。

【案件焦点】

孙甲、孙乙是否应支付违约金。

【法院裁判要旨】

北京市大兴区人民法院经审理认为：陈某与某房地产公司签订的《北京市商品房买卖合同》系双方的真实意思表示，不具备法律规定的无效情形，属合法有效。双方均应按照前述合同行使权利、履行义务。根据前述合同及附件的相关约定，陈某应于合同签署后30日内支付全部购房款，即应在2021年10月30日前支付全部购房款。陈某未向某房地产公司支付购房款，其行为已构成违约。孙甲、孙乙作为陈某的法定继承人，在其去世后应继续履行前述合同义务。孙甲、孙乙主张因陈某死亡导致涉案合同终止而解除，缺乏法律依据，不予采信，对其要求解除《北京市商品房买卖合同》的诉讼请求，不予支持。陈某生前未及时支付购房款的行为，已构成违约；在陈某去世后，孙甲、孙乙仍未能支付购房款，且不同意继续履行；故某房地产公司要求解除涉案合同并要求孙甲、孙乙协助办理撤销涉案合同网签手续的反诉请求，符合合同约定，予以支持，解除日期为2023年4月7日。合同解除后，尚未履行的，终止履行；已经履行的，根据履行情况和合同性质，当事人可以请求恢复原状或者采取其他补救措施，并有权请求赔偿损失。孙甲、孙乙要求退还购房款，某房地产公司同意退还，故本院不持异议。孙甲、孙乙要求支付购房款利息的诉讼请求，缺乏依据，本院不予支持。某房地产公司要求支付违约金的反诉请求，符合合同约定，本院予以支持；孙甲、孙乙主张违约金数额过高，要求调整，根据本案的具体情况酌定违约金数额为 40 万元。

北京市大兴区人民法院依照《中华人民共和国民法典》第一百一十九条、第五百六十三条、第五百六十五条、第五百六十六条、第五百八十五条之规定，判决如下：

一、确认陈某与某房地产公司签订的《北京市商品房买卖合同》于 2023 年 4 月 7 日解除；

二、于本判决生效后十日内，孙甲、孙乙协助某房地产公司办理解除位于北京市大兴区某街道 1002 号房屋《北京市商品房买卖合同》的联机备案手续；

三、于本判决生效后十日内，某房地产公司退还孙甲、孙乙购房款 4544635 元；

四、于本判决生效后十日内，孙甲、孙乙支付某房地产公司违约金 40 万元；

五、驳回孙甲、孙乙的其他诉讼请求；

六、驳回某房地产公司的其他反诉请求。

孙甲、孙乙不服一审判决，提起上诉。

北京市第二中级人民法院经审理认为：陈某与某房地产公司签订的房屋买卖合同，系双方当事人的真实意思表示，双方均应依约履行。孙甲、孙乙作为陈某的配偶和子女，知晓并参与了购房及贷款的过程。陈某未能于合同签署后 30 日内以贷款形式或其他形式支付全部购房款，其去世后，直至某房地产公司发出催款通知后，孙甲、孙乙亦未支付剩余购房款，并提出解除合同的诉讼请求。据此，一审法院认定陈某、孙甲、孙乙构成违约，并无不当。买卖合同虽由某房地产公司提供，但关于付款的补充协议处均标注了下画线提请注意，现孙甲、孙乙主张相应条款无效，缺乏依据。双方合同系经法院审理后认定解除，孙甲、孙乙主张某房地产公司拖延退款应当支付利息，缺乏依据。

北京市第二中级人民法院依照《中华人民共和国民事诉讼法》第一百七十条第一款第一项之规定，判决如下：

驳回上诉，维持原判。

【法官后语】

关于合同相对方死亡，实践中有三种观点：一是认为根据合同的相对性，当事人死亡，合同效力自然终止；二是认为当事人死亡，不影响合同的效力，继承人未依约履行合同的，构成违约；三是认为当事人去世，构成不可抗力，致使合同目的不能实现，继承人可以要求解除合同，不构成违约。

我国现行法律未对合同一方当事人死亡后合同效力问题作出明确规定。《中华人民共和国民法典》第五百五十七条规定，有下列情形之一的，债权债务终止：(1) 债务已经履行；(2) 债务相互抵销；(3) 债务人依法将标的物提存；(4) 债权人免除债务；(5) 债权债务同归于一人；(6) 法律规定或者当事人约定终止的其他情形。合同解除的，该合同的权利义务关系终止。前述法律并未将当事人死亡作为债权债务终止的必然情形。当一方当事人死亡后，合同是否继续有效，应当区别看待。

首先，从合同的性质考虑，如果属于纯粹财产性质的合同，如买卖和租赁合同，从维护交易便利性和保障交易安全的角度出发，一方当事人死亡的，不应影响合同的效力。当事人去世后，其合同项下的债权债务关系由其继承人继承。在死亡的一方主体为债务人的情形下，则继承人应当在继承遗产的范围内清偿被继承人依法应当履行的到期债务。在死亡一方主体为债权人的情形下，根据《中华人民共和国民法典》第五百七十条的规定，作为合同另一方的债务人应当根据法律规定继续履行到期债务。

其次，如果属于人身依附性的合同，如画一幅画，写一幅字，一方当事人死亡的，合同可以认定为自然终止。根据《中华人民共和国民法典》第五百四十五条之精神，具有人身依附性的合同不得转让。同理，含有人身依附性的合同，其继承人也不能继承该合同的权利和义务。因为该类合同的签订，一般都是基于对对方经验、能力，甚至是人格方面的考量才与之签订的，如果该当事人去世，合同不终止的话，将有违另一方当事人签订合同的真实意愿。

综上，合同一方当事人死亡后合同效力的问题，不能“一刀切”作出终止或者继续有效的判定，应当结合合同属性、死亡主体的合同地位、继受主体的确定情况等多方因素进行考虑，来确定合同是终止，还是继续履行。将当事人去世看成不可抗力的观点，其实质与合同自然终止类似，因赋予了继承人解除合同的权利，导致合同解除时间存在不确定性，笔者不赞同此种观点。

本案中，房屋买卖合同为纯财产性质的合同，陈某去世后，其支付房款的义务应由其继承人孙甲、孙乙在继承财产的范围内承担。陈某在世时未及时支付购房款的行为已经构成违约，孙甲、孙乙在陈某去世后仍拒绝支付购房款的行为亦构成违约，应当向某房地产公司支付违约金。

编写人：北京市大兴区人民法院　祁广燕

31

合同目的无法实现系因双方过错所致，不适用定金罚则

——郭某诉张某房屋买卖合同案

【案件基本信息】

1. 裁判书字号

浙江省青田县人民法院（2023）浙 1121 民初 1799 号民事判决书

2. 案由：房屋买卖合同纠纷

3. 当事人

原告（反诉被告）：郭某

被告（反诉原告）：张某

第三人：某房产中介

【基本案情】

2022年12月左右，张某女儿黄某一联系某房产中介经营者林某，表示将其一处房屋（包括一楼未办理产权登记的储藏室）由某房产中介进行挂售。

2023年1月9日，张某作为甲方，郭某作为乙方，某房产中介作为经纪方，签订了《房屋买卖合同》，三方各持一份。郭某持有的合同中载明："该房屋建筑面积110平方米+一楼30平方米""房屋以保持现状按实际面积及现有的情况出售给乙方，买方或其授权代表已全面了解该房屋之情况，对房屋现状现场观察过、了解过，也对现状充分了解，并且做了大量的市场分析；该房屋售价总金额为162.8万元，签订合同时乙方向甲方支付定金6000元，2023年1月15日再支付购房定金20万元，总定金款20.6万元；2023年3月1日前往不动产登记中心办理过户手续，经不动产登记中心工作人员确认双方手续齐全后，甲方确认乙方可以付款后，乙方将剩余房款142.2万元一次性全部支付给甲方"。

郭某于合同签订当日支付定金6000元，于2023年1月13日支付定金10万元，于2023年1月18日支付定金10万元。2023年2月，经郭某与张某协商后，由黄某在郭某、张某持有的合同第一页下方空白处代为填写：截至2023年3月1日共支付112.8万元，欠房款50万元，付清转户房产证；郭某房产证转户开始接收清算楼下一楼房租。

后因郭某对房屋储藏室面积有异议，与张某发生争议且协商无果，一直未支付剩余款项。2023年6月7日，郭某提起诉讼，以受欺诈为由，请求判决撤销双方于2023年1月9日订立的《房屋买卖合同》，并要求张某双倍返还定金41.2万元及利息；张某亦提起反诉，请求判决解除双方于2023年1月9日订立的《房屋买卖合同》，并要求郭某支付逾期付款违约金8.14万元。

在审理过程中，法院查明：合同签订前，某房产中介经营者林某曾带郭某多次实地看房，但楼下储藏室因出租予案外人，且门已上锁，故两人未能进入储藏室勘查，仅系自门外观察，但两人均进入隔壁的储藏室实地观察；经法院组织双方现场勘验，确认隔壁储藏室套内面积略小于案涉出售的储藏室；法院依法委托技术研究公司进行鉴定，其鉴定意见为：储藏室（套内）的面积为

18.065 平方米，公摊系数近似值为 0.10985。

【案件焦点】

1. 张某未如实告知储藏室面积的行为是否构成欺诈；2. 本案是否适用定金罚则。

【法院裁判要旨】

浙江省丽水市青田县人民法院经审理认为：首先，根据法律规定，一方以欺诈、胁迫的手段或者乘人之危，使对方在违背真实意思的情况下订立的合同，受损害方有权请求人民法院或者仲裁机构变更或者撤销。结合本案案情及《房屋买卖合同》《卖契》等相关材料，可以证明张某在出售房屋时并未如实告知一楼储藏室的实际面积，亦未为郭某实地查勘提供条件。但张某已提供与案涉储藏室相似大小的隔壁储藏室作为参照，郭某亦已多次到该储藏室进行现场查勘，其购买决定主要系基于自身对作为参照的储藏室面积的评估作出。因此，即便郭某确系因不实信息，产生了主观上的错误判断，也不应当据此认定张某的行为构成欺诈。现郭某请求撤销合同，缺乏法律依据，法院不予支持。

其次，关于合同解除日期。合同约定“逾期超过 15 日，甲方有权将乙方已付房款作为违约金予以收取，视乙方自动放弃该房屋的购置权利”。结合合同文义及各方当事人意见，法院认定该处的真实意思系逾期付款超过 15 日合同自动解除。现张某、郭某均认可案涉合同于 2023 年 3 月 16 日解除，法院亦予以确认。

再次，关于是否适用定金罚则。虽然张某的行为不构成欺诈，但并非意味着其可不据实告知储藏室面积，如实告知标的物的真实情况系出卖方应负之义务。即便合同载明的“30 平方米”系张某估算得出，但亦不应超出合理范围。现合同约定的储藏室面积与事实不符且差异巨大，已超出了一般可容忍的误差范围，张某之行为明显有违诚实信用原则，违反了披露真实信息的先合同义务，应承担相应的民事责任。而郭某作为买受人，不应当拒绝支付全部剩余款项，该行为已构成违约，应承担相应的违约责任。合同中约定了定金 20.6 万元，根据法律规定，定金罚则的适用前提为给付定金或收受定金的一方不履行债务或者履行债务不符合约定，致使不能实现合同目的。但本案中，合同目的无法实现的原因系因双方均存在过错所致，不能单纯归咎于一方，故本案不符合定金罚则的适用条件。根据法律规定及原告诉请，在合同解除后，张某应当返还郭某定金及其占用期间的利息。

最后，关于逾期付款违约金。郭某主张约定的违约金过高，应予调整。本院认为，合同约定的违约金明显过高，郭某主张要求进行调整，应予支持。逾期付款违约金的计算应当以逾期付款金额为基数，而非以合同总价款为基数计算；计算标准，需兼顾合同履行情况与当事人主观过错情况，根据诚信原则和公平原则综合予以考量；违约金计算的期间，则根据合同约定及黄某某备注内容（截至 2023 年 3 月 1 日共支付 112.8 万元）予以确定，计算至实际付款之日或合同解除之日止。综合上述情形，本院酌定郭某应承担逾期付款违约金 4500 元。

浙江省丽水市青田县人民法院依照《中华人民共和国民法典》第一百五十八条、第五百六十六条、第五百八十五条、第五百九十二条之规定，判决如下：

一、被告（反诉原告）张某于本判决生效后二十日内返还原告（反诉被告）郭某定金 20.6 万元及利息（利息自 2023 年 6 月 7 日起至款项实际返还之日止按全国银行间同业拆借中心公布的贷款市场报价利率计算）；

二、原告（反诉被告）郭某于本判决生效后二十日内支付被告（反诉原告）张某违约金 4500 元；

三、驳回原告（反诉被告）郭某的其他诉讼请求；

四、驳回被告（反诉原告）张某的其他诉讼请求。

判决后，双方当事人均未上诉，本判决现已生效。

【法官后语】

合同缔约过程中的磋商行为使得当事人之间产生了相互协作、保护、告知等先合同义务，这种义务来源于民事法律中诚实信用的基本原则。《中华人民共和国民法典》第五百条对缔约过失责任进行了规定，对该责任的认定可根据学界的“四要件说”，即一方当事人有过错地违背了因诚实信用原则所产生的先合同义务，另一方当事人的信赖利益受到损害，且违背义务行为与造成的信赖利益损失之间存在因果关系。

关于欺诈行为与缔约过失的区分。司法实践中欺诈通常有两种模式：一是由于相对人或第三人进行诱导或提供虚假情况而产生的错误认识，并基于此错误认识作出一定意思表示；二是相对人在负担信息告知义务的情况下沉默，而使得对方陷入错误认识，并基于此错误作出意思表示。但无论是何种欺诈，其构成都是受欺诈方因欺诈方的行为陷入错误认识并根据该错误作出不利于自身的意思表示，且欺诈方对上述两阶段均有故意，仅在行为模式上表现不同。而缔约过失仅从《中华人民共和国民法典》第五百条第一款、第二款的文义上看，虽然是以故意为归责基础，但第三款兜底条款的存在，揭示了第五百条旨在规范违背诚信原则的行为，承认缔约过失责任不局限于“故意”情形，通说观点认为缔约过失责任在主观要件上包括故意和过失。故欺诈与缔约过失责任二者之间在构成要件上已存在一定的区分。

关于定金罚则条款的适用。所谓定金，是指合同双方当事人约定，为保证合同的履行，由一方预先向另一方给付一定数量的货币或其他代替物。一般认为，定金具有双重属性，一方面，定金是一种重要的债的担保方式，即金钱担保方式；另一方面，定金责任本身也是一种违约责任承担方式，即在一方当事人违约的情形下，对方当事人有权依法主张适用定金罚则。《中华人民共和国民法典》第五百八十八条对定金罚则的适用前提进行了规定，即给付定金或收受定金的一方不履行债务或者履行债务不符合约定，致使不能实现合同目的。《最高人民法院关于适用〈中华人民共和国民法典〉合同编通则若干问题的解释》第六十八条第一款规定：“双方当事人均具有致使不能实现合同目的的违约行为，其中一方请求适用定金罚则的，人民法院不予支持。当事人一方仅有轻微违约，对方具有致使不能实现合同目的的违约行为，轻微违约方主张适用定金罚则，对方以轻微违约方也构成违约为由抗辩的，人民法院对该抗辩不予支持。”由此可见，在双方均构成根本违约的情形下，任何一方当事人均不得主张适用定金罚则；在一方构成根本违约，另一方轻微违约的情形下，轻微违约的一方仍有权主张适用定金罚则。当然，在双方构成根本违约的情形下，只是排除了定金罚则的适用，并不因此否认定金合同的效力，在合同解除后，交付定金的一方有权主张收回定金。

值得一提的是，本案审理时《最高人民法院关于适用〈中华人民共和国民法典〉合同编通则若干问题的解释》尚未出台，彼时法律仅对一方根本违约不适用定金罚则作出规定，本案的审理思路是基于对立法本意的理解，准确适用了法律，其审理理念与后出台的《最高人民法院关于适用〈中华人民共和国民法典〉合同编通则若干问题的解释》精神高度一致，亦为同类型的裁判作出了一个良好示范。

编写人：浙江省丽水市青田县人民法院　朱映羲　赖骏

32

房屋买卖连续“以物抵债”后，首次“以物抵债”的债务人能否主张返还标的物

——从某诉关某、戴某房屋买卖合同案

【案件基本信息】

1. 裁判书字号

吉林省延边林区中级法院（2023）吉75民终17号民事判决书

2. 案由：房屋买卖合同纠纷

3. 当事人

原告（上诉人）：从某

被告（被上诉人）：关某、戴某

第三人：某房地产公司

【基本案情】

2017 年 1 月 15 日，关某与某房地产公司签订《住宅买卖协议》，约定某房地产公司将某房屋 E 座以 1845960 元的价格出售给关某，房款支付方式为一次性付清，房款由某房地产公司“欠李某建筑款中扣除”，实际施工人李某在该协议上签名，表示“同意以上要求”。2017 年 1 月 16 日，关某与李某签订《房屋顶账协议书》，约定：“李某于 2017 年 1 月 15 日将其以抵账方式取得的别墅 E 座的商品房买卖合同中买受人的权利转让给关某，自李某协助关某将买受人更名到关某或其指定的人名下之日，双方之间的 1845960 元的债权债务关系即为消灭。”此后，某房地产公司多次以同样的文本及方式向李某抵顶工程款。嗣后，某房地产公司将案涉房屋钥匙交给关某。2019 年 5 月 10 日，丛某与关某签订了《房屋买卖合同》，约定由丛某购买案涉房屋，关某应保证该房屋没有担保抵押、抵债、没有权属纠纷，保证该房屋不受其他人合法追索，房屋价款为 190 万元，在房屋办理过户登记前，因关某的原因导致房屋被查封、拍卖、设置权利负担等情况，关某应向丛某承担房屋总价款的双倍违约金，造成丛某损失的还应当赔偿。2019 年 5 月 11 日，关某与丛某一同到某房地产公司办理更名手续，丛某向某房地产公司支付 3000 元更名费及住宅维修基金、垃圾清理费、物业费等各项费用，关某将房屋钥匙交付给丛某。2019 年 5 月 11 日至 13 日，丛某向关某及其妻子戴某支付 190 万元。2019 年 5 月 30 日，丛某与某房地产公司签订了《商品房买卖合同（预售）》，约定丛某于 2019 年 5 月 30 日前一次性付款。之后，某房地产公司将案涉房屋备案到丛某名下。丛某取得钥匙后，对房屋进行了装修，并正常交纳使用房屋产生的各项费用。2021 年 3 月 18 日，某房地产公司向丛某发出《收回房屋通知》，称因未收到购房款项，决定收回案涉房屋，要求丛某 10 日内恢复房屋原状，交回房屋。2023 年 3 月 14 日，某房地产公司将案涉房屋登记到自己名下。

【案件焦点】

关某与丛某签订的《房屋买卖合同》是否应予解除，如予解除，丛某请求返还房款并赔偿经济损失的诉讼请求应否支持。

【法院裁判要旨】

吉林省汪清林区基层法院经审理认为：依据《中华人民共和国民法典》第五百四十五条第一款“债权人可以将债权的全部或者部分转让给第三人，但是有下列情形之一的除外：（一）根据债权性质不得转让；（二）按照当事人约定不得转让；（三）依照法律规定不得转让”、第五百六十二条第一款“当事人协商一致，可以解除合同”和第五百六十三条第一款“有下列情形之一的，当事人可以解除合同：（一）因不可抗力致使不能实现合同目的；（二）在履行期限届满前，当事人一方明确表示或者以自己的行为表明不履行主要债务；（三）当事人一方迟延履行主要债务，经催告后在合理期限内仍未履行；（四）当事人一方迟延履行债务或者有其他违约行为致使不能实现合同目的；（五）法律规定的其他情形”之规定。从某诉求解除与关某的《房屋买卖合同》，并由关某返还购房款、承担各项经济损失的主张，事实不清，证据不足，法院不予支持。

综上，吉林省汪清林区人民法院依据《中华人民共和国民法典》第一百一十九条、第五百四十五条、第五百五十六条、第五百六十二条、第五百六十三条，《中华人民共和国民事诉讼法》第六十七条之规定，判决如下：

驳回从某的各项诉讼请求。

从某不服一审判决，提起上诉。

吉林省延边林区中级法院经审理认为：本案的争议焦点为关某与从某签订的《房屋买卖合同》是否应予解除，如予解除，从某请求返还房款并赔偿经济损失的诉讼请求应否支持。围绕争议焦点论述如下：

一、关于关某与某房地产公司、李某签订的《住宅买卖协议》

该协议系三方当事人的真实意思表示，不违反法律法规的强制性规定，合法有效。协议约定房款一次性付清，由“某房地产公司欠李某建筑款中扣除”，从该约定可知，某房地产公司认可在协议签订时存在欠付李某工程款的事实。某房地产公司在协议上盖章，表示其同意将李某对其享有的工程款债权转为商品房买卖合同中买受人权利，并同意李某将房屋买受人的权利转让给关某，是对权利转让事宜的知悉与确认，该权利转让已生效。协议签订后，某房地产公司向关某交付房屋钥匙，并协助关某将案涉房屋买受人更名到丛某名下，某房地产公司对该协议的履行进一步表明其对该协议内容是认可的。某房地产公司主张，其与李某约定房屋顶账后依据工程款结算情况多退少补，因李某工程款数额不足而未与李某就案涉房屋形成最终的抵顶协议，其在与丛某签订合同前已与关某解除了《住宅买卖协议》。法院认为，《住宅买卖协议》中未约定该房屋的抵顶需以李某工程款结算后多退少补为前提，相反，某房地产公司在签订《住宅买卖协议》后向关某交付房屋并协助关某将房屋更名到丛某名下并收取更名费，这一系列行为与某房地产公司的以上主张相互矛盾。《住宅买卖协议》系某房地产公司以房屋抵顶工程款使用的格式文本，案涉《住宅买卖协议》签订后，某房地产公司多次以此种方式抵顶李某的工程款，其中包括关某代为收款的部分车库，加之某房地产公司的一系列行为，关某有理由相信案涉房屋已完成抵顶。综上，某房地产公司的主张不成立。

二、关于关某与丛某签订的《房屋买卖合同》

该合同系双方当事人的真实意思表示，不违反法律法规的强制性规定，合法有效。丛某主张，因关某未向某房地产公司支付房款导致某房地产公司收回房屋，关某未能履行出卖人义务，《房屋买卖合同》的合同目的不能实现，应予解除。法院认为，从丛某向某房地产公司交纳更名费、与某房地产公司重新签订合同、等待由某房地产公司办理不动产登记证的行为可知，双方签订的《房屋买卖合同》实质上是债权债务概括转让协议，即关某将案涉房屋买受人享有的权利义务转让给丛某。现关某已协助丛某与某房地产公司签订《商品房买卖合同（预售）》，某房地产公司亦向丛某收取了更名费及各项费用，并将房屋备案到丛某名下，现案涉房屋已具备办理产权登记的条件，丛某取得房屋使用权后对房屋进行了装修。综上，关某已履行合同义务，丛某要求解除与关某签订的《房屋买卖合同》，没有事实和法律依据，亦不利于维护交易秩序的稳定性，法院无法予以支持。

三、关于丛某提出的个别证据未予质证的主张，查无实证，不予支持

关于丛某提出的部分一审认定事实依据不足的问题，鉴于本院已重新认定事实，不再一一论述。关于丛某提交的类案查询报告，与本案争议焦点不具有类案属性，不作评判。

吉林省延边林区中级法院依照《最高人民法院关于适用〈中华人民共和国民事诉讼法〉的解释》第三百三十二条、《中华人民共和国民事诉讼法》第一百七十七条第一款第一项之规定，判决如下：

驳回上诉，维持原判。

【法官后语】

在房屋买卖中存在连续"以物抵债"情形下，对于首次"以物抵债"债务人是否享有合同解除权以及能否主张返还标的物的问题。应当重点分析连续"以物抵债"协议的效力及性质、债务人主张返还标的物的权利基础以及债权受让人是否善意等因素，具体可从以下三个方面进行考量。

第一，受让"以物抵债"标的物的债权人将协议项下的权利再次抵给他人用以清偿债务的行为，在未办理不动产登记的情况下，其性质应属债权转让。对再次"以物抵债"的效力认定，应依据债权转让的法律规定，即债权人转让权利是否通知债务人，来判断债权转让对债务人是否发生效力。

第二，在明确再次"以物抵债"性质属于债权转让后，首次"以物抵债"债务人主张解除合同、返还标的物的权利基础为其基于债权转让而产生的抗辩权。在保证债权转让中债权同一性的前提下，首次"以物抵债"债务人的抗辩权应从债权让与人延续至受让人，其抗辩权包括解除权的行使，债务人接到转让通知后，可能会因为让与人根本违约等原因享有法定解除权或约定解除权。此时，如果债权没有被转让，债务人自然可以对让与人行使解除权，在债权被转让后，为了保护债务人的利益不受影响，债务人同样可以行使该解除权。合同解除后，债务人可以对受让人主张由此所产生的抗辩。

第三，应对"以物抵债"受让人是否善意加以区分。是否善意应采取不知情且无重大过错的基本规则。应当要求受让人对标的物的来源、状态不知情，

把受让人是否已知或应知作为认定因素，且在这一过程中受让人应已尽到合理的注意义务，不存在重大过错。具体到本案中，首次“以物抵债”为李某与某房地产公司之间达成的以房抵顶工程款协议，第二次“以物抵债”是李某将其从某房地产公司取得的房屋买受人权利转让给关某抵顶双方之间的借款，第三次“以物抵债”为关某将案涉房屋的买受人权利转让给丛某。某房地产公司虽主张李某的工程款已超付，房屋未实际抵顶，但未提供相关的证据予以证明，故其对李某的抗辩不成立，不享有首次“以物抵债”合同解除权，故无法主张返还标的物。在建设工程施工领域，建设单位因资金周转困难而采取以所建房屋抵偿工程款的现象较为普遍。施工方为盘活资金通常会将顶账房进行转售变现，从而形成“以物抵债”和房屋转售的连续交易链条。然而，此类交易往往因建设单位拒绝协助最终买受人办理房屋产权过户登记而引发纠纷。此类案件集中反映了债权转让、物权流转、合同履行等多重法律关系交织的典型特征，具有司法实践中常见的疑难争议焦点。本案例通过深入分析连续“以物抵债”的交易性质，准确界定了建设单位享有合同解除权的权利边界，为处理此类纠纷提供了具有示范性指引的裁判思路，具有一定的参考价值。

编写人：吉林省延边林区中级人民法院　刘冬　卢珊

33

出卖人改变房屋布局可成为解除房屋买卖合同的理由

——左某诉吴某、钟某房屋买卖合同案

【案件基本信息】

1. 裁判书字号

浙江省金华市中级人民法院（2023）浙 07 民终 1156 号民事判决书

2. 案由：房屋买卖合同纠纷

3. 当事人

原告（上诉人）：左某

被告（被上诉人）：吴某、钟某

第三人（被上诉人）：王某

【基本案情】

2022年2月11日，吴某、钟某将涉案房屋出售给邵某（王某妻子），双方未办理房屋过户登记手续。王某对房屋进行装修，装修过程中改变原先布局，将厨房房间装修成卧室，阳台改造成厨房。装修完成后，王某、邵某以吴某、钟某的名义将房屋出售。左某经中介公司介绍，对涉案房屋进行了现场查看，在案涉争议《房地产买卖合同》签订前，左某与促成案涉房产交易的中介的微信聊天记录中表示“要大套的，复式也可以，最少要有4个卧室的”。2022年6月12日，王某作为吴某、钟某的委托代理人与左某签订了《房地产买卖合同》，合同约定随房屋转让的设备及装饰以现状为准。左某向王某支付购房款后，王某将装修改造（靠近餐厅的北阳台改为厨房，原厨房改为卧室）完成后的涉案房屋交付给左某占有、管理、使用。吴某、钟某与左某之间的房屋买卖事宜均委托王某办理，对于涉案房屋出售事项均由王某与左某协商确定，购房款亦由王某收取。2022年7月2日，左某向某燃气公司申请开通燃气，某燃气公司上门检查后出具了一份《居民用户室内燃气设施安全检查告知单及隐患整改通知书》，载明：贵户将房屋改变格局，现厨房改为卧室，存在严重的安全隐患，该卧室不宜居住，请立即整改。2023年4月19日，住房和城乡建设局向左某发送了《责令（限期）改正告知书》，认为案涉房屋将北面阳台改为厨房违反了《住宅室内装饰装修管理办法》的有关规定，限于2023年4月26日24时前将阳台恢复原样。案涉住宅属于高度大于27米的住宅，无法使用钢瓶液化气供气。

左某认为，吴某、钟某、王某为牟取利益，违规更改房屋结构，将两室两厅的房屋装修成三室两厅出售给左某，造成买受人无煤气可用，也无法安全居住，致使左某的合同目的已无法实现。故诉至法院，请求判决解除合同并要求吴某、钟某、王某返还购房款、支付各项损失等共计 2366759.95 元。

【案件焦点】

1. 案涉《房地产买卖合同》是否符合法定解除的条件；2. 左某的其他诉讼请求能否得到支持。

【法院裁判要旨】

浙江省武义县人民法院经审理认为：左某与吴某、钟某之间签订的《房地产买卖合同》系双方的真实意思表示，且不违反法律、行政法规的强制性规定，应认定合法有效。合同签订后，双方各自依约履行了合同义务，办理了房屋过户登记手续，左某已实际占有、管理、使用房屋，合同已履行完毕。合同约定随房屋同时转让的设备及装饰情况以现状为准，左某作为完全民事行为能力人，在购房前查看涉案房屋后，再签订《房地产买卖合同》应视为其对涉案房屋的现状予以认可，涉案房屋符合其购买要求。且王某将涉案房屋两室装修成三室，改变房屋布局的行为并未造成房屋质量产生问题，严重影响正常居住使用。故法院对左某诉称无法实现合同目的的主张不予采信，对要求解除《房地产买卖合同》的诉请，不予支持。另外，购房款、资金占用损失费、贷款利息、契税、中介佣金、不动产登记费系左某为购买房屋所应支出的合理费用，水池安装费、晾衣架、空调安装费、搬家费系左某为改善居住条件而支出的合理费用，其诉请吴某、钟某、王某支付上述款项，无事实和法律依据，亦不予支持。

浙江省武义县人民法院依照《中华人民共和国民事诉讼法》第六十七条之规定，判决如下：

驳回左某的诉讼请求。

左某不服一审判决，提起上诉。

浙江省金华市中级人民法院经审理认为：王某装修改造完成后的涉案房屋由两室两厅变为三室两厅，表面上改善了房屋结构和使用功能，但改造的前提必须合法，且改造后的房屋不存在严重安全隐患。本案从查明的事实来看，有关部门认定现厨房改为卧室，存在严重的安全隐患，该卧室不宜居住，需立即整改；且根据《住宅室内装饰装修管理办法》第五条第一款的规定，住宅室内装饰装修活动，禁止下列行为：……将没有防水要求的房间或者阳台改为卫生间、厨房间……案涉原北阳台开发商没有防水设计，将其改为厨房违反了前述禁止性规定。而供气是现代城市居民基本生活需求，从现有证据来看，无法通过进一步改造的方式实现北阳台即现厨房供气。而如果恢复至改造前的状态，左某则无法实现购房时三室两厅改善居住的合同目的。因此，对左某主张解除案涉《房地产买卖合同》的请求应予支持。合同解除后，已经履行的，根据履行情况和合同性质，当事人可以请求恢复原状，并有权请求赔偿损失。案涉《房地产买卖合同》虽以吴某、钟某作为出卖方，王某作为出卖方的代理人，但王某系案涉合同的实际缔约人，也是合同权利的享有者，义务的履行者（除协助过户外）；且案涉房屋亦系由王某交付给左某，购房款亦由王某实际收取，因此购房款应由王某返还给左某，案涉房屋亦应由左某腾空返还给王某。左某要求吴某、钟某共同返还购房款依据不足，不予支持。关于损失赔偿问题，左某在签订合同前曾多次查看房屋，对房屋的结构状况理应进行充分了解，但其未能审慎考虑房屋结构改造可能造成的不利后果及对其使用房屋的影响，对合同的解除存有一定的过错。而王某作为实际出卖人，未经审批改造房屋结构，且无证据证明已明确告知左某改造可能带来的不利后果，也存在过错。合同解除对双方均造成一定的损失，结合双方的过错程度，综合考虑中介费用支付、过户税费的负担、办理按揭及资金占用的利息损失，以及左某占有、使用案涉房屋，目前房屋市场价值下跌等因素，对左某要求返还购房款230万元的请求予以支持，对其要求王某等人赔偿利息、税费、中介佣金等损失不予支持。

浙江省金华市中级人民法院依照《中华人民共和国民法典》第五百六十三条第一款第五项、第五百六十六条、第五百九十二条，《中华人民共和国民事诉讼法》第一百七十七条第一款第二项之规定，判决如下：

一、撤销浙江省武义县人民法院（2022）浙0723民初2356号民事判决；

二、解除王某以吴某、钟某委托代理人名义与左某签订的《房地产买卖合同》；

三、王某于本判决生效之日起三十日内返还左某购房款230万元；

四、左某于王某返还购房款之日起十日内将案涉房屋腾空返还王某；

五、左某于王某返还购房款之日起十日内协助将案涉房屋过户给吴某、钟某；

六、驳回左某的其他诉讼请求。

【法官后语】

这是一起典型的房屋买卖合同纠纷案件，涉及房屋改造后的安全隐患、合同解除及损失赔偿等问题。

首先，房屋作为居民生活的基本要素，其安全性直接关系到人民群众的生命财产安全。本案中，由于王某擅自更改房屋布局，导致无法供气，且存在安全隐患，严重影响居住和使用，左某的购房目的无法实现，因此，其解除合同的请求得到了支持。

其次，合同的履行应当遵守诚实信用原则。卖方在房屋交易中应当保证房屋的合法性和安全性，不得隐瞒房屋的真实情况。王某未经审批擅自改造房屋结构，且未明确告知买房可能带来的后果，违背了诚实信用原则，应当承担相应的法律责任。

再次，损失赔偿问题应当根据双方的过错程度合理确定。左某在签订合同前未能充分了解房屋情况，存在一定过错；王某未经审批改造房屋，也存在过错。双方均有过错的，应当根据各自的过错程度分担损失，故法院对左某要求返还购房款的请求予以支持，对其要求赔偿利息、税费、中介佣金等损失不予支持。

最后，本案也提醒所有房屋买卖双方，房屋作为大额价值财产，交易涉及重大财产权益，双方均应当审慎交易，严格遵守法律法规，诚实信用地履行合同义务。出卖方应诚信、全面披露房屋相关重要信息，买方也应充分了解房屋状况，避免仓促交易，产生不必要的争议。法院在审理此类案件时，应当充分考虑房屋的特殊性，依法保护当事人的合法权益，维护房地产市场的健康发展。

除此之外，擅自改变房屋结构，可能被相关利益主体（如邻居等）主张停止侵害、排除妨害、消除危险，若因此造成利益相关主体遭受损失的，责任人还应当全额赔偿因擅自改变房屋结构所造成的损失。

编写人：浙江省武义县人民法院　潘饶赟　金磊　刘昕

（三）合同的履行

34

共有权人对房屋出售事实应当知情的，即使未在房屋销售合同上签字，也不得以不同意或不知情拒绝合同履行

——李某诉董甲等房屋买卖合同案

【案件基本信息】

1. 裁判书字号

北京市第三中级人民法院（2023）京 03 民终 6491 号民事判决书

2. 案由：房屋买卖合同纠纷

3. 当事人

原告（被上诉人）：李某

被告（上诉人）：董甲、孙某、董乙

【基本案情】

董甲与孙某原系夫妻关系，于 1979 年登记结婚，1980 年二人的女儿董乙

出生，2010 年二人通过诉讼离婚，离婚时未分割共同财产。

1998 年 11 月 20 日，董甲、董乙作为被拆迁人分得北京市某小区同一栋楼 403 号、503 号两套安置房，孙某代表董甲、董乙在《北京市居民房屋拆迁安置补助协议书》《北京市房屋拆迁各项补偿补助费领款凭证》上签字和领取补助，拆迁时两套房为公租房性质，董甲、孙某分别就两套房与物业管理中心签订《北京市公有住宅租赁合同》。

李某与董甲一家为朋友关系，李某 1999 年左右搬入 503 号房屋（以下简称涉案房屋）并居住至今，董甲、董乙、孙某 1999 年至 2003 年居住于 403 室。

2006 年，孙某作为甲方（卖方）与李某作为乙方（买方）订立《房屋买卖合同》一份，其中孙某的名字后面以括号备注“老董的爱人”，合同尾部甲方处由孙某签字。合同约定：甲方以 20 万元的价格向乙方出售涉案房屋，乙方已全额付清房款并入住；甲方应在取得该房屋法律认可文件产权证书时即与乙方办理正式房屋过户手续。2006 年，孙某与李某订立《补充协议》，再次确认涉案房屋所有权于 1999 年 1 月 28 日出售给李某并于该房内居住，李某已实际交付购房款 20 万元，卖方保证房屋产权等相应法律文件齐备后，即与买方办理产权转让手续。庭审中，李某称三被告一家一直都是孙某负责对接家庭外部相关事宜，其将 20 万元房款以现金、支票形式陆续支付给了孙某，其与孙某签署《房屋买卖合同》时三被告均在场，因为考虑到与孙某的朋友关系以及与被告一家长期上下楼居住的信任关系，未坚持让董甲和董乙一同签名。

2015 年，法院判决李某与孙某就涉案房屋签订的《房屋买卖合同》及《补充协议》有效，该判决经上诉后，二审维持原判。2020 年，董甲为涉案房屋办理了不动产登记手续，登记在董甲个人名下。

故李某提起本案诉讼，要求判令董甲、孙某、董乙继续履行《房屋买卖合同》，协助李某办理涉案房屋的所有权变更手续，将涉案房屋的所有权变更至李某名下；判令董甲、孙某、董乙承担办理过户的一切费用，包括但不限于土地出让金、综合地价款等税款。孙某以《房屋买卖合同》非其本人签署，李某仅支付了 17.5 万元且性质为租金等理由抗辩。董甲、董乙以对《房屋买卖合同》签署不知情、不同意为由抗辩。

本案审理过程中，董乙将董甲、孙某诉至法院，请求对涉案房屋分家析产，且未告知法官涉案房屋有在审案件情况。法院出具民事调解书，确认涉案房屋由董乙与董甲按份共有。李某得知调解情况后，就调解书提起第三人撤销之诉。

【案件焦点】

孙某出售房屋是否为有权代理。

【法院裁判要旨】

北京市朝阳区人民法院经审理认为：依法成立的合同，对当事人具有法律约束力。既有生效判决已经确认李某与孙某就涉案房屋签订的《房屋买卖合同》及《补充协议》有效。当事人应当按照约定全面履行自己的义务。

各方就董甲、董乙是否清楚孙某将房屋出售给李某存在争议。首先，《房屋买卖合同》订立时董甲与孙某尚在夫妻关系存续期间。庭审中，董甲、董乙认可家庭支出和管账均由孙某负责，涉案房屋的拆迁安置补助协议及补偿款均由孙某代表董甲、董乙签字办理。故孙某代表其他家庭成员订立房屋买卖合同符合其家庭对外处理事务的一贯做法。其次，董甲、董乙作为家庭成员对家庭共同财产亦有管理之责。涉案房屋自1999年起即交付给李某居住，1999年至2003年两家还处于上下楼邻里关系，董甲、董乙作为家庭成员应当清楚孙某将涉案房屋这一重大财产出卖并交付给李某的事实。另外，《房屋买卖合同》及《补充协议》多次确认房屋的购买价款为20万元，且已经支付给了孙某。考虑到李某支付款项期间的房屋出售价格及租赁价格，李某支付的20万元与当时房屋市价相当。孙某只收取了17.5万元、款项性质为租金的说法与合同约定不符、与当时市场价格和交易习惯不符，故法院对孙某的说法不予采信。孙某认可将所收房款部分用于家庭日常生活，因此，董甲、董乙作为家庭成员已从涉案房屋的处置中实际受益。故董甲、董乙应当对孙某将涉案房屋出卖给李某的事实知情且同意。涉案房屋已经符合《房屋买卖合同》及《补充协议》约定的办理过户手续条件。李某请求孙某、董甲、董乙继续履行合同，协助办理涉案房屋过户登记手续并承担相关费用的请求，符合合同约定。

综上，北京市朝阳区人民法院依照《中华人民共和国合同法》第六条、第八条、第六十条之规定，判决如下：

被告董甲、孙某、董乙于判决生效之日起十日内协助原告李某将503号房屋的所有权转移登记至原告李某名下，办理转移登记所需费用由被告董甲、董乙、孙某负担。

董甲、董乙、孙某不服一审判决，提起上诉。

北京市第三中级人民法院经审理认为：一审判决认定事实清楚、适用法律正确，依照《中华人民共和国民事诉讼法》第一百七十七条第一款第一项之规定，判决如下：

驳回上诉，维持原判。

【法官后语】

房价波动下，房屋买卖易出现毁约行为，一方以种种理由破坏合同履行。本案中，因涉案房屋买卖协议签约时间较为久远，当事人法律意识尚不充分，且签约时当事人以朋友关系、邻里关系作为信任基础，故所签买卖合同仅有卖方妻子作为代理人签字，形式上存在欠缺。买卖双方围绕涉案房屋，引发了多起诉讼，卖方否认签署协议事实，并通过离婚诉讼、调解确权等方式恶意阻却已售房屋产权变更，在卖方反悔导致的房屋买卖合同纠纷中颇为典型。

《最高人民法院关于适用〈中华人民共和国婚姻法〉若干问题的解释（一）》（已失效）第十七条及《中华人民共和国民法典》第一千零六十条规定了家事代理权。严格意义上的有权代理，代理人需具有委托人书面或口头的委托授权，代理人在授权范围内从事的行为才能对委托人发生效力。日常家事代理是指夫妻共同生活及家庭共同生活、日常经常发生的各种事项，任何一方都有权代理他方，无须明示委托，都可以自己的名义、对方的名义或者是双方名义为之，不需要特别的委托和授权。婚姻家庭的立法理念强调的是人格独立下的团体主义，家事代理权的立法理念是给家庭生活提供便利。由于每个家庭经济条件、生活方式差别较大，法官需要根据当时、当地的生活水平、该家庭具体生活状况来判断所代理是否为家庭共同生活所需事务，保障夫妻之间被代理一方对共同财产的知情权和同意权及债权人利益。

本案中，涉案房屋系被告董甲一家拆迁所得房屋，董甲时任妻子孙某以董甲代理人的身份与原告李某签订了房屋买卖合同。房产系家庭重大财产，应当由全部共有权人达成一致的意思表示。因此，本案中需要重点判断家庭成员对出售房屋一事是否知情且同意，孙某签字是否代表了其他家庭成员的共同意志。

本案结合以下几个方面予以判断：

一、家庭成员对外处理事务习惯

在日常生活中，夫妻需要处理的家庭事务很多，参与社会经济生活非常频繁。这些民事法律行为由夫妻共同处理当然更能充分体现其共同意愿，但如果要求所有民事法律行为都必须由夫妻双方共同实施，必然会加大婚姻生活成本，加大社会经济活动成本。因此在家庭生活中，常常由夫妻一方代表家庭处理日常生活事务。根据已查明事实，孙某系家庭“主事人”并长期管理家庭财务，涉案房屋拆迁安置这一重大家庭财产事宜亦由孙某代理董甲签字办理，可见其他家庭成员关系紧密且对孙某具有充分的信赖，同意孙某代表其他成员对外处理家庭事务。因此，孙某对外签订房屋买卖协议，与其代表家庭对外处理事务的习惯相符，合同相对方李某亦有理由相信孙某有权代理其他家庭成员。

二、涉案房屋交付占有情况

债权与物权的区分是大陆民法体系基础。虽然不动产登记才产生物权变动效力，但是否登记不影响房屋买卖合同效力。本案中，房屋买卖合同真实有效，房屋因客观原因在交易时尚无法办理房屋登记手续，卖房人以交付占有的方式履行合同义务，买房人对房屋系合法占有。1999年涉案房屋即交付给李某，李某在其中居住达二十余年，对外应具有占有公示效力，使得其取得了“类似所有权的权利”。1999年至2003年，李某与董甲两家还处于上下楼邻里关系。家庭成员对家庭财产亦有管理职责，董甲、董乙面对李某长期占有使用房屋的情况未提出异议，而在诉讼中主张对交易事实不知情，明显与常理不符。

三、家庭成员受益情况

按照权利与义务对等原则，家庭成员以个人名义所负债务，其收益用于家庭共同生活的，应该作为家庭共同债务。家庭共同债务的主体，不限于夫妻双方，也可以是家庭全体成员。本案中，孙某贡献家庭主要收入来源，其本人亦认可将售房款部分用于家庭日常生活，故董甲、董乙作为家庭成员，已从房屋出售事实中受益，董甲、董乙不应再以不知情为由拒绝履行合同。

四、房屋交易应秉承诚实信用原则

协议订立后，案涉房屋价值有巨幅增长，市场价格远超1999年的售价20万元，在此情形下易发生卖方毁约情形。本案中，原、被告围绕涉案房屋产生了一系列纠纷，被告董甲违反协议约定擅自将房屋登记在自己名下，甚至以提起分家析产诉讼、调解放弃孙某份额等方式，阻却原告李某成为房屋所有权人。董甲一家的行为明显违背了诚实信用原则，对其所称不知情的抗辩意见不应予以采信。

编写人：北京市朝阳区人民法院　刘奇琦

35

应优先选择交付车位而非赔偿货币的方式来保障业主的车位使用权

——黄某、张某诉朱某房屋买卖合同案

【案件基本信息】

1. 裁判书字号

江苏省无锡市惠山区人民法院（2023）苏0206民初2806号民事判决书

2. 案由：房屋买卖合同纠纷

3. 当事人

原告：黄某、张某

被告：朱某

【基本案情】

朱某系某小区房屋原业主。2022年10月，朱某通过中介公司将房屋出售给黄某、张某。双方签订合同约定房屋成交价为220万元，下列设施及物品包含在上述房屋总价内，该房屋固定装修不得拆除，房屋交接时必须保持现状：毛坯（含使用权车位一个）。黄某、张某按约支付房款后，中介公司组织双方交接房屋，中介公司工作人员通过微信提醒朱某携带车位相关材料。房屋交接当天，黄某、张某因朱某逾期交付房屋要求朱某承担违约金，朱某认为自己不存在违约情形且不同意交付车位。黄某、张某遂诉至法院，要求朱某退还车位款9万元、支付逾期交房违约金7万余元及律师费1万元。审理中，黄某、张某将退还车位款的诉讼请求变更为要求朱某交付车位。

另查明，朱某享有使用权的车位为某小区一期地下车位A052。朱某称其未就该车位与地产公司签订合同，是直接按照地产公司确定的价格支付。地产公司于2016年7月向朱某开具金额为5.6万元的上述车位的增值税发票。

审理中，法院向中介公司调取了双方的签约视频。视频显示，中介公司工作人员及买卖双方均在签约室内。中介公司员工一边询问双方一边填写合同信息。中介公司工作人员问房子里有无装修，朱某答复没有；工作人员问车位合同带了吗，朱某答复没带；工作人员称车位处写上啊，车位编号知道吗，朱某答复忘了，门边第一个。朱某表示签订合同时，其并未注意合同上手写的“毛坯（含使用权车位一个）”的字样，其和黄某、张某并未达成交付车位的合意。即使合同载明了使用权车位一个，但是并未注明车位编号，也不代表车位系免费赠与黄某及张某，车位转让是有对价的。朱某称案涉小区的车位并非随房流转，其当时也是另外支付款项购买的车位，其可以另行将车位出售。朱某明确案涉车位目前尚未对外出售或出租，其不认可黄某、张某主张的车位价值9万元。

本院至物业公司调查得知，案涉车位并非人防车位。小区老业主如转让车位使用权的，一般由老业主将其与地产公司签订的《车位购置协议》、发票交付新业主，新老业主之间会重新签订一份转让协议，新业主凭借上述三份材料至物业公司办理手续。车位价格由新老业主自行协商，成交价格在 5 万元到 10 万元不等。

【案件焦点】

1. 黄某、张某就案涉车位是否享有权益；2. 如有，应以返还价款的方式还是交付车位的方式实现相应权益更为妥当。

【法院裁判要旨】

江苏省无锡市惠山区人民法院经审理认为：黄某、张某和朱某签订的房屋买卖合同，系双方当事人的真实意思表示，不违反法律和行政法规强制性规定，合法有效，双方应按约履行。关于朱某出售的房屋是否包含一个使用权车位：首先，双方签订的房屋转让合同明确载明交付的房屋为毛坯及使用权车位一个；其次，根据中介公司提供的签约视频亦可以显示双方在中介公司签约时，由中介公司员工一边详细询问车位合同、车位编号、车位位置等信息，一边填写房屋转让合同。最后，在房屋交接过程中，中介公司员工亦通过微信提醒朱某在交接房屋时需带好车位转让合同，朱某亦未予以否认。综上，本院认为案涉房屋交易时，朱某对于房屋买卖系附带车位一并交付应是明知的。针对朱某抗辩称车位并非无偿转让，与合同约定毛坯房屋及使用权车位包含在 220 万元总价内相悖，本院不予采信。

案件审理初期，黄某、张某因朱某不同意交付案涉车位，故要求法院判令朱某退还车位款 9 万元。审理中，本院查明案涉车位并非人防车位，朱某亦确认车位既未出售也未出租，案涉房屋小区的物业也表示凭相应材料可以办理车位的交接手续。法院向黄某、张某释明情况后，其二人即明确要求朱某交付案涉车位，不再主张返还车位款。此外，结合朱某违约程度及对黄某、张某产生的影响，本院酌定其应向黄某、张某支付违约金 4500 元并承担律师费 1 万元。

综上，江苏省无锡市惠山区人民法院依照《中华人民共和国民法典》第二百七十六条、第五百零九条、第五百七十七条之规定，判决如下：

一、朱某于本判决生效之日起十日内将位于某小区地下车位A052号交付黄某、张某使用；

二、朱某于本判决生效之日起十日内支付黄某、张某违约金4500元及律师费1万元；

三、驳回黄某、张某的其他诉讼请求。

判决后，双方当事人均未上诉，本判决现已生效。

【法官后语】

随着机动车保有量的快速增长，小区停车位逐渐成为生活必需品。近年来，涉商品房小区地下停车位纠纷逐渐增多，但是目前，法律并没有对地下停车位的产权确认问题作出明确规定。《中华人民共和国民法典》第二百七十五条第一款规定："建筑区划内，规划用于停放汽车的车位、车库的归属，由当事人通过出售、附赠或者出租等方式约定。"该条虽有涉及车位权属问题，但规定较为简单，存有一定留白。实践中，车位产权登记尚无统一规定，各地操作不一，能够对已购车位办理相关权属转移登记并取得产权证书的情况极少，绝大部分业主购买车位后仅有一份交易凭证。业主间买卖车位的，没有完整、规范的买卖及交接手续，导致后期极易发生纠纷。

本案便涉及业主间买卖房屋时关于车位交付产生的纠纷。本案根据双方签订合同中约定的内容、中介公司留存的签约视频、房屋交接过程中中介公司员工与出售方的沟通记录，可以认定案涉房屋交易时应是附带车位一并出售的，即黄某及张某有权就案涉车位主张相应权利。但是关于车位权利的实现应优先选择由违约方赔偿货币还是继续要求交付车位，是本案审理中的难点。

现实中，有诸多因素会影响车位价值的认定，如车位有无权属证书、车位类型是地面车位还是机械车位、车位距离住宅的远近等不同的情形会使得同一小区的车位价值有较大差异。在车位并非单独出售而是随房出售的情况下，更加难以认定车位的价值。本案中，双方签订的房屋买卖合同仅明确毛坯房（含使用权车位一个）的总价为220万元，并未就车位的价值单独列明。黄某、张某主张的车位款9万元也只是根据小区内部分业主挂牌的车位价进行确定的，但是车位的挂牌价与最终成交价并不会完全一致。黄某、张某主张的车位价值与朱某购买车位时支付的价款也有巨大的差异，因此如判令朱某向黄某、张某返还车位款，车位的合理价值将难以确定。

车位虽不属于住宅，但是依法属于满足业主住宅需要的必要设施。根据《中华人民共和国民法典》第二百七十六条规定："建筑区划内，规划用于停放汽车的车位、车库应当首先满足业主的需要。"《最高人民法院关于审理建筑物区分所有权纠纷案件具体应用法律若干问题的解释》第五条第一款，建设单位按照配置比例将车位、车库，以出售、附赠或者出租等方式处分给业主的，应当认定其行为符合……"应当首先满足业主的需要"的规定。因此，笔者认为只有在车位、车库优先满足业主的需要后仍有空余的，才可以临时出租给业主以外的单位和个人。一是因为业主以外的单位或个人行使车位权利时必然要进出小区，这会加重物业公司的管理难度，也可能增加小区的安全隐患；二是如若今后小区内的业主增加了用车需求，而此时车位却已处理完毕，业主们要求按照《中华人民共和国民法典》第二百七十六条之规定实现停车需求，已无可能。结合到本案情况，朱某在购买案涉房屋时作为小区业主，其有权购买小区的车位并使用。但是其现将车位附随房屋一并出售给黄某、张某，此时如由朱某赔偿车位价款后继续享有该小区车位的使用权，并不符合上述法律规定的精神，亦不利于满足小区业主的住宅需要。因此，法院在查明案涉车位性质并确认车位并未出售或出租的前提后，对黄某、张某变更诉讼请求为要求朱某继续交付车位的诉讼请求予以支持。

编写人：江苏省无锡市惠山区人民法院　朱佳莉

36

未办理过户登记不动产拆迁款归属的司法认定

——某建筑装饰公司诉某水泥制品厂、高某房屋买卖合同案

【案件基本信息】

1. 裁判书字号

重庆市第三中级人民法院（2022）渝03民终256号民事判决书

2. 案由：房屋买卖合同纠纷

3. 当事人

原告（被上诉人）：某建筑装饰公司

被告（上诉人）：某水泥制品厂

被告（被上诉人）：高某

【基本案情】

某水泥制品厂与某造船厂均为集体所有制企业，前者从1996年歇业至今，后者因未依法年检在2005年8月23日被吊销营业执照，但未注销登记。

1997年6月10日，街道办事处批准某水泥制品厂、某造船厂兼并。同年8月12日，高某与某水泥制品厂、某造船厂签订《房屋买卖合同》，约定某水泥制品厂、某造船厂将3号、2号、1号产权证项下厂房，相应的三相电、工业用水户头等作价22万元卖给高某，产权过户手续由高某自行办理。随后某水泥制品厂、某造船厂将相应的证照和厂房交付给高某。1999年1月10日，某建筑装饰公司与高某签订《搬迁合同》，约定某建筑装饰公司以31.5万元的价格向高某购买前述1号产权证项下厂房。该合同还约定，某建筑装饰公司另付高某搬迁费10万元。合同签订后，某建筑装饰公司向高某支付了购房款及搬迁费，

高某向某建筑装饰公司交付了案涉房屋。之后，由于某水泥制品厂职工对企业兼并及职工安置有意见而不断上访，并以前述已卖之房产权证遗失为由申请补办相应产权证。2014 年 10 月 20 日，主管部门为案涉 1 号产权证项下厂房补办了房屋产权证。2017 年 10 月 27 日，案涉房屋被征收。征收机构与某水泥制品厂签订的协议约定，房地产权证项下房屋的征收补偿费为 161.5 万元。协议签订后，某建筑装饰公司、高某、某水泥制品厂因补偿费归属产生争执未被支付。某建筑装饰公司遂诉至法院。

【案件焦点】

购买不动产后，出卖人仅交付了不动产而未办理产权变更登记。在不动产被征收的情况下，征收补偿费的归属如何确定。

【法院裁判要旨】

重庆市涪陵区人民法院经审理认为：高某与某水泥制品厂、某造船厂签订的房屋买卖合同效力已经被生效民事判决书确认。高某与某建筑装饰公司签订的《搬迁合同》，名为搬迁合同，实为《房屋买卖合同》，系双方当事人的真实意思表示，未违反法律、法规关于合同效力的规定，属有效合同。标的物交付后，根据标的物的毁损灭失风险亦随之转移的规则，标的物灭失后的相应赔偿或补偿亦应归某建筑装饰公司所有。买卖合同是转移标的物所有权的合同，买受人购买的是标的物的所有权，标的物交付后办理过户登记手续或协助过户登记等转移所有权的行为本就是出卖人的义务，出卖人不得依登记的公示公信原则主张标的物的所有权和毁损、灭失补偿或赔偿款。某水泥制品厂在房屋已交付的情况下，仍以房屋产权所有人身份与他人签订合同属违背诚信原则的违法缔约行为，现某建筑装饰公司对相应征收补偿价款认可，可视为该补偿款价款为合理补偿款。故某建筑装饰公司主张确认案涉房屋的征收补偿费归其享有，予以支持。

重庆市涪陵区人民法院依照《中华人民共和国合同法》第三十二条、第四十四条、第一百一十二条，《中华人民共和国民事诉讼法》第六十四条之规定，判决如下：

一、某建筑装饰公司与高某签订的《搬迁合同》有效；

二、房屋产权证项下房屋的征收补偿款 161.5 万元归某建筑装饰公司享有。

某水泥制品厂不服一审判决，提起上诉。

重庆市第三中级人民法院经审理认为：同意一审法院意见，依照《中华人民共和国民事诉讼法》第一百七十七条第一款第一项之规定，判决如下：

驳回上诉，维持原判。

【法官后语】

虽然本案某建筑装饰公司与高某签订的是案涉不动产的《搬迁合同》，但结合合同内容来看，实际上该合同属于《房屋买卖合同》。即高某交付《搬迁合同》涉及不动产的所有权而取得对价，而某建筑装饰公司通过支付对价获得案涉不动产的所有权。而因历史原因，导致高某本人未能取得不动产登记的产权人地位，进而导致某建筑装饰公司仅取得不动产占有而未能成为登记产权人。这种情况下的不动产拆迁款，仍应属于某建筑装饰公司所有，主要原因是：

一、案涉不动产已经完成交付

在没有完成不动产交易登记的情况下，不动产产权证书的交付，在法律上没有实际意义。登记产权人完全有可能通过遗失补办的方式，重新向登记机关申领产权证书。本案即发生了类似情况，某水泥制品厂、某造船厂将相应的证照和厂房交付给高某后，某水泥制品厂的职工以前述已卖之厂房产权证遗失为由申请补办相应产权证。但是，本案所涉不动产并非仅仅完成了产权证照的交付。实际上，先后两次交易中，均发生了不动产的实际交付行为，在高某与某建筑装饰公司签订《搬迁合同》后，高某还将案涉不动产进行了转移占有。转移占有后，由某建筑装饰公司实际对案涉不动产进行管领、控制。

二、不动产交付后的毁损灭失风险由占有人承担

在不动产转移占有后，根据《中华人民共和国民法典》第六百零四条的规定，标的物毁损、灭失的风险，在标的物交付之前由出卖人承担，交付之后由买受人承担。《最高人民法院关于审理商品房买卖合同纠纷案件适用法律若干

问题的解释》第八条也进行了类似规定。所以，在没有法律例外规定或者当事人另有约定的情况下，不动产在交付后灭失的，该风险由买受人承担。之所以如此规定，是因为虽然买受人可能并未取得登记所有权人地位，但是相关财产由其管领、支配甚至收益，登记所有权人则没有这些权利。在买受人实际占有的情况下，风险由占有者承担，符合普通民众的观念。因拆迁导致不动产物权灭失的，根据利益与风险同在的市场交易原则，参考《中华人民共和国民法典》关于不动产或者动产灭失后保险金、损害赔偿金归属的相关规定，既然占有人承担了占有标的物灭失的风险，故其也应该享有标的物灭失后的替代物，如相应的补偿款、保险赔偿款等。

三、实际占有人认可拆迁补偿款的金额

在进行征收补偿时，作为房屋征收拆迁的主体无法探知征收标的物的真实权利人，而只能凭借不动产登记机关的登记簿确定征收补偿合同的签订对象，并与某水泥制品厂签订房屋征收补偿合同，确定征收补偿费用数额。但是在发生争议后，应该根据法律规定确定相应费用的归属。在实际占有人某建筑装饰公司认可该补偿标准和金额的情况下，法院可以判决房屋的征收补偿款归属买受人享有。

编写人：重庆市第三中级人民法院　张晓霞　张景卫

37

违约损害赔偿可得利益损失计算期间应结合合同继续履行的可能性、违约方获利与否等因素综合认定

——王某诉沈某房屋买卖合同案

【案件基本信息】

1. 裁判书字号

江苏省扬州市邗江区人民法院（2023）苏1003民初9421号民事判决书

2. 案由：房屋买卖合同纠纷

3. 当事人

原告：王某

被告：沈某

【基本案情】

案涉房屋登记在沈某一人名下，是与妻子顾某婚姻关系存续期间取得的房改房。2023年2月8日，沈某与王某的父亲签订房屋买卖合同，将案涉房屋作价122万元出售给王某的父亲，定金3万元，首付款22万元，采用托管交易方式，其余房款97万元贷款发放后支付。次日，双方到房管部门办理了交易备案，购买方变更为其儿子王某。王某向托管中心支付了22万元房款。之后银行将贷款97万元发放至托管中心账户，王某开始还贷。

2023年2月21日，顾某通过中介向王某提出不同意卖房，向银行出具声明要求停止放款。2023年3月2日，顾某向法院提起诉讼，要求确认案涉房屋

系顾某与沈某共同所有，恢复权属共有登记、注销合同交易备案并查封了案涉房屋，法院在2023年10月7日判决确认案涉房屋归顾某与沈某共同所有，驳回顾某的其他诉讼请求。2023年3月9日，王某向法院提起诉讼，要求沈某继续履行合同，办理房屋过户、交付手续，法院在2023年9月8日判决驳回王某的诉讼请求。2023年10月10日，王某提起诉讼要求沈某解除合同，赔偿损失，起诉状在2023年10月24日送达沈某。经评估，该房屋2023年10月24日的市场价值为141.89万元。原告王某起诉至法院要求解除合同，赔偿房屋差价198900元、贷款利息27478.69元、鉴定费12700元、首付款利息5627元，合计244705.69元。被告沈某认可合同已解除，但认为损失计算时间点应当在2023年2月19日，其余部分为原告自己扩大损失，不应当由其承担。

【案件焦点】

计算房屋差价损失的时间点如何确定。

【法院裁判要旨】

江苏省扬州市邗江区人民法院经审理认为：违约行为发生后，应当允许守约方在合理期间内与违约方沟通协商解决方案，而不是要求守约方立即解除合同并提出赔偿，该期间是否合理应当综合考虑合同继续履行的可能性、是否存在故意拖延、违约方是否获利等因素综合认定。本案被告沈某在合同订立后不久就以妻子顾某不同意交易为由提出不履行合同。原告王某作为守约方，基于对不动产登记簿的信赖、对沈某做好家庭成员沟通工作的期待以及沈某在合同履行问题上的反复态度，认为合同仍然有可能继续履行并无不当，此种可能性直至在法院判决驳回其继续履行的诉讼请求后才最终被排除。在法院驳回继续履行的判决生效后不久，王某就向法院提出解除合同的主张，王某在发生矛盾后一直通过合法途径积极主张自己的权利，并未拖延行使解除权以谋利，也没有放任损失扩大。被告沈某因知悉房屋将要拆迁，违背诚信原则拒不履行合同，不应当因此而获益。因此，本案违约行为发生至解除合同的时间应当认定属于王某为解决纠纷的合理期间，以合同解除之日作为计算差价损失的基准日符合法律规定，较为公平合理，应当予以认定。

江苏省扬州市邗江区人民法院依照《中华人民共和国民法典》第二百一十六条、第五百六十五条、第五百八十三条、第五百八十四条，《中华人民共和国民事诉讼法》第六十七条之规定，判决如下：

一、确认双方买卖合同于 2023 年 10 月 24 日解除；

二、被告沈某退还王某购房定金 3 万元、协助王某办理退还购房款手续；

三、原告王某同时配合被告沈某办理解除房屋买卖合同交易备案的手续；

四、被告沈某在本判决生效之日起十日内赔偿原告王某损失 238328 元（含房屋差价损失 198900 元）。

判决后，双方当事人均未上诉，本判决现已生效。

【法官后语】

《中华人民共和国民法典》第五百八十四条规定了违约造成的可得利益损失属于赔偿范围，对于可得利益损失计算的时间点如何确定，实践中存在较大争议，主要有违约行为发生之日以及合同解除之日两种观点。2023 年 12 月 5 日开始实施的《最高人民法院关于适用〈中华人民共和国民法典〉合同编通则若干问题的解释》第六十条第三款提出了“违约行为发生后合理期间内”裁判标准，折中了上述两种观点，为处理类似案件提供了依据，但对于如何认定“合理期间”，没有作出明确的解释。发生违约行为后，当事人通常首先会进行协商，在协商不成的情形下，可能提起诉讼要求合同继续履行，在合同无法履行的情况下才会考虑解除合同，因此合理时间应当是介于违约行为发生之日至合同解除之日这一段时间。考虑诉讼原因，这个期间可能会比较长，有的当事人可能是基于合同签订后市场价格波动而违约，在纠纷处理期间市场价格也可能发生重大变化，如何选择该期间的合理时间点，对当事人的利益有重大影响。

笔者认为，首先，考虑该合同继续履行的可能性，并不是违约行为发生后守约方就应当立即解除合同，对于纠纷发生后进行协商、诉讼的时间应当认定属于解决纠纷的合理时间。其次，考虑守约方有无恶意拖延，如在房价持续上涨或近期将要拆迁等重大利益变化的情况下，守约方拖延时间可能获得更大的利益，也有的守约方单纯为了报复违约方，故意不行使合同解除权，也不配合对方解除合同。在此情况下，违约方没有合同解除的权利，对于不定期合同以外的合同解除也不受《中华人民共和国民法典》第五百六十三条第二款合同僵局制度的调整，这将导致法律关系长期处于不稳定的状态，因此在确定时间点时守约方有无故意拖延应当纳入考虑的因素。最后，在衡量合理期间时应当将诚信原则作为判断的重要依据，实践中有很大一部分违约可得利益损失赔偿的纠纷起因是违约方出于利益考量拒绝履行合同，在这种情况下，要起到法律的指引作用，避免产生违约方因违约而获利的不公正以及可能造成不良社会影响的情形。

本案在认定合理期间时综合了上述几个因素，最终认定守约方在违约方违约后所采取的行为都是在合理期限的范围内，采用合同解除时间为计算差价损失的时间点，最大限度保护守约方的利益，制止当事人因市场变化产生的主动违约行为，弘扬诚实守信的法律精神。

编写人：江苏省扬州市邗江区人民法院　叶城斌

38

尚未办理房产证购房者即去世，继承人能否诉请将房屋办理产权登记至购房者名下

——高甲、高乙诉高丙等房屋买卖合同案

【案件基本信息】

1. 裁判书字号

山东省济南市中级人民法院（2023）鲁01民终8500号民事判决书

2. 案由：房屋买卖合同纠纷

3. 当事人

原告（上诉人）：高甲、高乙

被告（上诉人）：高丙

被告（被上诉人）：高丁、某房地产公司

【基本案情】

高甲、高乙、高丙及高丁均系孙某的子女。2000年6月15日，孙某与某房地产公司签订购房协议书，购买了涉案房屋，后孙某于2021年9月11日去世。涉案房屋一直未办理过户登记，该房屋交房后由高丙居住。

高甲、高乙曾起诉高丙、高丁遗嘱继承纠纷一案。该案中，高甲、高乙的诉请为判令孙某签署的涉案购房协议书的权利义务由高乙、高甲各继承50%的份额，并诉请高丁、高丙协助办理涉案房屋的不动产登记手续。山东省济南市天桥区人民法院作出民事判决：驳回高甲、高乙的全部诉讼请求。高甲、高乙不服该一审判决，提起上诉。山东省济南市中级人民法院作出民事判决，以“鉴于高丙、高乙并未提供充分的证据证明遗嘱所涉房产已办理不动产权属证书，或已具备办理产权证的条件等”为由，判决：驳回上诉，维持原判。现高甲、高乙提起本案诉讼，诉请将涉案房屋过户登记至已去世的孙某名下。高丙反诉请求将涉案房屋过户登记至本人名下。

【案件焦点】

购房者在尚未办理房产证的情况下即去世，继承人能否申请将房屋办理产权登记至已去世的购房者名下。

【法院裁判要旨】

山东省济南市天桥区人民法院经审理认为：自然人从出生时起到死亡时止，具有民事权利能力，依法享有民事权利，承担民事义务，孙某于2021年9月11日去世，故对高甲、高乙主张被告协助办理产权手续登记至孙某名下的诉讼请求，不予支持。高丙既不是2000年6月15日某房地产公司签订购房协议书载明的合同相对方，亦未证明案涉房产是否存在顶名买房或是实际购买人等，故对高丙主张某房地产公司协助办理产权手续登记至高丙名下的诉讼请求，亦不予支持。

山东省济南市天桥区人民法院依照《中华人民共和国民法典》第二条、第三条、第十三条，《中华人民共和国民事诉讼法》第一百四十五条之规定，判决如下：

一、驳回高甲、高乙的诉讼请求；

二、驳回高丙的诉讼请求。

高甲、高乙、高丙不服一审判决，提起上诉。

山东省济南市中级人民法院经审理认为：本案中，2000年6月15日，涉案房屋的购房协议书由某房地产公司与孙某签订，涉案房屋已初步具备办理后续转移登记的条件，孙某虽已去世，但根据不动产登记规定，可由直系亲属或继承人持购房合同、完税证明、直系亲属关系或继承权证明等相关材料，向不动产登记机关申请办至合同记载购房人名下的转移登记。因此，高甲、高乙诉请高丙、某房地产公司协助将涉案房产的产权手续登记至孙某名下，符合上述合同约定和政策规定。高丙持有涉案房屋的《购房协议书》一份、《山东增值税普通发票》一张、《山东省住宅专项维修资金交存证明》两张，均属于办理登记需要的资料，高丙有义务交付上述资料以办理不动产登记，某房地产公司、高丙其他协助内容应当以不动产登记机构的要求为准。高甲、高乙主张高丁负有协助义务，但未提交相应的法律依据，故对该项请求不予支持。高丙主张将涉案房屋直接登记至高丙名下，缺乏充分的法律和政策依据，不予支持。至于涉案房屋办理产权登记至孙某名下后的权利归属，各方当事人可依法主张权利。

山东省济南市中级人民法院依照《中华人民共和国民事诉讼法》第一百七十七条第一款第二项之规定，判决如下：

一、撤销济南市天桥区人民法院（2023）鲁0105民初115号民事判决；

二、高丙、某房地产公司于判决生效后二十日内协助高甲、高乙将涉案房屋办理不动产登记至孙某名下；

三、驳回高甲、高乙的其他诉讼请求。

【法官后语】

因房地产交易过程中的办证周期较长，实践中可能会出现签订购房合同后，购房者在房屋办证前死亡的情况。本案二审判决将涉案房屋办理不动产登记至已去世的孙某名下，后续的权利归属可另行处理，对于类案的裁判具有一定的参考意义。

目前，审判实践中有观点认为购房者既然已经死亡，则不再享有民事权利能力，涉案房屋不可再办理产权登记至死者名下，本案一审法院也是采纳该种观点。笔者认为，此种情形下，判决将房屋办理产权登记至死者名下，更为妥当。

首先，《中华人民共和国民法典》第五百五十七条规定，债权债务终止的法定情形为：(1) 债务已经履行；(2) 债务相互抵销；(3) 债务人依法将标的物提存；(4) 债务人免除债务；(5) 债权债务同归于一人；(6) 法律规定或者当事人约定终止的其他情形。合同解除的，该合同的权利义务关系终止。据此，虽然自然人的民事权利能力始于出生终于死亡，但民事权利能力的终止并不代表合同权利义务的终止。具体到本案中，孙某生前购买涉案房屋并支付了房屋对价，其去世后，办理房屋产权登记的合同权利并不会消亡，开发商仍应承担相应的办证义务。

其次，《中华人民共和国民法典》第一千一百二十二条规定，遗产是自然人死亡时遗留的个人合法财产。依照法律规定或者根据其性质不得继承的遗产，不得继承。即遗产不仅包括合法的财产，亦应包含合法的财产性权利。即使购房者已去世，但购房合同所涉的合同权利仍可以由继承人继承，包括但不限于要求开发商协助办理不动产登记手续等。但因合同具有相对性，继承人无权依据购房协议书径行诉请开发商将房屋办理产权登记至继承人本人名下。但倘若继承人直接遗嘱主张享有相应份额的财产权利，人民法院亦通常会以房屋尚未登记在已去世的购房者名下为由，对继承人的诉请不予支持。此时则会导致僵局出现，使房屋的合法继承人难以实际取得房屋的所有权或相应份额。

此种情况下，将房屋办理产权登记至已去世的购房者名下并非最终结果，而是继承人后续行使继承权的前提和基础。本案的二审裁判结果既符合法律和本地政策，同时又充分考虑了情理。

编写人：山东省济南市中级人民法院　徐明珠

39

商品房买卖合同中开发商行使先履行抗辩权的认定

——廖某等诉某房地产开发公司商品房买卖合同案

【案件基本信息】

1. 裁判书字号

福建省三明市中级人民法院（2024）闽04民终400号民事判决书

2. 案由：商品房买卖合同纠纷

3. 当事人

原告（上诉人）：廖某、罗某、吴某

被告（上诉人）：某房地产开发公司

【基本案情】

2015年9月1日，廖某、罗某、吴某（买受人）与某房地产开发公司（出卖人）签订了《商品房买卖合同》，约定：（1）廖某、罗某、吴某向某房地产开发公司购买某小区2套商品房：A房产、B房产；商品房的用途均为商业；A房产的建筑面积52.68平方米，总金额为92.19万元；B房产的建筑面积52.45平方米，总金额为917875元。（2）付款方式及期限：买受人应于签订合同当日支付A房产购房款46.19万元，余款46万元，买受人申请办理银行按揭贷款手续；买受人应于签订合同当日支付B房产购房款467875元，余款45万元，买受人申请办理银行按揭贷款手续。(3) 交付条件与期限：出卖人应当在2015年9月30日前，依照国家和地方人民政府的有关规定，将同时符合交付条件的商品房交付买受人使用，如果在规定日期内未达到上述条件，买受人有权拒绝交接，逾期交房由出卖人承担违约责任。(4) 出卖人逾期交房的违约责任：第一，逾期不超过90日，自本合同第八条约定的最后交付期限的第二天起至实际交付之日止，出卖人按日向买受人支付已付款万分之三的违约金，合同继续履行。第二，逾期超过90日后，买受人有权解除合同；买受人解除合同的，出卖人应当自买受人解除合同书面通知到达之日起30天内退还全部已付款，并按买受人已付款的5%向买受人支付违约金；买受人要求继续履行合同的，合同继续履行，自本合同第八条约定的最后交付期限的第二天起至实际交付之日止，出卖人按日向买受人支付已付款万分之三（该比率应不小于本条第一项和第七条中的比率）的违约金。(5) 交接：商品房达到交付使用条件后，出卖人应当书面通知买受人办理交付手续；双方进行验收交接时，出卖人应当出示本合同第八条约定条件已达到的有关证明文件原件，并签署房屋交接单；出卖人不出示证明文件或出示证明文件不齐全，或要求收取本合同约定范围以外费用的，买受人有权拒绝交接，由此产生的延期交房责任由出卖人承担；由于买受人原因，未能按期交付的，买受人应在出卖人发出的《交付通知》中载明的交付期限内，到指定地点办理房屋交接手续，逾期不办理视为出卖人已按期合格交付，买受人除应缴纳物业管理费外，还应支付办理交房手续时应支付的款项，并按总房价款每日万分之三支付逾期交接房屋的违约金。《商品房买卖合同》还对其他事项作了约定。同日，某房地产开发公司向廖某、罗某、吴某开具了金额分别为46.19万元、467875元的购房款发票。2015年9月1日，廖某、罗某、吴某（买受人）与某房地产开发公司（出卖人）还签订了《合同补充协议》，约定协议与《商品房买卖合同》的约定不一致之处，均以本补充协议的约定为准。《合同补充协议》还对其他事项作了约定。

2019年5月17日，吴某将案涉房屋出租给案外人陈某。至庭审之日，廖某、罗某、吴某仍未付清案涉房屋余款。

廖某、罗某、吴某认为某房地产开发公司违约逾期交房，应承担逾期交房的违约责任。

【案件焦点】

某房地产开发公司作为商品房买卖合同的开发商，在买受人未付清购房款的情况下，能否行使先履行抗辩权的认定。

【法院裁判要旨】

福建省永安市人民法院经审理认为：廖某、罗某、吴某与某房地产开发公司签订的《商品房买卖合同》《合同补充协议》系双方当事人的真实意思表示，内容不违反法律、行政法规的强制性规定，合法有效。双方当事人应按合同约定履行各自的义务。本案《商品房买卖合同》的附件六《合同补充协议》第四条第三项约定，廖某、罗某、吴某未付清购房款（包括按揭房款），某房地产开发公司有权不予办理交房手续，且不承担逾期交房的违约责任。廖某、罗某、吴某既未举证证明按揭贷款至今未发放是某房地产开发公司的原因所致，也未依约向某房地产开发公司支付剩余购房款，根据《中华人民共和国民法典》第五百二十六条"当事人互负债务，有先后履行顺序，应当先履行债务一方未履行的，后履行一方有权拒绝其履行请求。先履行一方履行债务不符合约定的，后履行一方有权拒绝其相应的履行请求"的规定，廖某、罗某、吴某在未足额付清购房款的情况下要求某房地产开发公司支付逾期交房违约金，理由不能成立，故对廖某、罗某、吴某的诉讼请求，不予支持。

福建省永安市人民法院依照《中华人民共和国合同法》第八条、第三十二条、第六十条，《中华人民共和国民法典》第五百二十六条，《最高人民法院关于适用〈中华人民共和国民事诉讼法〉的解释》第九十条之规定，判决如下：

驳回廖某、罗某、吴某的诉讼请求。

一审判决后，双方均不服一审判决，提起上诉。

福建省三明市中级人民法院经审理认为：同意一审法院裁判意见，依照

《中华人民共和国民事诉讼法》第一百七十七条第一款第一项之规定，判决如下：

驳回上诉，维持原判。

【法官后语】

本案的争议核心在于商品房买卖合同中，买受人未全面履行付款义务时，出卖人能否基于合同约定及先履行抗辩权规则，拒绝履行交房义务且免除违约责任。该问题涉及合同履行顺序的认定、抗辩权行使边界及举证责任分配等法律难点，对类案裁判具有重要参考价值。

一、争议焦点提炼

买受人主张开发商逾期交房构成违约，应承担违约金责任；开发商抗辩称买受人未付清购房款（含按揭贷款），其有权拒绝交房。双方的争议焦点在于：(1) 合同履行顺序是否明确约定付款义务在先、交房义务在后。(2) 买受人未付清房款是否构成对先履行义务的违反。(3) 开发商拒绝交房是否符合先履行抗辩权的行使条件。

二、要件分析与规则适用

（一）合同义务的履行顺序：意思自治与交易惯例的平衡

1. 合同约定优先

审理该类案件应当重点审查合同是否明确约定付款与交房的先后顺序，补充协议是否构成对主合同条款的实质性变更。《中华人民共和国民法典》第五百零九条明确合同履行应遵循诚信原则和约定优先规则。本案《合同补充协议》明确"未付清购房款（含按揭）则开发商有权拒交房"，该条款系双方对履行顺序的特别约定，符合《中华人民共和国民法典》第五百二十六条"互负债务，有先后履行顺序"的前提条件。

2. 按揭贷款义务的履行归属

按揭贷款系买受人付款义务的履行方式之一，其办理责任由买受人承担（《最高人民法院关于审理商品房买卖合同纠纷案件适用法律若干问题的解释》第十九条）。本案买受人既未举证证明按揭未获批系开发商原因，亦未自行补足剩余房款，构成对先履行义务的违反。买受人需对“按揭未办理非己方过错”承担举证责任，否则视为未全面履行付款义务。

（二）先履行抗辩权的成立条件

1. 双务合同的关联性

付款与交房义务基于同一商品房买卖合同产生，具有对价关系（《中华人民共和国民法典》第五百二十五条至第五百二十七条）。开发商交房义务的履行以买受人支付全款为前提，二者构成履行上的牵连性。

2. 履行顺序的确定

除合同明确约定外，结合商品房交易惯例，购房款支付通常先于房屋交付（《商品房销售管理办法》第三十条）。本案合同约定“先付款后交房”，符合交易习惯，进一步强化了履行顺序的正当性。

3. 先履行一方的根本违约

买受人未付清房款（含按揭）导致开发商合同目的无法实现，构成根本违约（《中华人民共和国民法典》第五百六十三条）。开发商据此拒绝交房系对等抗辩，不构成新的违约行为。抗辩权的行使应以对方未履行主要债务为前提，若买受人仅迟延支付小额尾款，需结合比例原则审慎认定。

（三）调解协议对原合同履行的影响

本案调解协议虽确认剩余房款金额及支付方式，但未变更原合同关于“先付款后交房”的履行顺序。买受人主张开发商应先交房再收款，实质是对原合同履行顺序的单方变更，缺乏合意基础。调解协议仅解决债务金额确认问题，若未明确调整履行顺序，原合同约定仍具有约束力。

三、类案裁判思路指引

1. 审查合同条款：明确付款与交房的履行顺序，判断补充协议是否构成有效约定。

2. 分配举证责任：买受人需证明已全面履行付款义务或按揭未获批系出卖人/第三方过错所致。

3. 抗辩权成立判断：依次验证双务合同关联性、履行顺序及违约程度，排除滥用抗辩权情形（如轻微违约）。

4. 利益衡平考量：若开发商已实际占有使用房屋（如本案房屋被出租），需结合诚实信用原则审查抗辩权行使的正当性。

本案通过厘清合同履行顺序、严格适用先履行抗辩权规则，遵循了“尊重意思自治、维护交易安全”的裁判导向。对于类案审理，需以合同约定为基石，结合履行行为关联性、举证责任分配及交易习惯，审慎认定抗辩权的行使边界，避免因机械适用条款导致权利义务失衡。

编写人：福建省永安市人民法院　郑世杰

40

商品房消费者房屋交付请求权优先保护的限制

——丁某诉某房地产公司房屋买卖合同案

【案件基本信息】

1. 裁判书字号

北京市第三中级人民法院（2023）京03民终17534号民事判决书

2. 案由：房屋买卖合同纠纷

3. 当事人

原告（上诉人）：丁某

被告（被上诉人）：某房地产公司

第三人（被上诉人）：某银行

【基本案情】

2016年12月4日，某房地产公司与某信托公司签订信托贷款合同，贷款63840万元。为担保上述债权，某房地产公司将涉诉房屋及所分摊的土地使用权设定抵押，并进行了抵押登记。

2017年，丁某与某房地产公司签订现房买卖合同，丁某购买某房地产公司开发建设的涉诉房屋。某房地产公司出售涉诉房屋未经抵押权人同意。丁某按约支付了全部购房款，某房地产公司将涉诉房屋交付给丁某。

2020年6月10日，某银行与某信托公司签订《资产转让合同》，将信贷资产及项下的担保权益等附属权利转让给某银行。因某房地产公司未偿还上述债务，法院查封了涉诉房屋。

丁某提出如下诉讼请求：（1）请求判令某房地产公司和某银行将涉诉房屋以及对应的土地使用权的抵押解除。（2）判令某房地产公司支付未按时办理不动产产权证书期间的利息。某房地产公司同意丁某的诉讼请求。某银行辩称其为涉诉房屋的抵押权人，不同意解除抵押。

【案件焦点】

某银行是否应注销涉诉房屋及对应的国有土地使用权的抵押登记。

【法院裁判要旨】

北京市顺义区人民法院经审理认为：《最高人民法院关于人民法院办理执行异议和复议案件若干问题的规定》第二十九条规定，金钱债权执行中，买受人对登记在被执行的房地产开发企业名下的商品房提出异议，符合下列情形且其权利能够排除执行的，人民法院应予支持：（1）在人民法院查封之前已签订合法有效的书面买卖合同；（2）所购商品房系用于居住且买受人名下无其他用于居住的房屋；（3）已支付的价款超过合同约定总价款的百分之五十。按照《全国法院民商事审判工作会议纪要》第一百二十五条、第一百二十六条的精神，已经交付全部或者大部分所购商品房价款的消费者，对于所购房屋所享有的民事权益，可以排除基于抵押权、建设工程价款优先受偿权等优先受偿权的强制执行。以上规定解决的是在执行程序中买受人对所买不动产的权利保护与基于金钱执行债权人的权利保护发生冲突时，谁应当优先保护的问题，是基于对正当买受人合法权利的特别保护之目的而设置的特别规定，但并不意味着在先权利可以将在后的权利予以消灭。

丁某注销抵押权登记的依据为《最高人民法院关于商品房消费者权利保护问题的批复》第二条第一款之规定，商品房消费者以居住为目的购买房屋并已支付全部价款，主张其房屋交付请求权优先于建设工程价款优先受偿权、抵押权以及其他债权的，人民法院应当予以支持。该批复虽然确立了消费者的权利优先于建设工程价款优先受偿权、抵押权和其他债权的裁判规则，但是从该批复中不能得出在先的权利可以将在后的权利消灭的结论。

北京市顺义区人民法院依照《中华人民共和国合同法》第六十条、第一百零七条、第一百一十四条，《最高人民法院关于人民法院办理执行异议和复议案件若干问题的规定》第二十九条，《最高人民法院关于商品房消费者权利保护问题的批复》第二条，《最高人民法院关于适用〈中华人民共和国民法典〉时间效力的若干规定》第一条第二款之规定，判决如下：

一、被告某房地产公司于本判决生效之日起十日内给付原告丁某利息（以2760万元为基数，按照中国人民银行同期存款基准利率标准计算，自2021年7月11日起至原告丁某实际取得涉诉房屋不动产登记证书之日止）；

二、驳回原告丁某的其他诉讼请求。

丁某不服一审判决，提起上诉。

北京市第三中级人民法院经审理认为：同意一审法院裁判意见，依照《中华人民共和国民事诉讼法》第一百七十七条第一款第一项之规定，判决如下：

驳回上诉，维持原判。

【法官后语】

商品房销售过程中，自签约至过户登记往往存在较长的时间间隔，购房人即使已支付全部或大部分价款，甚至占有房屋，在办理过户登记前，仍未取得房屋所有权。在此过程中，如享有优先受偿权的抵押权人申请执行房屋，则会产生商品房消费者的权利与抵押权人的权利产生冲突，二者的权利如何保护是本案中值得研究探讨的重点问题。

一、消费者购房人的权利优先于抵押权

从权利性质来看，民法理论基于生存利益之上的考虑，将本来属于一般债权的房屋买受人的权利，定性上升为物权期待权，赋予其优先于抵押权的效力。从交易安全的保护来看，系为了保护消费者购房人支付购房款以取得标的物的合理信赖。从交易成本支出来看，消费者购房人无能力控制出卖人如何使用收取的购房款，也很难调查开发商清偿银行借款的情况。而抵押权人更有能力控制开发商，监管售房收款情况，且因与其利害攸关，相比而言更有监管的动力。

二、对消费者购房人权利的保护，体现在执行程序中买受人对所买不动产的权利保护与基于金钱执行债权人的权利保护发生冲突时，优先保护商品房消费者的权利

按照《全国法院民商事审判工作会议纪要》第一百二十五条、第一百二十六条的精神，已经交付全部或者大部分所购商品房价款的消费者，对于所购房屋所享有的民事权益，可以排除基于抵押权、建设工程价款优先受偿权等优先受偿权的强制执行，确立了执行程序中买受人对所买不动产的权利保护与基于金钱执行债权人的权利保护发生冲突时，优先保护商品房消费者权利的裁判规则。

三、商品房消费者交付请求权的成立不可消灭在其顺位之后建设工程价款优先受偿权、抵押权及其他债权

《最高人民法院关于商品房消费者权利保护问题的批复》第二条第一款规定，商品房消费者以居住为目的购买房屋并已支付全部价款，主张其房屋交付请求权优先于建设工程价款优先受偿权、抵押权以及其他债权的，人民法院应当予以支持。从文义解释角度来看，并不能得出该房屋交付请求权的成立即可消灭在其顺位之后的工程价款优先受偿权、抵押权及其他债权的结论；从目的解释角度来看，该批复主要目的系保护商品房消费者基本的居住权益，在已经赋予符合条件的商品房消费者的房屋交付请求权居于优先地位的情况下，结合《最高人民法院关于人民法院办理执行异议和复议案件若干问题的规定》及《全国法院民商事审判工作会议纪要》所确定的在执行程序中对符合条件的商

品房消费者权利的保护规定，可以实现保护商品房消费者基本居住权益的目的，不会产生符合条件的商品房消费者居住权益落空，从而出现前后矛盾的现象。商品房消费者、工程价款优先受偿权的权利人、抵押权人及其他债权人作为民事主体应当平等地受到法律保护。固然基于不同权利之间存在冲突会出现权利之间的顺位之分，但此种权利冲突不能产生因某一在先顺位权利成立即应消灭在后顺位权利的效果，否则将会导致对民事主体权利的不平等保护。

编写人：北京市顺义区人民法院　曾庆贺

41

商品房销售时开发商所做的说明和允诺视为要约的司法判定标准

——俞某诉某实业公司房屋买卖合同案

【案件基本信息】

1. 裁判书字号

浙江省绍兴市中级人民法院（2023）浙06民终4779号民事判决书

2. 案由：房屋买卖合同纠纷

3. 当事人

原告（反诉被告、上诉人）：俞某

被告（反诉原告、被上诉人）：某实业公司

【基本案情】

2015年5月23日，原、被告签订《新昌商品房买卖合同》一份，载明：原告俞某作为买受人购买预售房屋一套，该商品房为精装修房屋。《新昌商品房买卖合同》第十三条第四点约定本合同签署前，出卖人有关商品房所在项目商业业态、招商与经营计划的表述仅作为买受人选择购买商品房时的参考，不作为合同的要约和组成部分，买受人对本合同商品房已进行充分了解。买受人同意，出卖人有权根据经营发展需要自行决定对商品房所在项目的商业业态、招商与经营计划作出变更与调整。买受人同意，不得因出卖人作出的上述任何变更与调整而主张出卖人违约或侵权。2018 年 10 月 15 日，原告收到被告发送的《催款通知书》一份，函告原告于 2018 年 10 月 21 日前缴清购房余款 53670 元。原告于 2018 年 10 月 21 日、2019 年 8 月 2 日、2020 年 4 月 22 日、2021 年 2 月 3 日、2021 年 12 月 10 日就涉案房屋要求被告以毛坯房价格出卖、按照宣传海报承诺履行等与被告进行沟通均未果。原、被告遂产生纠纷，原告向法院起诉要求被告继续履行合同，并确认合同附件八第十三条其他约定中的第四点无效。被告某实业公司提出反诉，主张俞某立即向某实业公司交付剩余房款并支付逾期付款违约金。

另查明，涉案公寓起初是以精装修进行销售，后也存在以毛坯进行销售，开盘前某实业公司做过交由某公司托管等宣传。涉案工程（含酒店）项目详情中包括设有地上 1 层至 8 层高的快捷酒店，以及地上 9 层至 28 层高的酒店式公寓等。

【案件焦点】

某实业公司在开盘前的宣传资料及八层至九层报价单是否系要约。

【法院裁判要旨】

浙江省新昌县人民法院经审理认为：对于能否认定某实业公司在开盘前的宣传资料及八层至九层报价单系要约问题，根据《最高人民法院关于审理商品房买卖合同纠纷案件适用法律若干问题的解释》第三条的规定，要使相应的说明和允诺视为要约，应当满足以下四个方面条件：一是“开发规划范围内”。一般认为，“商品房规划范围之外”超出了开发商的控制范围，其没有控制能力，即便其广告的宣传内容是虚假的，也难以“要约”为由，责令其承担违约责任。二是“房屋及相关设施”。通常情况下，房屋包括房屋及附着其上的该幢楼房。相关设施应是供水、供电、供热、燃气、通信、道路等配套基础设施和公共设施。从一般理解出发，规划区内绿地、规划区内道路、小区景观、健身房、幼儿园等都应当包含于相关设施的范畴之内。三是说明和允诺须“具体、确定”。“具体、确定”，即广告内容特定、详尽、明确。认定预售广告里的说明以及允诺是否达到“具体、确定”之标准，应当从两个方面来看：一为从文字语句的实际运用方面来看，开发商在商品房预售广告和宣传资料中对开发规划范围内的房屋及相关设施描述详尽，或在其所开发小区的平面图中附上详细的数据，标示明确、具体；二为从一般大众的理解方面来看，应结合具体实践中人们的普遍认知标准来确定。四是“重大影响”。该说明和允诺须对商品房买卖合同的订立及房屋价格的确定有“重大影响”。该“重大影响”应当以一般人标准，即“假设自己是买受人，如果我们知道出卖人会给予某种标的时，能否做出选择这一标的物的决定，且该标的物所具有的‘特性’是不是我们选择这一标的的重要因素”或者从另一个角度来看“商品房开发商是否认为这些是重大事项且对合同订立有重大影响”。本案中，俞某提交的宣传资料及八层至九层报价单并不符合上述法律规定及条件，对于其认为系要约的主张，该院不予支持。

浙江省新昌县人民法院依照《中华人民共和国合同法》第十二条、第十五条、第四十条、第五十二条、第五十三条、第六十条、第七十七条、第一百零七条、第一百一十四条，《最高人民法院关于适用〈中华人民共和国民法典〉时间效力的若干规定》第一条第二款，《最高人民法院关于审理商品房买卖合同纠纷案件适用法律若干问题的解释》第三条之规定，判决如下：

一、原告俞某与被告某实业公司于2015年5月23日签订的《新昌商品房买卖合同》继续履行，原告俞某支付被告某实业公司剩余购房款53670元，并支付自2023年7月10日起至款项付清之日止按日万分之二利率计算的逾期付款违约金，限于本判决生效后十日内付清；

二、原告俞某按上述第一项条款履行给付义务后，原告俞某向被告某实业公司要求办理房屋的转移登记手续时，被告某实业公司于原告俞某要求之日起十日内协助配合办理；

三、驳回原告俞某的其他本诉诉讼请求；

四、驳回被告某实业公司的其他反诉诉讼请求。

俞某不服一审判决，提起上诉。

浙江省绍兴市中级人民法院经审理认为：同意一审法院裁判意见，依照《中华人民共和国民事诉讼法》第一百七十七条第一款第一项之规定，判决如下：

驳回上诉，维持原判。

【法官后语】

商品房的销售离不开商业广告的宣传，为吸引消费者，开发商可能会在宣传广告中作出各种“华丽”的允诺。对于商品房销售广告是要约还是要约邀请，结合《最高人民法院关于审理商品房买卖合同纠纷案件适用法律若干问题的解释》的相关规定，笔者认为将开发商的说明和允诺视为要约必须具备三个要件：一是说明和允诺针对的是商品房开发规划范围内的房屋和相关设施。二是对规划范围内的房屋及相关设施所作的说明和允诺需具体和确定。三是说明和允诺对购房合同的订立及房价的确定有重大影响。具体从以下几个方面进行分析：

一、说明和允诺针对“开发规划范围内的房屋及相关设施”

销售广告允诺的内容往往涉房屋自身基本情况、周边生活、娱乐项目、学区的配置、价格优惠及商铺的整体经营规划等方面，这很大程度上是消费者签订购房合同的动因之一。开发商为了吸引更多的消费者，通常会将坐落在商品房周围的，对其有利的状况纳入宣传资料和销售广告，且不会注明具体的规划范围。但对开发规划范围外的房屋及相关设施所作的说明和允诺不属于上述司法解释第三条中可以认定构成要约的情形。此外，这里所指的“房屋”，包括房屋的公共部分和室内部分。相关设施，是指与房屋使用和业主生活有关的配套设施，其范围较广，不仅包括供暖、供电、供水等基础设施，还包括商业、服务业以及医疗教育、公共交通等，具体可以参照《商品房销售管理办法》第十六条第七项的规定来认定。

二、对规划范围内的房屋及相关设施所作的说明和允诺需具体和确定

“具体、确定”，即广告内容特定、详尽、明确。可以从以下三个角度来确定具体明确的标准：第一，从广告所使用的语言文字考察，如果在销售广告中对开发范围内的房屋及设施的描述十分翔实，有数据说明，这样的说明和允诺应视为“明确具体”。第二，书面的文字表述不够详细、精确，但通过沙盘、模型、小区平面图等物能够确定其文字含义，确定项目大小、房屋布局、户型等信息，也应当视为具体明确。第三，从一般理性人的理解角度出发，结合实践中人们的普遍认识标准来确认，不能完全拘泥于语句，如开发商在销售广告中允诺有“超大游泳池”“五星级会所”等，虽然有部分内容是模糊、不确定的，但是一般理性人会认为至少开发规划范围内会有游泳池、休闲会所。但宣传资料中采用“约”“近”“预计”“贵族品质”“轻奢风格”等模糊的描述性语言，一般难以认定为“明确具体”。

三、说明和允诺对购房合同的订立及房价的确定有重大影响

对订立合同有重大影响是指购房人看重的是所售房屋及其附属设施能满足特定心理需求或特定购房目的，正是基于这一点购房人才决定订立合同，其判断应以“合理的个性化需求”为标准。对房屋的价格有重大影响是指宣传资料中说明、允诺的内容成为最终构成房价的重要组成部分。从证据收集的难易角度观察，购房者收集说明和允诺“明确具体”的证据并不困难，但要证明该内容对合同订立和价格确定有重大影响却并非易事。

本案中，原告认为构成要约的主要是宣传资料中提到“某公司托管”的相关内容，但从该宣传资料中的文字表述来看，主要是对“某公司托管”进行了宣传，但并未写明具体托管的方案，说明和允诺不够具体和确定；同时在案件审理过程中从双方的陈述可知，案涉房屋最终能否由某公司进行托管，并不是原告可以直接决定的事项，无法证明该允诺对购房合同的订立及房价的确定有重大影响，因此，不符合构成要约的条件。

编写人：浙江省新昌县人民法院　秦妙　贾抒丽

42

买房人对拆迁安置差价款结算具有代为履行的合法利益

——顾某诉赵甲、赵乙房屋买卖合同案

【案件基本信息】

1. 裁判书字号

江苏省无锡市中级人民法院（2024）苏02民终305号民事判决书

2. 案由：房屋买卖合同纠纷

3. 当事人

原告（被上诉人）：顾某

被告（被上诉人）：赵甲、赵乙

第三人（上诉人）：某房地产开发公司

【基本案情】

2018年2月8日，拆迁单位与赵甲签订房屋征收补偿安置协议，约定对赵甲的房屋进行拆迁，赵甲自选包括406室在内的4套安置房。

2019年11月14日，甲方（赵甲、赵乙）与乙方（顾某）签订房屋买卖协议，约定甲方将位于406号房屋以59万元价款出售给顾某。合同签订后顾某支付了43万元，对于剩余未付款项，顾某表示在赵甲、赵乙交付房屋时一并支付。

诉争房屋现首次登记在某房地产开发公司名下，赵甲、赵乙尚有223897元的拆迁安置差价未交纳。一审中，法院向某房地产开发公司释明，如某房地产开发公司认为配合办理房产过户手续需要以赵甲、赵乙或者顾某付清拆迁补偿差价款为前提，则应在规定的时间内向法院以有独立请求权第三人的身份向法

院提出具体的诉讼请求，但某房地产开发公司未提出要求相关义务主体支付拆迁安置差价的请求。二审中，顾某同意向某房地产开发公司支付拆迁安置差价款223897元，某房地产开发公司同意收款后协助办理房屋的过户手续。

【案件焦点】

1. 某房地产开发公司未根据法院释明提起诉讼是否构成怠于主张权利；2. 顾某是否有权代为结清拆迁安置差价款以实现房屋过户目的。

【法院裁判要旨】

江苏省宜兴市人民法院经审理认为：顾某与赵乙、赵甲签订的房产买卖协议系双方的真实意思表示，对双方均具有约束力。关于赵乙、赵甲尚有拆迁安置补偿款未交清事项，拆迁安置补偿款的权利义务双方为赵乙、赵甲与某房地产开发公司。赵乙、赵甲怠于交纳或者某房地产开发公司怠于向赵乙、赵甲主张追索拆迁安置补偿款所带来的消极后果不应当由购房者顾某来承担。在案涉房屋交付顾某前或交付后，某房地产开发公司均可以向被拆迁人主张。尤其是在法院向某房地产开发公司释明可在本案中向相关权利人主张权利时，某房地产开发公司仍怠于主张权利，由此产生的不利后果应当由权利消极对待者来承担。因此，拆迁安置补偿款未交清不构成案涉房屋交付及过户的障碍。赵乙、赵甲应当向顾某交付并办理房产过户手续，某房地产开发公司应予配合。

江苏省宜兴市人民法院依照《中华人民共和国合同法》第一百零七条、第一百三十五条，《中华人民共和国民事诉讼法》第一百四十七条之规定，判决如下：

一、某房地产开发公司将案涉房屋产权变更登记至赵甲、赵乙名下，过户费用由赵甲、赵乙负担。赵甲、赵乙自取得上述房屋产权登记之日起二十日内将房屋产权登记变更至顾某名下，过户费用由顾某负担；

二、顾某自取得上述房屋产权登记当日向赵甲、赵乙支付房款16万元；

三、驳回顾某的其他诉讼请求。

某房地产公司不服一审判决，提起上诉。

江苏省无锡市中级人民法院经审理认为：因赵甲、赵乙结欠某房地产开发公司拆迁安置差价款 223897 元，某房地产开发公司有权依据拆迁安置协议行使先履行抗辩权。赵甲、赵乙拒付拆迁安置差价款，导致其与顾某之间的房产买卖协议存在履行障碍，顾某按约支付购房款后取得房屋产权的交易目的无法实现。在此情形下，顾某作为房屋买受人，对房屋拆迁差价款债务履行具有合法利益，顾某有权代赵甲、赵乙与某房地产开发公司结清拆迁安置差价款，并在代为清偿范围内取得某房地产开发公司对赵甲、赵乙享有的债权权利，该债权与顾某 16 万元购房尾款债务相抵扣后，顾某实际可向赵甲、赵乙追偿金额为 63897 元。

江苏省无锡市中级人民法院依照《中华人民共和国民法典》第五百二十四条，《最高人民法院关于适用〈中华人民共和国民法典〉合同编通则若干问题的解释》第三十条，《中华人民共和国民事诉讼法》第一百七十七条第一款第二项之规定，判决如下：

一、维持江苏省宜兴市人民法院（2023）苏 0282 民初 9555 号民事判决第一项、第三项；

二、撤销江苏省宜兴市人民法院（2023）苏 0282 民初 9555 号民事判决第二项；

三、顾某于判决生效之日起十日内向某房地产开发公司支付拆迁安置差价款 223897 元，顾某与赵甲、赵乙就房产买卖协议所涉 16 万元剩余购房款在顾某支付拆迁安置差价款 223897 元后即全部结清。

【法官后语】

第三人代为履行是《中华人民共和国民法典》新增的条文，在审判实践中，对于有权代为履行债务的第三人范围及是否具有履行利益如何把握，第三人介入债权债务关系是否损害债务人的合同相对性利益均存在不同认识，值得分析总结。

一、对债务代为履行具有合法利益第三人的法定类型及适用

《中华人民共和国民法典》第五百二十四条规定：“债务人不履行债务，第

三人对履行该债务具有合法利益的，第三人有权向债权人代为履行；但是，根据债务性质、按照当事人约定或者依照法律规定只能由债务人履行的除外。债权人接受第三人履行后，其对债务人的债权转让给第三人，但是债务人和第三人另有约定的除外。”该规定除从“债务性质”“合同约定”“法律规定”三个方面对第三人代为履行的权利作出限定外，对“合法利益”概念未作正面定义。因此，有观点认为应当对具有合法利益第三人持开放态度，“法无禁止即可为，只要第三人履行该债务目的合法或不违反法律法规和规章的禁止性规定，即可认定为第三人对履行该债务具有合法利益”①。《最高人民法院关于适用〈中华人民共和国民法典〉合同编通则若干问题的解释》第三十条则从“担保人”“对特定财产享有物权、占有利益及其他合法权益的人”“债务人的特定关系人”对第三人进行类型化指引，同时采用“其他对履行债务具有合法利益的第三人”兜底条款为司法实践增加第三人新的类型留下空间。

尽管立法及司法解释对代为履行的第三人范围作出上述规定，但是在具体个案中与债务人签订买卖合同的买受人是否为适格代为履行第三人仍然存在争议。从文义上看，买受人并不属于该司法解释第三十条第一款第四项规定的“对债务人的财产享有合法权益且该权益将因财产被强制执行而丧失的第三人”；从整体解释分析，《中华人民共和国民法典》第四百六十五条第二款规定了“依法成立的合同，仅对当事人具有法律约束力，但是法律另有规定的除外”，依据合同相对性原则，房屋买卖合同与征收补偿安置协议分别对应不同的合同主体，由第三人介入征收补偿安置协议履行将会打破征收补偿安置协议履行预期，甚至是剥夺合同双方享有的履行抗辩权。具体到本案案情，买受人顾某的房屋过户请求权并未因某房地产开发公司或其他债权人提起诉讼并强制执行案涉房屋而丧失，且拆迁安置房具有较强的政策性和人身依附性，似乎更符合根据债务性质适宜由债务人履行。

① 最高人民法院民法典贯彻实施工作领导小组编：《中华人民共和国民法典合同编理解与适用（一）》，人民法院出版社2020年版，第422页。

二、代为履行利益与合同相对性原则之间的协调

学术界对代为履行“合法利益”有从宽解释和从严解释两种不同观点。[①] 从宽解释认为，代为履行免除了债务人的给付义务，履行行为使债务人纯获利益，也使债权人纯获利益，因此，对第三人范围无须过严。从严解释认为，代为履行后法定债权转移效果将使债务人、债权人双方关系演化为债务人、债权人、第三人之间的三方关系，对合法利益的判断应作限缩解释防止第三人任意干预债的关系。上述两种观点实质之争在于代为履行制度是对合同相对性原则的击破，以实现债权债务及时清结或简化。因此，判断代为履行“合法利益”，应当是在守住合同相对性原则底线基础上兼顾第三人合法权益。具体而言，第一，坚守合同相对性原则。合同目的包括客观目的和主观目的，除将合同目的定位为合同的给付义务内容（客观目的）外，还需要将合同目的定位为合同给付义务之外的利益，即将合同目的纳入合同的交易基础领域，作为合同有意义的前提，这种意义上的合同目的就是成为合同的交易基础的主观目的。[②] 因此，代为履行不能违反债务人、债权人内部约定或明确表示于外的反对代为履行的主观意愿，也不能违背债务专属性、剥夺当事人双务合同履行抗辩权。第二，在不违反原债权债务合同目的、债务专属性及法律规定，也不会导致原债权债务合同义务落空的情形下，应当原则上允许第三人代为履行，换言之，原债权债务人行使权利不得“损人不利己”。例如，在不动产买卖和特定动产买卖中，连环交易的后手实现其交易目的必须依赖完成前手交易时，应当肯定后手买受人具有代为履行的合法利益。回归到本案案情，虽然征收补偿安置协议是赵甲、赵乙与拆迁单位签订，但是拆迁安置房允许上市交易，且被拆迁人将四套安置房中的一套出售也不涉及被拆迁人生存权益优先保护的问题，该征收补偿安置协议已经大部分履行完毕，仅剩最后差价款的结算及产权过户，由第三人结算差价款并无损害拆迁单位的利益，也不损害赵甲、赵乙的利益，故赋予买受人

① 王利明：《论第三人代为履行——以〈民法典〉第524条为中心》，载《法学杂志》2021年第8期。

② 杨锐：《论〈民法典〉中的“不能实现合同目的”》，载《北方法学》2021年第2期。

顾某“代为履行权”有利于实现拆迁差价结算、买受人取得房屋过户即简化债权债务关系的双重目的，故本案应肯定顾某对拆迁差价款结算的履行利益，借由第三人代为履行制度平衡拆迁单位与买受人的合法利益。

三、拆迁单位对拆迁差价款主张权利的方式不应限制

值得继续讨论的是，一审法院是以某房地产开发公司经释明仍不以有独立请求权的第三人参与诉讼，怠于主张权利，由此产生的不利后果不应由买受人顾某承担为由，直接判决某房地产开发公司协助配合过户，并由顾某将剩余购房款支付给出卖人。该判决观点最大的逻辑缺陷是通过法院释明的方式为权利人指明了具体的行权方式，但是某房地产开发公司作为征收补偿安置协议当事方，在被拆迁人未结清拆迁差价款的前提下当然有权依据先履行抗辩权拒绝配合过户。先履行抗辩权在性质上具有消极防御的特点，其效力是阻止对方权利效力发生或使对方权利效力向后延伸，合同履行抗辩权无须经过诉讼或仲裁程序，只需权利人单方行使即可。因此，司法直接指令某房地产开发公司提起诉讼显然过于武断，且法院判决买受人将剩余购房款支付给不诚信的出卖人，亦不利于某房地产开发公司利益保护。

编写人：江苏省无锡市中级人民法院　卢文兵　张朴田

43

格式合同中免责条款的提示义务的履行标准认定

——张某诉某房地产公司房屋买卖合同案

【案件基本信息】

1. 裁判书字号

广西壮族自治区南宁市中级人民法院（2023）桂 01 民终 13228 号民事判决书

2. 案由：房屋买卖合同纠纷

3. 当事人

原告（反诉被告、上诉人）：张某

被告（反诉原告、上诉人）：某房地产公司

【基本案情】

某房地产公司出具《收据》，确认收到张某支付的地下车位的预约登记费 5 万元，后双方未能协商解决车位的付款问题。2023 年 5 月 29 日，某房地产公司向张某住址邮寄《催促签约通知函》，载明：应于 2023 年 5 月 31 日前携带相关资料到我司办理签约手续，否则将视为您放弃购买上述商品房。我司将直接没收全额定金，并有权另行处置该商品房。该快递经查询未妥投被退回。

2020 年 4 月 15 日，张某（乙方）与某房地产公司（甲方）签订一份《商品房定购书》，约定张某向某房地产公司购买某号商品房，房屋总价 1965810 元。2020 年 4 月 18 日，张某在《销售合同流程表》上签字，该表载明：某号房；折前总价 2289931 元；折扣明细：原始定价×（分期付款即 100%）×（购车位享 95 折即 95%）×（分期付款 98 折即 98%）×（三天换签 98 折即 98%）×（区域营销总折扣 97 折即 97%）×（案场折扣 97 折即 97%）－（精装款即 347310 元）。折后建面单价 16980. 31 元，折后套内单价 22077. 83 元，房屋合同价 1965810 元。

同日，张某在《关于购房优惠款项的承诺书》（以下简称《承诺书》）上签字，载明：本人于 2020 年 4 月 15 日购买某号房，折后总价为 1965810 元，其中本人选择分期支付方式而享受额外折扣优惠金额 43508. 69 元，同时本人购买该房屋的同时申请选购 1 个车位而享受额外折扣优惠金额为 114496. 55 元，该等优惠金额已从上述该商品房折后总价中扣减。本人就该等购房优惠向贵司承诺如下：若后续本人未按所签署的《商品房买卖合同》的约定支付贵司房款或车位款。本人同意将前述所享受的优惠金额自贵司通知日之日起 2 日内无条件退还贵司。本承诺书为本人独立性意见，亦为本人真实意思表示，且为不可撤销之承诺。该日，张某与某房地产公司签订《商品房买卖合同》，约定张某购买某号房，总价合计 1965810 元。签订上述合同后，张某付清了全部购房款。

另查明，某房地产公司于 2022 年 12 月 9 日取得车位预售许可证。再查明，南宁市住房和城乡建设局于 2023 年 8 月 11 日向一审法院回函载明涉案房拟售建筑面积毛坯单价为 1.5 元。

张某提出如下诉讼请求：某房地产公司向张某返还车位预约登记费 5 万元并支付资金占用利息。某房地产公司对张某上述主张辩称原告因自身原因没有与某房地产公司办理签约手续，车位预约登记费 5 万元不应返还。

某房地产公司向一审法院提出反诉请求：(1) 张某向某房地产公司返还购房优惠款 114496.55 元。(2) 张某向某房地产公司支付违约金。张某对于反诉请求的主张某房地产公司未就该《承诺书》的格式条款以合理方式向张某进行提示，该格式条款排除了买受人的主要权利，应为无效格式条款。

【案件焦点】

1. 张某与某房地产公司之间是否成立真实有效的预约合同关系；2. 张某签订的《承诺书》效力如何认定；3. 张某向某房地产公司返还购房优惠款的条件是否成就、应否向某房地产公司返还购房优惠款。

【法院裁判要旨】

广西壮族自治区南宁市青秀区人民法院经审理认为：关于案涉 5 万元的性质认定及是否应予退还的问题。某房地产公司出具的《收据》中载明收取预约登记费 5 万元，可见双方达成的是购买涉案车位的预约登记的合意。某房地产公司虽将车位的商品房买卖合同发给张某，但合同并未签订亦未生效。因此，应认定张某支付的 5 万元为预约金，某房地产公司与张某之间成立真实有效的预约合同关系。因张某不再继续购买涉案地下车位，某房地产公司退还 5 万元。在双方商品房预约合同关系仍然存续的情况下，某房地产公司占有上述 5 万元，属正当合理。

关于张某是否应向某房地产公司返还 114496.55 元的问题。在《项目销售合同流程表》中，对房的价格折扣明细作出详细表述，上述流程表由张某签字确认。张某又签署涉案《承诺书》，承诺如就选购的车位拒绝签订车位合同，同意将所享受的购房优惠金额 114496.55 元退还给某房地产公司。上述两份材料均反映出张某对其因购买车位而享受购房折扣优惠一事知情。此后，签订的《商品房买卖合同》约定的购房总价为 1965810 元，可见《承诺书》作为要约，在某房地产公司收到并给予价格优惠后已生效。至于该《承诺书》是否属于格式条款的问题，在购买房屋时，张某对是否另外购买车位具有选择权，其作出的选择会决定是否享受购房优惠，而《承诺书》是发生前述一系列行为后的结果，即由于张某未签订车位合同，也未完全支付全部车位款，某房地产公司在需先行给予其购房优惠的情况下，要求张某出具《承诺书》，保证其在此后签订车位合同、支付车位款，以上并未不合理地免除或者减轻某房地产公司的责任，或加重张某的责任、限制张某的权利。因张某不再购买涉案车位，其亦不能享受 95 折的购房优惠，某房地产公司要求张某退还购房优惠款 114496.55 元，合理有据。因某房地产公司此前未通知张某在指定期限内退还优惠款，其要求张某支付逾期退款违约金，证据不足，不予支持。

广西壮族自治区南宁市青秀区人民法院依照《中华人民共和国民法典》第一百五十八条、第四百七十一条、第四百七十二条、第五百零二条、第五百零九条、第五百六十二条，《中华人民共和国民事诉讼法》第六十七条之规定，判决如下：

一、某房地产公司向张某退还预约金 5 万元；

二、张某向某房地产公司退还购房优惠款 114496.55 元。

张某不服一审判决，提起上诉。

广西壮族自治区南宁市中级人民法院经审理认为：同意一审法院裁判意见，依照《中华人民共和国民事诉讼法》第一百七十七条第一款第一项之规定，判决如下：

驳回上诉，维持原判。

【法官后语】

格式合同形式的出现是现代经济发展的必然产物。格式条款自身的重复使用优势在双方发生纠纷时也成了其原有优势之下衍生的弊端。在房屋买卖合同纠纷中，常见为房屋买卖双方对于格式合同中违约责任条款的争议，特别是与开发商之间签订商品房买卖合同的情况最为常见。因格式合同为开发商预先拟订且未经与购房者协商，故实践中常见争议焦点为开发商基于合同条款主张购房者的违约责任，购房者因不认同相关条款对于其应承担的违约责任特别是违约责任过重的约定，故而产生了诸如本案因购房者认为格式合同的相关条款在签订合同时，开发商并未尽到提示说明的义务，主张相关约定应当无效的情形。

本案审理中需要处理的核心问题是格式合同中免责条款的提示义务的履行标准认定。《中华人民共和国民法典》第四百九十六条及《最高人民法院关于适用〈中华人民共和国民法典〉合同编通则若干问题的解释》第十条均明确规定了提供格式合同一方对于格式合同的异常条款的提示说明义务，其中异常情况包括“免除或者减轻其责任、排除或限制对方权利”的情形。对此，在司法实践中因法官自由裁量权存在个案差异，法官在个案中只能根据具体情况甄别提供格式合同一方对于异常条款是否尽到了说明提醒义务。回归本案，法院结合涉案《商品房订购书》《商品房买卖合同》明确约定优惠后购房款金额及优惠方案，另有同日签订的《承诺书》约定因张某原因未签订车位买卖合同情况下退还合同明确的优惠款等内容。虽张某辩称该承诺书系开发商单方提供予其签字，甚至是在其签署数份材料时未留意的情况下签字，但结合在案双方签订的数份书面合同协议可以佐证认定该约定内容实际已经达成合意且到达购房者，同时，经青秀区人民法院对于同地段同小区的毛坯房屋市场价格横向比对，也并未存在开发商不合理地免除或者减轻其责任、加重对方责任、限制排除对方主要权利的法定无效情形。基于对上述问题的判断及相关案件事实的审查，青秀区人民法院结合在案证据最终认定张某应当退还该购房优惠款等判决结果。

目前，司法实践中，对于格式合同中免责条款的提示义务的履行标准的认定仍是涉及格式合同案件免责条款效力认定的难题。结合本案，笔者认为在案件审理过程中可以着重考量以下几个方面。

一、签订合同前的协商

此类型引发的纠纷相对较少，双方经过协商，一般来说双方对于违约责任承担的处理结果异议不大。但对于该种情况，往往常见于合同中格式合同提供方约定的违约责任计算方式可选，并由双方协商选择相应的约定条款。其实质依然为一方预先拟订的格式条款，虽有协商选择的空间，但仍是由一方拟制的约定项下带有设限性的选定。因此，在处理个案时要注重结合双方的协商合意等方面进行认定是否完成提示说明义务。

二、签订合同时的说明

签订合同时提供格式合同一方应当就免责条款的合理方式进行说明，提示对方注意。对于合理方式的认定，包括书面提示及口头说明，书面方式即使简化为字体加黑加粗放大显示等形式，也应当以常人能够理解的方式予以说明。具体个案处理中除了查明双方对于合同签订时提供合同一方是否已经进行合理提示说明以外，还要实质分析该免责条款的内容是否已经送达非提供格式合同一方等情况。特别是双方签订为电子合同的情况，签订合同时是否能够对相关条款进行阅读和提示阅读的认定极为关键。

三、签订合同后的救济

一般来说，格式条款的说明应当最迟在签订合同时完成该义务。但实践中，仍存在双方对于违约条款或免责条款作出进一步的磋商后补充相关的协议或意见，对于签订格式合同后作出的补充意见，应谨慎结合其他在案证据进行认定。如本案中，因事后签订的承诺书与双方签订的多份合同或协议相关内容一致，虽购房者不予认可该承诺书关于退还优惠款的内容，但亦能够通过其他证据推定的，同样可以认定该事后书面意见的效力。

编写人：广西壮族自治区南宁市青秀区人民法院　甘芳　范俪

（四）违约金与违约责任

44

将房屋总价款拆分进行网签以少缴税款的行为是否构成偷税

——刘某诉杨某房屋买卖合同案

【案件基本信息】

1. 裁判书字号

北京市第一中级人民法院（2023）京01民终10883号民事判决书

2. 案由：房屋买卖合同纠纷

3. 当事人

原告（被上诉人）：刘某

被告（上诉人）：杨某

【基本案情】

刘某与杨某系房屋买卖合同出卖人与买受人，双方在房地产经纪公司居间介绍下签署《北京市存量房屋买卖合同》，合同约定杨某购买刘某所有的一套房屋，该房屋成交价款为840万元整，其中包括房屋主体价款125万元以及装修及设施折价款715万元。合同第八条中约定："该房屋交易按现行法律法规确定的税种、税率缴纳，上述税费由杨某全部承担。"其间，刘某发现杨某串通中介要以房屋主体价款125万元作为成交价即用"阴阳合同"来偷逃国家税款，刘某不同意签订“阴阳合同”，于是双方起诉至法院。经过一审法院判决，认定了715万元装修及设施折价款实际为房屋价款的一部分，以125万元网签属于规避税收损害国家利益的情况，双方应继续履行原买卖合同；杨某应支付房款，刘某应于收到款项后三日内，配合将所售房屋过户至杨某名下。而杨某在规定期限内以各种理由推脱、不配合办理过户手续。该房屋过户至杨某名下后，其按照成交价840万元为基数缴纳了买方的税费即契税，拒绝按照840万元为基数缴纳合同中约定由其缴纳的卖方税费，而要求以房屋主体价款125万元为基数进行缴纳。

刘某的诉讼请求为：(1) 判令杨某履行双方签订的《北京市存量房屋买卖合同》中关于税费约定的义务，杨某偿还我先行垫付的税费1745601.73元(其中包括个人所得税1343502.38元、增值税379339.02元、地方教育附加3793.39元、教育费附加5690.08元、城市维护建设税13276.86元)。(2) 判令杨某偿还我先行垫付的税费滞纳金48611.31元。(3) 判令杨某支付违约金107.1万元。(4) 判令杨某支付税费加税费滞纳金总额为1794213.04元的利息，按2022年11月中国人民银行发布的一年期贷款市场报价利率3.65%计算，时间自2022年11月12日起至实际返还之日止。(5) 判令本案诉讼费由杨某承担。

【案件焦点】

涉案房屋的交易税费、滞纳金及相应利息是否该由杨某承担，且承担税费的基数为840万元还是125万元。

【法院裁判要旨】

北京市海淀区人民法院经审理认为：依法成立的合同，受法律保护，对当事人具有法律约束力。刘某与杨某于2021年11月15日签订的《北京市存量房屋买卖合同》及附件已经生效判决确认合法有效。双方均应按照合同约定全面履行各自的义务和遵循诚实信用原则，根据合同的性质、目的和交易习惯履行通知、协助、保密等义务。除税费负担外，其他合同义务业已履行完毕。关于房屋税费负担问题，双方虽在案涉合同约定房屋主体价款为125万元，装修及设施折价款为 715 万元，但该约定系逃避税收监管的行为，违反法律法规的强制性规定，当事人应当按照房屋实际成交总价 840 万元缴纳各项税款。根据案涉合同约定，税费由买受方全部承担，因此，涉案房屋交易税款缴纳的合同义务主体为杨某。杨某所持其为帮助刘某避税而拆分价款、双方约定其按照 125 万元缴纳税款的抗辩意见本院均不予采纳。关于税款滞纳金负担问题，涉案房屋交易税款缴纳的合同义务主体是杨某，及时缴纳税款防止税款滞纳金的产生及扩大是杨某的合同义务，应对滞纳金的产生及扩大承担全部责任。杨某所持刘某存在过错影响合同履行、可能重复产生退税的抗辩意见，证据不足，本院不予采纳。刘某要求杨某支付其垫付的税款、滞纳金及利息的诉讼请求，于法有据，本院予以支持，利息按银行同期存款利率计算。关于刘某要求杨某向其支付逾期缴纳税费的违约金的诉讼请求，杨某并非恶意违约，本院不予支持。

据此，北京市海淀区人民法院依照《中华人民共和国民法典》第五百零九条及《中华人民共和国民事诉讼法》第六十七条第一款之规定，判决如下：

一、杨某于判决生效后七日内给付刘某地方教育附加 3793.39 元、教育费附加 5690.08 元、城市维护建设税 13276.86 元、个人所得税 1343502.38 元、增值税 379339.02 元，共计 1745601.73 元并支付利息（以 1745601.73 元为基数，按中国人民银行同期存款利率标准计算，自 2022 年 11 月 11 日起至实际支付之日止）；

二、杨某于判决生效后七日内给付刘某增值税滞纳金 10621.49 元、个人所得税滞纳金 37618.07 元、城市维护建设税滞纳金 371.75 元，共计 48611.31 元并支付利息（以 48611.31 元为基数，按中国人民银行同期存款利率标准计算，自 2022 年 11 月 11 日起至实际支付之日止）；

三、驳回刘某的其他诉讼请求。

杨某不服一审判决，提起上诉。

北京市第一中级人民法院经审理认为：合同是民事主体之间设立、变更、终止民事权利义务关系的协议，依法成立的合同，受法律保护，对当事人具有法律约束力，当事人应当按照约定全面履行自己的义务。上诉人杨某与被上诉人刘某于 2021 年 11 月 15 日签订的《北京市存量房屋买卖合同》及附件已经生效判决确认合法有效，双方均应依约履行义务，现合同双方除税费负担外，已履行完其他合同义务。根据当事人的诉辩主张，二审的争议焦点在于一审法院认定涉案房屋的交易税费、滞纳金及相应利息由上诉人杨某承担是否正确。杨某与刘某通过合同约定由买方杨某承担全部交易税费，亦未出现合同约定的因出卖方责任导致税费增加而由出卖方承担增加费用的情况，并且在之前的交易过程中，因网签税费基数问题，杨某曾另案诉请继续履行合同、办理过户，法院亦通过生效判决明确：以 125 万元价格网签存在规避税收损害国家利益的情况，715 万元装修及设施折价款实际为房屋价款的一部分，交易双方在继续履行合同时应按照规定缴纳相关的税费。杨某是合同约定的全部税费负担方，应对己方的税费成本予以审慎关注，尤其是在法院生效判决释明的情况下，理应知晓合同的应税价款及约定税费由己方全部承担的后果和风险；此外，通过刘某在二审中提交的其与中介刘某的微信聊天记录截图可以认定，刘某在与中介沟通过程中，也始终认定房屋的总价款是 840 万元并以此作为其售房净得款，故本院对杨某所持预期以 125 万元价格网签，无法预测到税费计算基数为房屋总价 840 万元的辩称意见不予采纳，一审法院对此处理并无不当，本院予以确认。现刘某作为法定缴税义务人先行垫付涉案交易税款，杨某应当依据合同约定向刘某支付其垫付款项及相应利息；税费滞纳金的产生是由于买方杨某怠于履行合同约定所致，亦应由杨某承担，一审法院对上述费用承担处理正确，本院予以支持。关于杨某提交的刘某和中介刘某的微信聊天记录截图，是刘某提交的微信聊天记录截图的一部分，不足以形成新的有效事实，与其所持的证明目的缺乏关联性，本院不作为二审新证据予以认定。

综上所述，杨某的上诉理由不能成立，对其上诉请求，本院不予支持。一审判决认定事实清楚，适用法律正确，应予维持。

北京市第一中级人民法院依照《中华人民共和国民事诉讼法》第一百七十七条第一款第一项之规定，判决如下：

驳回上诉，维持原判。

【法官后语】

目前，在房价较高的城市的二手房交易市场中，为降低交易成本，买卖双方可能会通过将房价款拆分为房屋主体价款和装修价款的方式，以少缴纳税款，中介通常说这种方法是合理的避税行为。在网签时，仅按照房屋主体价款进行网签，而将装修价款排除在外，最终只按照网签价格缴纳税费。本案中，当事人将房屋总价款拆分为房屋主体价款和装修及设施折价款，杨某试图以房屋主体价款125万元作为税费缴纳基础，即体现此种做法之用意。但该约定系逃避税收监管的行为，违反法律法规的强制性规定，当事人应当按照房屋实际成交总价840万元缴纳各项税费。

根据《中华人民共和国税收征收管理法》第六十三条第一款的规定，纳税人伪造、变造、隐匿、擅自销毁帐簿、记帐凭证，或者在帐簿上多列支出或者不列、少列收入，或者经税务机关通知申报而拒不申报或者进行虚假的纳税申报，不缴或者少缴应纳税款的，是偷税。那么在房屋买卖中，若买卖双方将房屋总价款拆分为不同款项，并在网签时将其中一部分排除在网签价之外，在纳税申报时也未对相应部分款项如实申报，即可以认定网签价格并非真实的房屋价款，而是为偷税而申报的虚假房价。因为在房屋买卖中，买方应缴纳的税款应为卖方获得的实际收入，网签价格应当与房屋的实际成交价格一致，而并不能将其中一部分以装修设施折价款的形式排除在外。

同时，《国家税务总局关于个人住房转让所得征收个人所得税有关问题的通知》（已修改）中规定，对住房转让所得征收个人所得税时，以实际成交价格为转让收入。因此，在纳税时，房屋出卖人应当向税务机关如实申报，告知拆分款项，若隐匿房屋价款且未对相应部分进行缴费，则属于违法的偷税行为。通知中还规定，对于房屋出卖人实际支付的合理的装修费，房屋出卖人在缴纳个税时可以按照房屋性质，在提供实际支付装修费用的税务统一发票，并在发票付款人姓名与转让房屋产权人一致时，可在相应比例范围内予以抵扣。

总而言之，在实践中应当结合案件的具体情况，适用相应的法律规范。

编写人：北京市海淀区人民法院　陈穆颜　朴容萱

45

房屋买卖合同中无法实现房屋学位的损失及责任承担

——何某诉杨某房屋买卖合同案

【案件基本信息】

1. 裁判书字号

广东省深圳市中级人民法院（2023）粤03民终12251号民事判决书

2. 案由：房屋买卖合同纠纷

3. 当事人

原告（上诉人）：何某

被告（上诉人）：杨某

第三人（被上诉人）：某房地产经纪公司

【基本案情】

2021年1月10日，杨某、何某与某房地产经纪公司签订《房产买卖合同》，约定杨某将某房产作价1150万元出售予何某；杨某确认未将该房屋出租；某房地产经纪公司就案涉房屋买卖收取中介费13.8万元，费用由何某承担；杨某确认，交易房屋具备A学校学区名额，但该名额已被锁定。前述名额将于2021年9月1日前解除锁定。如因杨某原因学位未能按时解锁导致何某过户后无法使用的，甲方应向乙方支付0元作为违约金，但因客观因素变化的除外。

涉案房屋于2021年4月12日过户登记至何某名下。后，双方因学位问题发生本案争议。何某主张因为杨某将涉案房屋出租给其姐姐，并在2021年4月申请小一、初一学位的时间段提供备案的租赁合同，申请了初一的学位即B学校。根据某区的学位政策，同一学位只能供一个家庭的不同孩子就读，所以杨某的姐姐利用租约在 2021 年 4 月申请并取得了初一的学位后，何某在 2022 年 4 月申请小一学位时，无法登录系统进行学位申请。何某提交的涉案房屋的学区房查询结果显示，涉案房屋已在 2021 年被 B 学校初中部锁定。庭审中，杨某确认其前承租人即其姐姐的女儿于 2021 年 5 月以涉案房屋申请初中学位，涉案房屋已被 B 校初中部锁定。

何某提交其配偶与案外人黄某签订的《租赁合同》、支付宝支付凭证、收款收据、微信聊天记录，主张为申请 A 小学学位，另行向案外人承租房屋，支付押金 3600 元、租金 1800 元、管理费 100 元、学位授权费 3000 元，总计 8500 元；因租赁合同积分较低，最终未申请到 A 小学学位，何某的女儿入读位于 C 公学，支出学费 7.4 万元/学期、住宿费 10800 元/学期，并主张杨某赔偿相应损失。

杨某一审提交的《深圳民办中小学学费一览》显示 2020 年度 D 公学最低学费标准为 31300 元/学期。何某上诉主张该学校离案涉房产距离较近，2022 年度因无学位名额而无法入学，同意以该学校的最低学费标准作为其损失计算依据，并提交地图查询截图显示该学校离案涉小区距离 1.3 公里，步行时间 18 分钟。

【案件焦点】

因何某无法在 2021 年 9 月使用案涉房产的学位供其女儿就读 A 小学，杨某是否需要赔偿何某的损失及赔偿数额。

【法院裁判要旨】

广东省深圳市宝安区人民法院经审理认为：本案的争议焦点为：（1）杨某是否违约。（2）杨某应否赔偿何某因无法使用涉案房屋学位产生的损失及损失的金额。（3）某房地产经纪公司在提供居间服务过程中是否存在欺诈。

关于第一个争议焦点。一审法院认为，涉案合同对学位作出明确约定，杨某确认涉案房屋具备 A 小学学区名额，但该名额已被锁定，前述名额将于 2021 年 9 月 1 日前解除锁定；该约定不仅是杨某对涉案房屋学位使用情况的陈述和保证，更是对学位于 2021 年 9 月 1 日前解除锁定的承诺。即使杨某所述属实，该条款为某房地产经纪公司拟定，但涉案合同的签订主体为杨某，实际约束的主体亦为杨某，杨某作为完全民事行为能力人在签署合同时应对合同内容进行审查和确认，杨某主张学位解除的时间是某房地产经纪公司给出的时间，不能作为杨某的承诺，故一审法院不予采信。杨某应按照约定，保证锁定的学位于 2021 年 9 月 1 日前解除。根据本案查明的事实，杨某的姐姐在 2021 年 5 月继续使用涉案房屋申请初中学位，导致学位未如期解除锁定，杨某的行为构成违约。

关于第二个争议焦点。首先，本案中，双方在涉案合同中明确约定涉案房产具备 A 小学学位，于 2021 年 9 月 1 日前解除，杨某未按照约定解除，应承担因此给何某造成的损失。其次，涉案合同签订于 2021 年 1 月 10 日，于 2021 年 4 月 12 日过户登记至何某名下。庭审中，杨某确认其姐姐的女儿于 2021 年 5 月以涉案房屋申请初中学位。一审法院认为，杨某在已签订涉案合同，且涉案房屋已过户至何某名下的情况下仍使用涉案房屋申请初中学位，有违诚实信用原则。杨某主张某房地产经纪公司告知其以涉案房屋申请初中学位不影响何某的子女申请小学学位，但未提交证据证明，一审法院不予采信。且杨某姐姐的女儿曾以涉案房屋申请小学学位，又于 2021 年 5 月申请初中学位，应对涉案房屋所在地区的学位政策有所了解，并尽到相应的审慎注意义务。综上，杨某应赔偿何某因不能使用涉案房屋学位而产生的损失。

关于损失的具体金额。何某主张杨某赔偿其女儿就读 C 公学六年的学费、住宿费等总计 102.6 万元，明显超出杨某可预见的范围，一审法院不予支持。综合考虑涉案合同的履行情况、杨某违约行为的过错程度、实际给何某使用涉案房屋申请学位造成影响的期间及给何某造成的实际损失等，一审法院酌情判令杨某赔偿何某损失 20 万元。

关于第三个争议焦点。首先，何某确认无直接证据证明某房地产经纪公司存在租约欺诈。其次，杨某已在涉案合同载明未将涉案房屋出租，涉案房屋已实际交付何某占有使用，何某主张某房地产经纪公司存在欺诈，依据不足，一审法院不予采信。综上，何某主张某房地产经纪公司欺诈，依据不足，一审法院不予支持。

广东省深圳市宝安区人民法院依照《中华人民共和国民法典》第五百零九条、第五百七十七条、第五百八十五条，《中华人民共和国民事诉讼法》第六十七条第一款之规定，判决如下：

一、杨某于该判决生效之日起五日内赔偿何某损失 20 万元；

二、驳回何某的其他诉讼请求。

杨某、何某均不服一审判决，提起上诉。

广东省深圳市中级人民法院经审理认为：本案二审的争议焦点为：（1）杨某是否需要赔偿何某的损失及赔偿数额。（2）某房地产经纪公司是否存在过错，应否全额退还佣金 13.8 万元。

关于杨某是否需要赔偿何某的损失问题。本案中，何某与杨某签订的《房产买卖合同》系双方的真实意思表示，内容合法有效，双方均应恪守履行。从本案查明事实来看，双方签订的买卖合同明确约定案涉房产具备 A 学校学区名额，该名额被锁定至 2021 年 9 月 1 日。证明何某在签订合同之时已明确告知杨某，购买案涉房产的目的之一为需要使用案涉房产具备的 A 学校学位。而杨某作为案涉房产的出售方，在签订合同之时，在明知买受人购买房屋的目的包含需要在特定期限之后取得对应的学位。对于案涉房产是否存在租约及学位是否占用应进行如实陈述。因为杨某原承租人利用租赁期限尚未届满的租赁合同占用案涉房产的学位，使得何某的女儿无法在 2022 年 9 月使用 A 学校的学位就读小学一年级。杨某未能如实告知的行为存在明显恶意，对于何某因无法就读 A 学校而产生的损失，杨某应予以赔偿。

杨某主张根据案涉合同约定，如因杨某的原因导致学位未能按时解锁，支付 0 元作为违约金，杨某无须赔偿何某损失。但何某在本案中起诉要求杨某支付的为损失赔偿金而非违约金。退一步说即便如杨某主张的 0 元违约金即为 0 责任。无须承担责任的前提是房屋确实不存在租约，且学位于 2021 年 9 月释放。在该前提条件未能成就的情况下，杨某主张无须承担赔偿责任，缺乏合同约定，也有违诚信原则。

杨某在继续占用案涉房产对应的学位后，理应预计到何某将无法取得A学校的学位，为保障其未成年子女受教育的权利，只能就读私立学校。综合考虑本案学位使用情况以及何某在提起上诉时将赔偿标准主动降低为按照离案涉房产较近的D公学的学费作为计算基数计算赔偿金，该学校的学费不足何某实际支付学费损失的一半，本院对于何某要求杨某支付赔偿金37.56万元的诉讼请求予以支持。

关于某房地产经纪公司是否应退还佣金13.8万元。何某主张某房地产经纪公司未能履行如实告知义务，存在过错。但何某及杨某均未提交证据证明杨某在签订合同之时已明确告知某房地产经纪公司将自2021年9月开始占用案涉房屋的初中学位。一审未支持何某的该项诉讼请求，处理正确，应予维持。

广东省深圳市中级人民法院依照《中华人民共和国民法典》第四百六十五条、第五百零九条、第五百七十七条，《中华人民共和国民事诉讼法》第一百七十七条第一款第二项之规定，判决如下：

一、撤销广东省深圳市宝安区人民法院（2022）粤0306民初26269号民事判决；

二、杨某应于本判决生效之日起十日内向何某赔偿经济损失37.56万元；

三、驳回何某的其他诉讼请求。

【法官后语】

随着社会竞争的日益激烈，家长们为了孩子不输在起跑线上，往往不惜花费重金购置教育资源较为优渥的学位房产，以期其子女获得更优良的教育机会。国家也不断强调坚持“房住不炒”，防止以学区房等名义炒作房价。

在住房交易市场，买受人愿意为学位未占用的住房支付更高对价，与之相应，出卖人则以带学位作为提高售价的砝码，学位占用情况直接影响买家的购买意愿以及愿意就房屋支付高于不带学位房屋的市场价值，学位权利客观上具有市场价值。若出卖人违反该义务，则买受人可视具体情况主张违约损害赔偿金、违约金、定金等违约责任。

具体到本案中，出卖人在明知其已签订租赁合同并配合他人办理租赁备案手续，他人将在2021年9月继续使用案涉房屋的学位的情况下，仍在双方签订的合同中明确承诺将在 2021 年 9 月前释放案涉房屋所附带的学位。而根据深圳现行的学位相关政策的规定：实行学位房制度的学校使用过的房屋信息被锁定，学生在读期间（小学 6 年内、初中 3 年内）该房屋不能再次用于申请学位，小学、初中不能同时给不同的家庭使用。导致买受人的子女无法在既定的时间使用案涉房产附带的学位就读，损害了未成年人受教育的权利。

本案的意义在于，确认了涉学区房的房屋买卖合同中交易房屋的权利内涵包含学位，出卖人应履行相应的学位保障义务。能够正常使用学位、实现就学权益，属于学位房买卖的合同目的。故出卖人无法给付带学位权益的房屋的，买受人可依据民法典相关规定主张就近就读私立学校实际支付的学费损失。

编写人：广东省深圳市中级人民法院　吴颂

46

房屋买卖合同中，中介人消极履行如实报告义务致买受人受损，应承担补充赔偿责任

——彭某、赵某诉黄某等房屋买卖合同案

【案件基本信息】

1. 裁判书字号

湖北省恩施土家族苗族自治州中级人民法院（2023）鄂 28 民终 2426 号民事裁定书

2. 案由：房屋买卖合同纠纷

3. 当事人

原告（被上诉人）：彭某、赵某

被告（上诉人）：某营销公司

被告：黄某、某房地产开发公司、向甲、向乙、谭某

【基本案情】

2019年，某房地产开发公司将位于某小区×幢×单元1层1-101号房出售给黄某，并办理了网签，但未办理过户登记。2021年，彭某、赵某通过上网搜索到由某营销公司发布的房源信息。同年1月31日，彭某、赵某与黄某、某营销公司签订《房屋买卖合同》，黄某将案涉房屋出售给彭某、赵某，成交价为60.8万元。某营销公司工作人员向甲联系谭某到场作律师见证，彭某、赵某于同日支付50.8万元购房款，黄某同日向彭某、赵某交付了案涉房屋及买卖合同，约定办理房屋产权过户时支付剩余购房款10万元，同时彭某、赵某向居间方某营销公司支付中介费6080元，支付律师见证费2000元，彭某、赵某通过微信转给向甲，向甲给谭某转款1000元。彭某、赵某居住使用期间得知因黄某欠某医药公司352317.19元，案涉房屋早在2020年4月被法院查封。因黄某除案涉房产外再无其他可供执行的财产，法院发布公告明确黄某需在限期内履行给付义务，否则将对案涉房产进行评估拍卖。彭某、赵某为保障居住权，遂于2022年10月在法院的主持下，与某医药公司达成执行和解，代黄某支付357879.19元（含案件受理费3292元、保全费2270元）。因案涉房屋仍登记在某房地产开发公司名下。彭某、赵某遂于2023年诉至法院请求判令某房地产开发公司、黄某协助变更案涉房屋权属登记，并由黄某、某营销公司、向甲、向乙、谭某连带赔偿其损失357879.19元。

【案件焦点】

1. 为案涉房屋交易提供中介服务的工作人员向甲、向乙是代表公司的职务行为还是个人行为，因中介服务人员过失造成的经济损失是由其个人承担责任，还是由其所在的中介公司承担责任；2. 在买方无过错的情况下，出卖方黄某、中介人某营销公司和提供合同见证服务的律师谭某的责任划分及责任承担方式。

【法院裁判要旨】

湖北省恩施市人民法院经审理认为：关于争议焦点一，彭某、赵某向某营销公司支付中介费，向乙、向甲代表某营销公司提供中介服务系履职行为及职务行为，因其过失给当事人造成的经济损失，理应由某营销公司承担赔偿责任。

关于争议焦点二，彭某、赵某在案涉房屋交易中基于对专业机构和专业人员的信任，聘请中介公司提供中介服务，聘请律师进行见证，已经尽到了必要的审慎义务，故彭某、赵某不存在过错。黄某故意隐瞒案涉房屋重大权属瑕疵，严重违约，理应承担全部赔偿责任。同时在房地产交易中，中介方、见证律师本质上都有保障交易安全的义务。中介方有义务核实案涉房屋是否存在抵押、查封等权利限制情况并应当如实告知买受人，即使没有能力调查、核查上述信息，也应及时提醒买受人在签订合同前要进行核查确认。本案中，某营销公司既未核实亦未提醒，严重损害了委托人彭某、赵某的利益，见证律师违反了应有的高度注意义务，故中介人、见证律师就其损失应承担相应的赔偿责任。但考虑到中介公司、见证律师未尽到审查核实义务只是导致结果发生的促进因素，根据权利义务对等及公平原则，参照、借鉴侵权纠纷的责任划分方式，黄某应该承担全部赔偿责任，某营销公司、谭某承担补充赔偿责任。

综上，湖北省恩施市人民法院依照《中华人民共和国民法典》第五百八十四条、第九百六十二条、第一千一百六十五条、第一千一百七十一条和《中华人民共和国民事诉讼法》第六十七条第一款、第一百四十七条之规定，判决如下：

一、黄某、某房地产开发公司协助彭某、赵某将位于恩施市某办事处某小区房屋的产权登记至彭某、赵某名下；

二、黄某赔偿彭某、赵某经济损失257879.19元（彭某、赵某应向黄某支付的购房尾款10万元已抵减）；

三、某营销公司、谭某对上述损失承担补充赔偿责任，承担补充赔偿责任的顺序为第一顺位是某营销公司、第二顺位是谭某；

四、某营销公司退还彭某、赵某所支付的中介费6080元；

五、向甲、谭某退还彭某、赵某所支付的律师见证费2000元；

六、驳回彭某、赵某的其他诉讼请求。

一审宣判后，某营销公司提起上诉，后于二审审理过程中撤回上诉，湖北省恩施土家族苗族自治州中级人民法院依照《中华人民共和国民事诉讼法》第一百八十条、第一百八十二条之规定，裁定如下：

准许上诉人某营销公司撤回上诉。

【法官后语】

近年来，二手房交易市场日趋活跃，房屋中介行业随之快速兴起，为保障交易安全，基于对中介公司、见证律师专业知识的信赖，二手房买卖合同中由买卖双方、中介人共签的模式已屡见不鲜。然而，在共签模式下，若交易房屋存在权属瑕疵给买受人造成重大损失，买受人权利如何救济、有过错的中介人应承担何种责任？在尚无明确法律规定的情况下，本案的处理方式可供类案参考。

一、买受人的权利救济途径

首先，对于房屋这一特殊商品，影响其交易及价值的核心要素即为权利所属以及是否存在权利负担。若案涉合同签订于房屋被查封后，合同虽然有效但多因存在过户障碍致合同履行不能。在通常情况下，买受人可以通过诉请解除合同以实现权利救济。但本案的特殊性在于出卖人下落不明、案涉房屋系其唯一可供执行财产，若直接请求确认合同无效或解除合同则买受人将钱房两空。为避免损失扩大，买受人代出卖人偿还债务使房屋得以解封，买受人请求继续履行合同并主张办理不动产变更登记，住有所居得到基本保障。为消除房屋所设负担代出卖人偿还债务自然可以认定为因出卖人违约导致的损失，买受人基于买卖合同法律关系请求出卖人承担直接责任毋庸置疑。

二、中介人未尽如实报告义务应向买受人承担补充赔偿责任

中介人具有法定如实报告义务且报告范围覆盖影响合同订立的所有要素。中介人传递的信息是委托人决定是否订立合同和如何防范风险的重要依据，若中介人仅充当传话筒角色，对出卖人传递的信息不做任何核查，则无法向买受

人提供有效的媒介服务。实践中，如实报告义务将影响合同订立的所有因素纳入报告范围并延伸至忠实义务、风险提示义务、调查义务存在合理性。本案中介人未核实交易房屋的真实状态，消极履行如实报告义务，导致重要信息不实，造成委托人损失，中介人的不作为行为与损害后果之间存在间接因果关系，应承担补充赔偿责任。

（一）法理基础：信赖利益保护、利益与风险一致

中介人通过向委托人报告订立合同的机会或者提供订立合同的媒介服务，向委托人收取报酬。其核心在于利用自身专业优势向委托人披露信息，促成合同订立，本质上为凝聚信赖关系。民法典将中介人的如实报告义务用法律的形式确定下来，委托人基于此法定义务而产生的特定信赖利益应受保护。中介人提供有偿服务获利的对价为信息，其必须保持高度谨慎确保信息的真实性、全面性，因其过错导致委托人利益受损，应当承担相应的风险责任。

（二）利益平衡：公平原则。补充责任是一种中间责任而并非最终责任

目前对中介人的补充责任无明确法律规定。本案中介人与出卖人无串通行为，其不作为在主观上应为过失，因此根据权利义务对等原则，参照民法典侵权编安全保障义务人承担补充责任后享有追偿权的规定，借鉴侵权纠纷的责任划分方式，认定出卖人承担全部赔偿责任，中介人承担补充赔偿责任。实质上即确定了中介人系有追偿权的补充责任，其赔偿责任的递补性和次序性既能填补委托人的经济损失，也能避免出卖人因违约行为获取不当利益，符合公平原则。

法律的价值引领作用要求法官作出的判决具有导向性，以弘扬公平正义的社会主义核心价值观。本案的判决结果客观上起到了倒逼中介人忠实、勤勉履行核实、审查义务，以最小成本避免后续纠纷的产生，保障买受人住有所居，促进各方诚信交易，助力“二手房”交易市场健康、有序发展。

编写人：湖北省恩施市人民法院　宁惠

47

房地产开发公司对未成年人按揭购房的注意程度不够，视为向购房者提供了错误指引

——冯某诉某房地产开发公司房屋买卖合同案

【案件基本信息】

1. 裁判书字号

广西壮族自治区柳州市柳北区人民法院（2023）桂 0205 民初 46 号民事判决书

2. 案由：房屋买卖合同纠纷

3. 当事人

原告：冯某

被告：某房地产开发公司

【基本案情】

2022 年 3 月 31 日，原告的母亲莫某为了以原告作为买受人购买房屋，到被告的售楼部看房，由被告的置业顾问李某接待。莫某与李某进行沟通后，于当日晚上将原告的身份证通过微信拍照发给李某。2022 年 4 月 1 日，莫某以原告作为买受人与被告签订《商品房认购协议书》，约定：以原告为买受人向被告购买 19-1 号房屋，建筑面积为 100. 32 平方米，认购价为 860921 元；原告须于签订认购书时交纳定金 2 万元，首付款不少于总房款的 20%，剩余房款由原告选择以银行按揭贷款方式支付；未在约定时间签订《商品房买卖合同》并交纳相应的购房款的，视为原告违约并自动放弃该商品房的认购，被告有权解除认购协议书，将该房屋另行出售，已付定金不予退回。2022 年 4 月 1~2 日，原告分别支付定金 2 万

元和首付款 6 万元。2022 年 4 月 2 日至 8 月 30 日，双方多次就首付款的支付和房贷利率进行沟通。2022 年 6 月 2 日，李某通过微信与莫某沟通贷款事宜，莫某又再次强调原告的出生日期为 2005 年 8 月 21 日，李某回复称“OK”“你放心”。2022 年 8 月 30 日，李某告知莫某，以原告作为买受人无法办理按揭贷款，双方协商未果。2022 年 10 月 11 日，被告向原告发出关于解除商品房认购协议书的函，告知解除双方签订的商品房认购协议书并不予退还定金 2 万元。为此，原告提起诉讼，主张被告退还原告购房定金 2 万元、首付款 6 万元。

【案件焦点】

1. 最终未能签订《商品房买卖合同》，是基于哪一方违约所导致；2. 房地产开发公司对未成年人作为购房者的注意义务程度应如何认定。

【法院裁判要旨】

广西壮族自治区柳州市柳北区人民法院经审理认为：原告为购买被告所销售的房屋，分别向被告支付 2 万元、6 万元，并于 2022 年 4 月 1 日与被告签订《商品房认购协议书》。2022 年 10 月 11 日，被告向原告发出《关于解除〈商品房认购协议书〉的函》，双方签订的《商品房认购协议书》已经解除，本院予以确认。该认购协议书解除后，被告应将原告支付的购房款 6 万元退还原告。原、被告双方的主要争议焦点为被告是否应退还原告于 2022 年 4 月 1 日支付的定金 2 万元。被告作为从事房屋建筑开发及销售工作的法人，对于何种情形才符合当地市场房屋买卖政策，应有充分的了解，在签订合同前应当预见到房屋的按揭贷款是否能够顺利办理可能面临的问题。双方在签订《商品房认购协议书》之前，被告已知晓原告的身份信息，且对于是否能够按揭购房多次给予肯定答复。本院综合原告的陈述及双方提供的证据材料，经审查并结合相关事实，确信原告主张的事实的存在具有高度可能性，被告对于原告作为买受人进行按揭贷款购房，向原告及原告的母亲莫某提供了错误的指引。最终原告由于无法办理按揭贷款，导致未能与被告签订房屋买卖合同，被告存在过错。现原告主张被告退还已支付的定金 2 万元，有事实及法律依据，本院予以支持。

广西壮族自治区柳州市柳北区人民法院依照《中华人民共和国民法典》第七条、第一百一十九条、第一百七十六条、第四百六十五条、第五百零九条、第五百六十六条、第五百八十六条之规定，判决如下：

被告某房地产开发公司退还原告冯某购房定金2万元、首付款6万元。

宣判后，双方当事人均未提起上诉，本判决现已生效。

【法官后语】

被告作为从事房屋建筑开发及销售工作的法人，在销售新建楼盘，安排售房顾问向客户介绍购房注意事项之前，对于何种情形才符合当地市场房屋买卖政策，应有充分的了解，在签订合同前应当预见到房屋的按揭贷款是否能够顺利办理可能面临的问题，尤其是遇到未成年购房者，对于按揭贷款审查义务应当更高更严格。房地产开发公司对未成年人购房注意义务的审查程度应如何认定？法院主要从以下三个方面进行分析。

首先，房地产开发公司对购房政策的知悉应做到“未雨绸缪”。房地产开发公司应夯实自身“政策库”，在销售新建楼盘之前，对于各种情形下所能享受到的按揭贷款政策了如指掌，包括购买一套房或二套房的区别？购房者年龄不同，贷款条件是否有差异？贷款金额是否有限制等。

其次，房地产开发公司应确保“政策到人”。对于售房顾问进行统一培训，保证售房顾问对待购房者的信息掌握足够细致，给予购房者的解答完全准确，不出现模棱两可的答复，不提供错误的指引。

最后，房地产开发公司应严格“签约程序”。严格限制认购协议的签订程序，加强购房材料的审查，尚未确定的事项落实之前，不轻易签订商品房认购协议书。

结合本案而言，原告的母亲与到被告的售楼部看房的日的，是要以其即将成年的女儿作为买受人购买房屋。从自身的经济条件出发，首付之外的金额，欲以女儿作为买受人进行按揭贷款。双方在签订案涉房屋的认购协议书之前，原告的母亲已将原告的身份证拍照发给被告的售房顾问，也多次向被告强调原告的出生日期。购买该房屋时原告尚未成年，被告并未尽到足够的注意义务，售房顾问多次回复称“你放心”，这样的回复无疑是给了原告的父母一颗定心丸，让原告的父母有充分的理由相信能够以其未成年的女儿作为买受人进行按揭贷款购房，即进行了错误的指引。原告的父母在为子女购房之前，反复与售楼顾问进行沟通，在贷款问题获得肯定答复的情况下，其购买房屋的心理预期亦在于其子女能够顺利按揭购房，难以对后续被告以贷款条件不成立为由没收定金情况作出预料，更不可能对于该损失存在合理预期。被告作为从事房屋建筑开发及销售工作的法人，对其附以更严格的审查义务，排除原告的过错，更为符合社会公众的普遍认知及正当预期。为此，案涉交易最终因原告的年龄问题导致无法办理按揭贷款，双方未能如期签订房屋买卖合同，被告存在过错，原告并无过错，被告应当退还原告已支付的定金 2 万元。

对于普通的家庭而言，首付之外的房款，通过银行按揭方式支付，是最常见的购房交易模式。购房者到售楼部看房，对于售房顾问介绍的内容，大体上是深信不疑。房地产开发公司对于未成年人购房的注意义务应更高、更严，才能符合广大群众的认知。

编写人：广西壮族自治区柳州市柳北区人民法院　覃素红

48

违约金数额的酌减应否考量原告主张定金罚则可得的预期利益

——黎甲诉梁某房屋买卖合同案

【案件基本信息】

1. 裁判书字号

广东省茂名市中级人民法院（2023）粤 09 民终 733 号民事判决书

2. 案由：房屋买卖合同纠纷

3. 当事人

原告（上诉人）：黎甲

被告（被上诉人）：梁某

第三人：某置业公司、江某、黎乙

【基本案情】

2021年3月10日，卖方梁某与买方黎甲、经纪方某置业公司签订《房屋买卖合同》，约定由黎甲以120万元的价格购买梁某的涉案房屋。合同主要内容如下：（1）付款方式，买方在合同订立时支付定金5万元、网签当天支付首付款25万元、出新证当天前支付余款90万元给卖方。（2）违约责任：由于卖方的原因，造成涉案房屋不能办理交易过户手续的，由卖方承担全部责任；卖方违约，无法将该房屋售予买方的，应向买方支付该房屋成交价的10%作为违约金；卖方逾期交付的，每逾期一天，按成交价的千分之一向买方支付违约金，逾期30天，买方有权不再购买该房屋，卖方应退回全部已收款项并向买方支付成交价的10%作为违约金。2021年3月10日，梁某出具收据确认收到黎甲支付的定金5万元。

2021年9月15日至2022年3月8日，黎甲多次通过微信与某置业公司的法定代表人江某沟通，催告涉案房屋的土地出让金补缴及网签过户事宜，江某均表示手续繁杂，需要等待，实际上由于房产证记载楼层信息与涉案房屋现状不一致，产权过户产生障碍。2022年3月1日，黎甲委托律师出具《律师函》，表明梁某未按约定对该房屋进行处理以致双方未能办理过户手续，构成违约，将追究梁某的违约责任。2021年7月15日，第三人江某出具《保证书》，保证黎甲已收到梁某的定金等款项，如黎甲再追究卖方责任，由其负全责。

因梁某迟延履行且经催告仍不履行协助房产过户义务，黎甲起诉主张解除合同并要求梁某退还5万元定金及支付12万元违约金。

梁某以及江某对解除合同无异议，但梁某主张其已将定金及赔偿款共8万元转账给江某，应由江某将该款转交给黎甲。某置业公司及江某亦确认收到梁某退还定金及赔偿款共 8 万元，但未交付给黎甲。经向黎甲释明是否变更诉讼请求，主张某置业公司和江某退还定金及相关费用，黎甲确认不予变更。

【案件焦点】

1. 涉案《房屋买卖合同》应否解除；2. 梁某是否构成违约，如构成违约，违约责任应如何承担。

【法院裁判要旨】

广东省茂名市茂南区人民法院经审理认为：（1）关于案涉《房屋买卖合同》是否解除的问题。涉案各方当事人对解除合同无异议，根据《中华人民共和国民法典》第五百六十二条第一款以及第五百六十五条第二款的规定，涉案合同应于 2022 年 8 月 11 日本案起诉状副本送达梁某之日解除。（2）关于梁某是否构成违约，如构成违约，违约责任应如何承担的问题。黎甲按照合同约定支付了定金 5 万元给梁某，梁某应按合同约定协助黎甲办理房产过户手续。案涉房屋无法办理过户手续的主要原因是房产证记载楼层信息与房屋现状不一致，梁某作为案涉房屋的权属人，明知产权过户存在障碍可能导致合同目的不能实现，却未明确告知黎甲，让黎甲误以为是可以办理变更登记及房产过户的，从黎甲方与第三人江某的微信聊天记录中也可以证实黎甲一直在催促中介方、梁某方办理变更登记手续及房产过户手续。根据案涉《房屋买卖合同》约定，由于卖方的原因，造成该房屋不能办理交易过户手续的，由卖方承担全部责任。涉案《房屋买卖合同》于 2021 年 3 月 10 日签订，但梁某至今未协助黎甲办理好房产过户手续，存在过错，应承担违约责任。对此，梁某也确认无法办理过户手续，要求解除合同并已向某置业公司、江某退还定金及赔偿费用合计 8 万元。梁某主张应由第三人江某退还定金及赔偿费用给黎甲。

涉案《房屋买卖合同》约定的违约金为房屋成交价的 10%。黎甲以此请求梁某支付违约金 12 万元，梁某主张该违约金的标准过高，违约金数额不应超过定金的数额。根据《中华人民共和国民法典》第五百八十五条的规定，黎甲未能举证证实其损失。综合考虑黎甲的实际损失、梁某的违约程度，结合公平原则，梁某自愿支付3万元违约金给黎甲，法院认为该违约金数额较为合理，予以认定。

广东省茂名市茂南区人民法院依照《中华人民共和国民法典》第四百六十五条、第五百零九条、第五百六十三条、第五百六十五条、第五百七十七条、第五百八十五条及《中华人民共和国民事诉讼法》第六十七条之规定，判决如下：

一、解除黎甲与梁某签订的《房屋买卖合同》，该合同于2022年8月11日解除；

二、限梁某于本判决发生法律效力之日起十日内向黎甲返还定金5万元；

三、限梁某于本判决发生法律效力之日起十日内向黎甲支付违约金3万元；

四、驳回黎甲的其他诉讼请求。

黎甲不服一审判决，提起上诉。

广东省茂名市中级人民法院经审理认为：衡量违约金是否过高时，应查明实际损失数额，以确定基础标准，同时，还应结合合同的履行情况、当事人的过错程度以及预期利益等综合因素，根据公平原则和诚实信用原则予以衡量。在举证责任的分配上，守约方因更了解违约造成损失的事实和相关证据而具有较强的举证能力，因此，守约方应当对其遭受的可得利益损失总额、必要的交易成本承担举证责任。一审根据相关法律规定及案件具体情况，结合黎甲只是支付了5万元定金，尚未支付其他房款，梁某是愿意出卖房屋，只是由于特定因素影响过户，综合考虑黎甲的实际损失、梁某的违约程度，结合公平原则，并据此确定违约金数额，系依法行使自由裁量权，其确定的违约金数额亦未超出裁量幅度。因此，一审判决酌定涉案违约金为3万元，属于法官依法行使自由裁量权的结果，未造成双方当事人利益失衡，结果并无不当，应予以维持。

综上所述，黎甲的上诉请求不能成立，应予驳回；一审判决认定事实清楚，适用法律正确，应予维持。据此，广东省茂名市中级人民法院依照《中华人民共和国民事诉讼法》第一百七十七条第一款第一项之规定，判决如下：

驳回上诉，维持原判。

【法官后语】

市场交易中，当事双方为保障合同的履行，往往会在合同中同时设置定金罚则和违约金条款等多重保险。定金和违约金均为对合同债权的一般担保，其区别在于，定金是在合同履行前由一方预先付给对方的法定金钱担保方式，其担保功能不仅在于订约确认，亦在通过定金罚则实现最低限度之损害补偿，且有不超过主合同标的额20%的最高限额。违约金是在违约行为发生并明确违约责任时才给付，并且法律对双方约定违约金的数额没有限制。法院无权对定金责任予以酌减，而对于违约金，法院可基于当事人的抗辩行使自由裁量权，以违约实际损失为标准，对违约金予以适当调整。《中华人民共和国民法典》第五百八十八条第一款规定了定金和违约金的适用关系。合同当事人既约定了定金，又约定了违约金，在当事人不存在明确的特别约定的情况下，如果一方违约，对方当事人可以选择适用违约金或者定金条款，但二者不能并用，权利人只能择一主张。司法实务中，基于定金和违约金不同的规则可能导致不同的判赔结果，对原告诉讼策略的选择提出了考验。

于是一种观点认为，原告在选择起诉主张定金罚则或违约金赔偿时，通常选择按约赔偿获益更多者。但由于法律赋予了违约方对违约金的酌减请求权，而该请求权属于法定形成诉权，只要违约方提出了约定的违约金过高的抗辩主张，法院即有权依据实际损失调减违约金数额，最终可能导致守约方选择主张违约金所得低于主张定金罚则所得的情况。因此，法院在酌减违约金数额时，应当将当事人主张定金罚则可得的预期利益作为考量因素之一。这同样是由于实践中，法院在确定违约金数额是否合理时只能以违约损失为参照，但实际的违约损失常常无法或很难准确估计，只能由法官自由裁量，而这一结果对于原告是难以预测的，无疑不合理地增加了权利人的诉讼策略和选择风险。

笔者认为，意思自治和公平原则均是民法领域的基本原则，这体现在法律尊重民事主体在一定范围内基于个体的自由意志进行民事活动、作出民事法律行为，但意思自治也存在边界和限制，公平原则就是其一。定金与违约金均为债的担保，同时也是双方当事人意思自治的体现。但法律仅赋予了违约金酌减的规则，而违约金酌减规则背后体现的是公平原则，对定金过于宽泛地适用一定程度上阻碍合同实质公平的实现。

首先，从立法目的来看，定金的惩罚性规则与违约金以补偿性为主、惩罚性为辅的性质相较，定金责任的惩罚性色彩通常比违约金责任更浓厚。这就决定了如果在违约金的司法酌减中对定金责任予以考量，增加定金的潜在适用范围，固然充分保障了守约方的诉讼利益，但就实际结果来说，可能给予了守约方远超实际损失的利益，过分加重了违约方的负担。

其次，从定金不得超过主合同标的额20%的设立规则来看，法律已经通过对定金的数额进行限制，将定金的惩罚性限制在一定范围内，以保证双方的公平。但在极端情况下，尤其是标的额较大的房屋买卖合同以及大宗商品贸易合同中，即使对定金施加20%的限额，仍存在过分高于实际损失的情境。定金罚则对于违约方来说是一种预定的而非现实性的负担，由于人的理性是有限的，各类事务、情况也是在不断变化发展中的，当事人可能无法全然事先预知，合理安排未来的事务以保证合同的顺利履行。因此，在造成实质不公平的场合，法官在行使自由裁量权时，应当在法律赋权的范围内尽可能地平衡双方利益，而非单一考虑原告的诉讼利益。

最后，从权利义务对等的立法技术考量，根据《中华人民共和国民法典》第五百八十八条第二款的规定，定金不足以弥补一方违约造成的损失的，对方可以请求赔偿超过定金数额的损失。法律赋予了非违约方在定金低于实际损失的情况下超出定金数额的赔偿请求权，却未赋予违约方在定金高于实际损失的情况下降低定金数额的抗辩权，这已经是法律对于主张权利一方的优待，况且守约方对其实际损失的情况是最为了解的，其作为原告的证据准备条件也是最充分的，故而由其承担相应的诉讼风险也不为过。

编写人：广东省茂名市中级人民法院　江怡静

49

房屋销售人员的承诺构成要约，开发商违反相关承诺应承担违约责任

——张某诉某置业公司房屋买卖合同案

【案件基本信息】

1. 裁判书字号

北京市第二中级人民法院（2023）京02民终11238号民事判决书

2. 案由：房屋买卖合同纠纷

3. 当事人

原告（被上诉人）：张某

被告（上诉人）：某置业公司

【基本案情】

2022年6月19日，张某与某置业公司签订《北京市商品房认购书》，约定由原告购买401房屋，总购房款为466万元，原告已全额支付购房款。在原告购房前，原告多次通过微信群聊等方式询问销售人员房屋内相连两间卧室的隔断墙面是否为承重墙、是否可以打通，并表示如果不能打通将不会购买该房屋。被告售楼处工作人员邓某答复称该隔断墙面为非承重墙可以打通。原告购买该房屋后装修施工时被施工人员告知该墙体为承重墙，后向开发商确认，该墙体确实为承重墙，故起诉要求某置业公司支付其违约金20万元。

某置业公司称，双方签订的合同中，原告承诺对涉案房屋状况知悉且了解，承重墙是大众的一般认知，买受人未尽到审慎义务和全面了解的义务。该面墙是不是承重墙，并不决定原告买房的意愿，原告购房的主要目的是居住，改变

墙体仅是改变布局，并不影响其能否居住，售楼处工作人员邓某为与被告合作的房产经纪公司的员工，认可其在被告售楼处进行房屋销售，但认为邓某不具有承诺墙体性质的权限，其承诺是无权代理，被告不予追认。

【案件焦点】

1. 房产销售人员对墙体性质作出承诺，其行为性质如何认定，是否需要审查其与开发商的劳动关系；2. 销售人员关于墙体的承诺是否构成要约，是否对开发商具有约束力。

【法院裁判要旨】

北京市房山区人民法院经审理认为：行为人没有代理权、超越代理权或者代理权终止后，仍然实施代理行为，相对人有理由相信行为人有代理权的，代理行为有效。本案中，邓某系被告“置业顾问”，在被告售楼处向原告销售案涉房产，故无论邓某与被告是否存在劳动关系，原告均有理由相信邓某有代理权，代表被告向其告知案涉房产信息。对案涉墙体是否属于承重墙，原告在存在疑问的情况下，主动向销售人员邓某多次确认，应视为尽到了了解房屋情况的注意义务。商品房的销售广告和宣传资料为要约邀请，但是出卖人就商品房开发规划范围内的房屋及相关设施所作的说明和允诺具体确定，并对商品房买卖合同的订立以及房屋价格的确定有重大影响的，构成要约。该说明和允诺即使未载入商品房买卖合同，亦应当为合同内容，当事人违反的，应当承担违约责任。本案中，被告的销售人员对案涉墙体作出不是承重墙的说明，原告也在微信聊天记录中明确表示“我要改建，这是必需的，就是我那两间，那打通是必需的然后隔出一间也是必需的”。故双方虽未书面约定该墙体性质，亦应当视为合同内容，且对原告是否订立房屋买卖合同有重大影响，故被告对墙体性质陈述不符合实际情况的行为，构成违约，应当承担违约责任。关于违约金数额，本院结合房屋总价款、过错程度、违约具体情形以及对原告的影响综合考虑，原告主张的 20 万元应属在合理范围内，故对该诉讼请求，本院予以支持。

据此，北京市房山区人民法院依照《中华人民共和国民法典》第一百七十二条，《最高人民法院关于审理商品房买卖合同纠纷案件适用法律若干问题的解释》第三条，《中华人民共和国民事诉讼法》第六十七条之规定，判决如下：

某置业公司于本判决生效后十日内给付张某违约金20万元。

某置业公司不服一审判决，提起上诉。

北京市第二中级人民法院经审理认为：同意一审法院裁判意见，依照《中华人民共和国民事诉讼法》第一百七十七条第一款第一项之规定，判决如下：

驳回上诉，维持原判。

【法官后语】

近年来，因私拆承重墙导致建筑受损成为危楼的事件时有发生，严重侵害了他人的合法权益，甚至影响社会公共安全。本案中，在购房人对案涉墙体是否属于承重墙存在疑问的情况下，主动向销售人员多次确认，均被告知案涉墙体为非承重墙，并设计了装修方案拟拆除涉案墙体，直至施工过程中才得知该墙体为承重墙。判决开发商对该错误承诺承担违约责任，对于防止类似行为再次发生具有警示作用，符合法律效果和社会效果统一的要求。在本案审理过程中，主要围绕以下几个焦点问题。

第一，房产销售人员对墙体性质作出承诺，其行为性质如何认定？是否需要审查其与开发商的劳动关系。《中华人民共和国民法典》第一百七十二条规定，行为人没有代理权、超越代理权或者代理权终止后，仍然实施代理行为，相对人有理由相信行为人有代理权的，代理行为有效。表见代理是指代理人虽无代理权，但相对人客观上有充分理由相信行为人具有代理权而与其从事民事法律行为。表见代理的成立，需要相对人善意且无过失。法律承认表见代理对被代理人发生法律效力，一方面是为了保护交易安全，维护善意相对人的合法权益；另一方面是为了促进交易的规范化，引导合同相对人、被代理人诚信经营。本案中，销售人员系在开发商售楼处进行楼盘销售，故无论其与被告是否存在劳动关系，均具有代表开发商从事房屋交易的权利外观，原告均有理由相信销售人员有代理权，代表开发商向其告知案涉房产信息，因此，销售人员关于房屋结构的承诺对开发商发生法律效力。

第二，关于案涉房屋墙体为非承重墙的承诺是否构成合同要约。

《最高人民法院关于审理商品房买卖合同纠纷案件适用法律若干问题的解释》第三条规定，商品房的销售广告和宣传资料为要约邀请，但是出卖人就商品房开发规划范围内的房屋及相关设施所作的说明和允诺具体确定，并对商品房买卖合同的订立以及房屋价格的确定有重大影响的，构成要约。该说明和允诺即使未载入商品房买卖合同，亦应当为合同内容，当事人违反的，应当承担违约责任。实践中，该条款多运用于开发商在宣传资料中对房屋周边学校、医院、交通等设施的承诺。本案中，原告多次通过微信向销售人员确认案涉墙体是否为承重墙，销售人员对案涉墙体性质的承诺具体明确，且案涉墙体是否为承重墙对原告是否签订房屋买卖合同有重大影响，应当构成要约，视为合同内容。开发商对墙体性质陈述不符合实际情况的行为，构成违约，应当承担违约责任。关于违约金数额，结合房屋总价款、过错程度、违约具体情形以及对原告的影响综合考虑，原告主张的20万元应属在合理范围内，故依法支持了原告的诉讼请求。

编写人：北京市房山区人民法院　杨丽

（五）其　他

50

银行对安置抵押房产未尽审慎审查义务的不能善意取得抵押权

——蔡某、贾某诉某商业银行等房屋买卖合同案

【案件基本信息】

1. 裁判书字号

江苏省淮安市中级人民法院（2023）苏08民终3614号民事判决书

2. 案由：房屋买卖合同纠纷

3. 当事人

原告（被上诉人）：蔡某、贾某

被告（上诉人）：某商业银行

被告：季某、范某

【基本案情】

2018年5月4日，蔡某、贾某与季某、范某签订房屋买卖合同，蔡某、贾某购买季某、范某的拆迁安置房一套。蔡某二人按约支付52万元房价款后，季某二人将房屋交付蔡某、贾某，蔡某二人随即对房屋进行装修，并于2019年入住至今。2023年9月，该安置房符合办理不动产权证书条件，季某遂将房屋登记至自己名下，并于同年12月以该房屋作抵押向某银行申请借款56万元，并

办理了房屋抵押权登记。经蔡某、贾某多次催促，季某仍未能将房屋不动产权变更登记至蔡某二人名下，蔡某、贾某遂将季某、范某和某商业银行诉至法院，要求注销房屋抵押权登记，并协助办理不动产过户登记、支付违约金。

【案件焦点】

某商业银行能否善意取得该安置房屋的抵押权。

【法院裁判要旨】

江苏省淮安市淮安区人民法院经审理认为：某商业银行等金融机构在办理安置房抵押登记手续时，未尽到必要的审慎核查注意义务，其主张善意取得抵押权的，人民法院不予支持。本案中，房屋买卖合同签订后，合同双方按约支付房款、交付房款，合同主要义务已实际履行。在房屋办理产权初始登记后，两被告应当按约协助原告进行房屋产权变更登记，但在原告催告下，季某拒不配合办理房屋产权变更登记，反而以房屋作抵押向商业银行申请借款；被告某商业银行在办理贷款抵押手续中亦未能尽到审慎核查责任，无法善意取得。现房屋买卖在前，抵押权设定在后，原告对房屋享有的物权期待权应优先于某银行的抵押权得到保护。

江苏省淮安市淮安区人民法院依照《中华人民共和国民法典》第五百零九条之规定，判决如下：

一、被告季某与被告某商业银行办理房屋的抵押权解除手续；

二、上述抵押权解除手续办结后十日内，被告季某协助原告蔡某、贾某办理房屋产权变更登记手续；

三、被告季某、范某向原告蔡某、贾某支付违约金 5 万元。

某商业银行不服一审判决，提起上诉。

江苏省淮安市中级人民法院经审理认为：季某、范某将房屋抵押给上诉人系恶意违约，构成无权处分。上诉人系商业银行，未对抵押物真实情况严格审查，存在过错，不能善意取得抵押权。故上诉人称其已获得房屋抵押权缺乏法律依据。

江苏省淮安市中级人民法院依照《中华人民共和国民事诉讼法》第一百七十七条第一款第一项之规定，判决如下：

驳回上诉，维持原判。

【法官后语】

实践中，因拆迁安置房的买受人要求拆迁户办理产权过户引发争议诉至法院，该类案件处理除涉及拆迁安置房的买受人与拆迁户的过户请求权争议外，还涉及安置房买受人与银行抵押权人的争议，本案就是如此。

一、商业银行未尽审慎核实义务

《中华人民共和国商业银行法》第三十六条第一款规定："商业银行贷款，借款人应当提供担保。商业银行应当对保证人的偿还能力，抵押物、质物的权属和价值以及实现抵押权、质权的可行性进行严格审查。"《个人贷款管理办法》第十四条规定："贷款人受理借款人贷款申请后，应履行尽职调查职责，对个人贷款申请内容和相关情况的真实性、准确性、完整性进行调查核实，形成调查评价意见。"第十六条第一款规定："贷款调查应以现场实地调查与非现场间接调查相结合的形式开展，采取现场核实、电话查问、信息咨询以及其他数字化电子调查等途径和方法。"按照条款规定，银行作为专业金融机构和职业贷款人，具有完备的贷款交易经验和相关的专业法律知识，应遵守合理的商业准则和管理规范，并履行相应的审慎经营义务。否则存在重大过失，不享有抵押权。

二、商业银行不符合《中华人民共和国民法典》善意取得构成要件

《中华人民共和国民法典》第三百一十一条规定："无处分权人将不动产或者动产转让给受让人的，所有权人有权追回；除法律另有规定外，符合下列情形的，受让人取得该不动产或者动产的所有权：（一）受让人受让该不动产或者动产时是善意；（二）以合理的价格转让；（三）转让的不动产或者动产依照法律规定应当登记的已经登记，不需要登记的已经交付给受让人……当事人善意取得其他物权的，参照适用前两款规定。"本案中，商业银行在审查案涉贷款业务时不仅未发现有他人实际占有使用房屋，而且其一审提供的实地走访照

片中的房屋装潢及家具与讼争房屋有明显区别，能够证明某商业银行在贷款交易过程中未遵循合理的商业准则和管理规范，对应有的调查内容未履行尽职审核义务，客观上存在过失，不符合民法典规定的善意要件。

三、司法裁判应倡导诚实守信原则

实践中，因拆迁安置房买卖引发的纠纷时有发生，部分权利人因出售时间和能够办理不动产登记时间存在较长时差，房价涨幅较大，因而要求涨价或设置其他条件给买房人办理过户增加障碍，部分权利人在房屋出售后、变更登记前，将房屋无权处分，进行抵押贷款，引发双方纠纷。无论是哪种行为，均属于严重违背契约精神、违背诚实守信原则的行为。本案的处理引导广大民事主体，从事民事法律行为应遵守诚实守信原则，对弘扬诚信、平等的社会主义核心价值观，促进社会文明、形成稳定、和谐发展的经济环境具有重要意义。

综上，本案中蔡某至少在2019年起即在讼争房屋中居住，在房屋被他人占有的情形下，某商业银行未尽到专业金融机构审慎、合理的注意义务，故无法善意取得讼争的房屋抵押权。

编写人：江苏省淮安市淮安区人民法院　高蒙蒙　张峰

51

即时履行合同中标的物已交付的无还款期限欠条其诉讼时效应从欠条出具的次日起算

——甲房地产公司诉孙某房屋买卖合同案

【案件基本信息】

1. 裁判书字号

辽宁省本溪市中级人民法院（2024）辽05民终321号民事判决书

2. 案由：房屋买卖合同纠纷

3. 当事人

原告（被上诉人）：甲房地产公司

被告（上诉人）：孙某

【基本案情】

1997 年 8 月 28 日，孙某购买甲房地产公司开发的 58 栋某房屋，孙某共欠房款 9.9 万元，并出具欠据一份，内容为："欠房款玖万玖仟元整。孙某（签名+名章），1997 年 8 月 28 日。"甲房地产公司将该房屋交付孙某。高某担任甲房地产公司的法定代表人。2005 年孙某再次购买高某担任法定代表人的乙房地产公司开发的房屋，亦有部分欠款。孙某购买的两处房产均未办理房产证。2010 年高某另案涉刑入狱，2022 年出狱。2023 年 5 月孙某起诉乙房地产公司要求办理房屋所有权证，后经法院主持调解结案。2023 年 7 月甲房地产公司将孙某诉至法院索要 9.9 万元房款及利息。

根据孙某的法庭陈述以及高某在本案一审中留的地址确认书信息确认，孙某与高某住在同一个小区，自书写欠条之日起至本案起诉之日，甲房地产公司无证据证明向孙某主张过该笔欠款。

孙某在一审答辩和二审诉状及答辩中均主张该欠条已超过了诉讼时效。

【案件焦点】

甲房地产公司依据该欠条要求孙某支付购房款及利息的诉讼请求是否已经超过诉讼时效。

【法院裁判要旨】

辽宁省本溪市明山区人民法院经审理认为：甲房地产公司已交付房产，孙某向甲房地产公司出具了欠条，孙某应按约定支付所欠的房款，又因为欠条上未约定利息，亦未约定欠款给付时间，因此法院只支持其起诉之日至给付之日止的利息。关于孙某提出的辩解意见系将该房款抹账给本溪市城市重点项目办公室一节，因未提供证据加以佐证，故对该辩解意见法院不予支持。

据此，辽宁省本溪市明山区人民法院依据《中华人民共和国民法典》第五百七十七条之规定，判决如下：

一、孙某于一审判决发生法律效力后立即偿还甲房地产公司购房款 9.9 万元，并承担上述款项利息，自 2023 年 7 月 11 日起至给付之日止，按同期全国银行间同业拆借中心的贷款市场报价利率计算；

二、驳回甲房地产公司的其他诉讼请求。

孙某不服一审判决，提起上诉。

辽宁省本溪市中级人民法院经审理认为：甲房地产公司提供了整栋楼房的所有权证及房屋登记表、欠据及根据双方当事人的陈述，可以证明本案是房屋买卖合同法律关系。关于本案是否超过诉讼时效问题，依据《最高人民法院关于适用〈中华人民共和国民法典〉时间效力的若干规定》第一条规定，本案应适用民法典施行前的法律、司法解释的规定。诉讼时效期间自权利人知道或者应当知道权利受到损害以及义务人之日起计算。但是自权利受到损害之日起超过二十年的，人民法院不予保护；有特殊情况的，人民法院可以根据权利人的申请决定延长。本案中，孙某与甲房地产公司的买卖关系发生于 1997 年 8 月 28 日，双方未约定购房款履行期限，甲房地产公司可以随时要求履行，但是甲房地产公司未能提供其向孙某主张权利的证据，因此至 2023 年甲房地产公司起诉本案时，已超过二十年诉讼时效期间。故对孙某提出本案已过诉讼时效的主张，本院予以支持。

综上所述，上诉人孙某的部分上诉请求成立，本院予以部分支持。一审适用法律错误，判决结果错误，应予以纠正。辽宁省本溪市中级人民法院依照《中华人民共和国民事诉讼法》第一百七十七条第一款第二项之规定，判决如下：

一、撤销辽宁省本溪市明山区人民法院（2023）辽 0504 民初 3196 号民事判决；

二、驳回甲房地产公司的诉讼请求。

【法官后语】

本案的主要争议焦点在于，甲房地产公司主张孙某所欠购房款是否超过了诉讼时效。诉讼时效是指权利人在法定期间内不行使权利即丧失请求人民法院依法保护其民事权利的法律制度。

本案应适用《中华人民共和国民法典》施行前的法律、司法解释的规定，即应适用两年诉讼时效的法律规定。但是，自权利受到损害之日起超过二十年的，人民法院不予保护；有特殊情况的，人民法院可以根据权利人的申请决定延长。

从我国法律规定来看，关键在于如何理解“知道或者应当知道权利被侵害时”。“应当知道”是一种法律上的推定，只要从客观上存在知道的条件和可能性，即使权利人由于主观过错，应当知道而没有知道其权利受到侵害的，也应当作为诉讼时效的起算点。具体到本案中，如何认定诉讼时效的起算点呢？甲房地产公司提起债权请求权的依据是孙某写下的一张无履行期限的欠据，生活中常见的债权凭证就是借条和欠条，这里就得区分一下欠条和借条的区别与法律适用。

通常情况下，借条所代表的法律关系是借贷法律关系，其本身就能作为一个合同存在，但欠条并不一定代表借贷法律关系，而是某种基础法律关系的反映，也可以说是对某种法律关系履行的一种结算，而不同于基础法律关系本身，这种基础法律关系既可以是借贷法律关系，也可以是租赁法律关系或买卖合同法律关系等。本案例中提及的欠条是对孙某和甲房地产公司之间房屋买卖合同法律关系的一个结算凭证。虽然该欠条上没有明确债务履行期限，但根据房屋买卖交易习惯均是房款付清时（后）交付房产，因此甲房地产公司交付房产时候孙某就应该付清房款，孙某交付部分房款，并就剩余房款向甲房地产公司出具欠条一张，甲房地产公司接收欠条时就“应当知道”其权利已经受到损害，此时诉讼时效就开始起算，甲房地产公司可以随时向孙某主张偿还购房款，但是甲房地产公司未能举证证明有诉讼时效中断或中止的事由发生，依据当时两年诉讼时效的法律规定，该笔欠款诉讼时效实际在1999年8月27日就已届满。

本案中，即便甲房地产公司不知道自欠条开具之日起就算权利受到损害，至2023年7月本案起诉，也超过了20年最长诉讼时效期间，且孙某一审、二审均提出了诉讼时效期间抗辩。所以，无论是从一般诉讼时效期间还是最长诉讼时效期间，甲房地产公司均已丧失了请求国家公权力保护的权利。

这里是否有申请延长诉讼时效的特殊事由呢？作为债权人甲房地产公司法定代表人的高某在监狱服刑期间，其民事权利并未被剥夺，虽行使诉讼权利方面存在一定不便，但是可以通过其他途径解决，且主张权利也并不限于提起诉讼。高某系2010年判刑入狱，此时距离孙某开具欠条的1997年已过去13年之久，早已超过了一般诉讼时效期间，更是不存在入狱服刑影响其主张权利的事由。且2005年孙某再次从高某担任法定代表人的乙房地产公司购买房产时，高某亦没有主张过该笔欠款。孙某与高某还住在同一个小区，偶有碰面，也从未向孙某主张过该笔欠款。因此，不符合向法院申请延长诉讼时效的特殊情况。

但也并不是所有没有履行期限的欠条其诉讼时效期间均是从欠条出具的次日起算。本案属于即时结算的合同纠纷且没有约定履行期限，在欠条形成之日起，权利人就应当知道权利受到了损害，诉讼时效开始计算。若双方并未签订书面买卖合同，也无证据证明双方对合同的履行期限进行了约定，无法确定权利人权利受到损害之日，其诉讼时效应当从权利人主张权利时起算，这时就跟无履行期限借条的法律效果相似。

编写人：辽宁省本溪市中级人民法院　邓松

52

商业用房买卖合同中土地使用权分割处理思路

——某汽车销售公司诉某汽车博览城房屋买卖合同案

【案件基本信息】

1. 裁判书字号

江苏省无锡市中级人民法院（2023）苏02民终4467号民事判决书

2. 案由：房屋买卖合同纠纷

3. 当事人

原告（被上诉人）：某汽车销售公司

被告（上诉人）：某汽车博览城

【基本案情】

2011年，某汽车销售公司承租某汽车博览城位于无锡市惠山区某项目地块的土地使用权，并投资建造某品牌汽车销售服务4S店。后因该地块进行规划调整，需重新挂牌出让。2016年12月16日，某汽车博览城（甲方）与某汽车销售公司（乙方）签订《解除土地租赁协议书》，约定：（1）双方签订的土地使用权租赁协议书在双方签订《购房（自建）协议书》生效之日解除。（2）因甲方同意以优惠条件给乙方建造新4S店，所以甲方仅需向乙方支付租赁协议解除补偿款（包括但不限于现4S店全部建筑物补偿、停业损失、人员安置等补偿费用）共计1900万元。就该补偿款甲方已经支付950万元，尚有950万元未支付。

2016年12月16日，某汽车博览城（甲方）与某汽车销售公司（乙方）又签订《购房（自建）协议书》，因甲方系某汽车博览城的投资开发商，且已经取得国有土地使用权证载明的国有土地使用权，由此约定：（1）双方同意按照本协议的约定投资、建设某品牌4S店所需营业用房，并按照协议约定将该商品房按出售方式转让给乙方。（2）甲方同意在某汽车博览城内提供相应的土地，面积约5760平方米（具体位置、范围见红线图，确切面积数按实丈量计算），并按照协议约定，规划建设某品牌4S店营业用房。甲方通过的土地使用权类型为出让方式，甲方已经支付了土地出让金，该土地上既没有任何需要拆迁、补偿的建筑物，也没有妨碍规划、建造、限制所建商品房转让权属的法律障碍。（3）第一，甲方提交的该项目相应地块的红线图及相关建设参数，包括但不限于容积率、绿化率等，应作为协议的附件。第二，该建设项目通过竣工验收后的10日内双方应签订商品房买卖合同，同时完成商品房买卖的其他必要手续（含财务转账结付、开具销售发票等）双方应在商品房买卖合同签订后的90日内共同办妥乙方为该商品房权利人的不动产权证书（其中载明的土地使用权面积应与红线图面积数相符）。（4）双方应当按照下列约定签订商品房买卖合同：第一，双方确认土地使用权价格按80.65万元/亩计，按红线图确切面积数乘以每亩单价（80.65万元）即为该土地使用权总价款，该款由乙方在签订商品房买卖合同时一次性结付给甲方。第二，双方确认该4S店建筑面积不超过5700平方米（容积率小于1.0），含税销售单价以4380元/平方米为限（含税销售总价以2500万元为限）。

2020年9月28日，双方法定代表人签订会议纪要，确认销售价格=原协议约定的土地价格+某汽车销售公司通过某汽车博览城账面已发生的建安成本约1935万元计算，合计约为2635万元，上述发生的建安费用，视作某汽车销售公司预付的购房款。

2021年8月27日，某汽车博览城领取包含某汽车销售公司在内的不动产权证书，该不动产权证书中的不动产4S店房产面积为5380.12平方米，水泵房面积为222.33平方米，（土地）房屋性质为（出让）自建房。某汽车销售公司提交不动产测量报告、照片，证明实测的规划土地面积为5767.5平方米，在该土地面积内即为某汽车博览城领取的不动产权证书中载明的4S店，面积为

5380.12平方米和水泵房，面积为222.33平方米。上述土地面积、房产面积与购房（自建）协议书等约定的面积相符。某汽车销售公司认为，购房款总额应为双方确认的建安成本价27577920.36元+土地使用权价款697.72万元=34555120.36元。其中，27577920.36元已经由双方财务对账确认，且已经履行完毕。同时根据解除土地租赁协议书的约定，在双方签订商品房买卖合同后，某汽车销售公司应结付购房价款前先由某汽车博览城支付700万元补偿款，而该补偿款足以抵销其应当支付的土地使用权价款697.72万元，因此在诉讼中行使抵销权。

因某汽车博览城未按照约定将房屋过户，某汽车销售公司提出诉讼，请求：（1）确认4S店和水泵房房产的所有权归其所有。（2）确认上述房产对应分摊的5767.5平方米国有土地使用权归其所有。（3）某汽车博览城配合上述房产所有权及对应分摊的国有土地使用权进行权属变更登记，由某汽车销售公司取得相应的不动产权证书。

【案件焦点】

1. 双方是否存在房屋买卖的合意，本案房屋能否过户、房屋分摊面积如何确定；2. 除房屋分摊面积外的土地使用权分割事项如何处理。

【法院裁判要旨】

江苏省无锡市惠山区人民法院经审理认为：双方签订的解除《协议书》《购房（自建）协议书》《会议纪要》《补充协议》均系双方的真实意思表示，不违反法律规定，予以确认。上述协议明确了房屋买卖合同的主要内容，本案房屋已经具备过户条件，故某汽车销售公司诉讼请求合法有据，予以支持。

江苏省无锡市惠山区人民法院依照《中华人民共和国民法典》第一百五十六条、第五百零九条、第五百六十八条、第五百七十七条等规定，判决如下：

一、确认不动产权证书载明的4S店和水泵房的所有权归某汽车销售公司所有；

二、确认上述房产对应分摊的5767.5平方米国有土地使用权归某汽车销售公司所有；

三、某汽车博览城配合某汽车销售公司办理上述房产所有权及对应分摊的国有土地使用权权属变更登记手续，变更登记至某汽车销售公司名下。

某汽车博览城不服一审判决，提起上诉。

江苏省无锡市中级人民法院经审理认为：关于争议焦点一，双方签订的《购房（自建）协议书》、会议纪要、补充协议等材料中，形成了房屋买卖的合意，对于交易房屋的标的、坐落、面积、价格及价格支付方式等均作出明确约定，相关协议作为整体已经具备房屋买卖合同的实质要件，应当认定房屋买卖合同成立，现案涉房屋已经具备交易过户条件，鉴于本案房屋交付后某汽车博览城没有按照前述协议约定履行协助过户义务，现某汽车销售公司请求某汽车博览城协助过户合法有据，依法予以支持。在办理房屋过户登记手续时，该房屋土地分摊面积由不动产登记部门依法测绘确定。

关于争议焦点二，某汽车销售公司请求按照协议约定确认 5767.5 平方米土地使用权归其所有。如上所述，本案房屋分摊面积应由不动产登记部门测绘确定，超出案涉房屋分摊面积的土地使用权归属问题，属于对土地使用权的分割。根据《中华人民共和国城镇国有土地使用权出让和转让暂行条例》第二十五条第二款的规定，土地使用权和地上建筑物、其他附着物所有权分割转让的，应当经市、县人民政府土地管理部门和房产管理部门批准，并依照规定办理过户登记。本案中，土地使用权分割事项需待土地管理部门批准，故对于某汽车销售公司起诉确认相应土地使用权归其所有的请求，不予支持。

综上，某汽车销售公司的上诉请求部分成立，一审判决认定事实清楚，但适用法律错误，依法予以纠正。依照《中华人民共和国城镇国有土地使用权出让和转让暂行条例》第二十五条之规定，判决：

一、撤销无锡市惠山区人民法院（2022）苏 0206 民初 8488 号民事判决；

二、某汽车博览城应于判决生效后十日内协助某汽车销售公司办理房屋产权变更登记手续，房屋的分摊土地面积以不动产登记部门颁发的不动产登记证书登记面积为准；

三、驳回某汽车销售公司的其他诉讼请求。

【法官后语】

一、民事协议中隐含的“行民交叉”问题

本案中，某汽车销售公司先是租赁了某汽车博览城的土地，后在该土地上建造了营业性用房，后因政府调整土地规划，故本案租赁双方就土地使用权租赁合同及地上建筑物的补偿事宜达成了新的协议：（1）出租人某汽车博览城为某汽车销售公司建造新的营业性用房，并将房屋与相应土地使用权一并转让给某汽车销售公司，即《购房（自建）协议书》。（2）某汽车博览城对某汽车销售公司之前建造的营业性用房予以补偿，即《解除土地租赁协议书》。上述两份协议相互牵连，只有某汽车博览城按照《购房（自建）协议书》约定建造并交付房屋和土地使用权的，其才认可《解除土地租赁协议书》的补偿对价，相对而言，某汽车销售公司接受《解除土地租赁协议书》的补偿对价，其才愿意按照《购房（自建）协议书》约定履行建造和交付房屋、土地使用权义务。后某汽车博览城按照约定建造了房屋并将房屋交付某汽车销售公司使用，但在某汽车博览城办理产权证后，没有协助某汽车销售公司就房屋、土地使用权进行产权变更，由此导致某汽车销售公司提起本案诉讼。

本案形式上是审查某汽车销售公司要求某汽车博览城履行《购房（自建）协议书》的行为，但本案房屋买卖合同不用于一般房屋买卖合同之处在于：（1）本案房屋属于商业性用房，不是居住性商品房，土地也属于商业性用地，在房屋建成前后都未进行分割。（2）《购房（自建）协议书》除了就房屋买卖相关事宜作出约定以外，还约定了土地使用权的转让。本案合同属于混合合同，即某汽车博览城应将房屋及土地使用权一并转让给某汽车销售公司，在转让房屋的同时对土地使用权作出分割，而土地分割则涉及行政管理规范，本案房屋买卖协议本质上属于“行民交叉”问题。此时仅依据《购房（自建）协议书》等审查当事人的意思表示、对价支付等事实，即会顾此失彼，偏离正确的审理轨道，习惯性地沿用民事思维将“土地使用权”处分行为作为当事人纳入意思自治范畴处理显然不妥。

二、商业性用房交易中的土地使用权处分问题

《中华人民共和国城镇国有土地使用权出让和转让暂行条例》第二十五条规定，土地使用权和地上建筑物、其他附着物所有权转让，应当依照规定办理过户登记。土地使用权和地上建筑物、其他附着物所有权分割转让的，应当经市、县人民政府土地管理部门和房产管理部门批准，并依照规定办理过户登记。本案中，某汽车博览城将建成的独栋房屋转让给某汽车销售公司，过户登记并不存在障碍，唯独某汽车销售公司提出的土地使用变更登记能否依其所请，直接以司法判决形式处理则存在争议。一种观点认为，人民法院在处理民事纠纷时可对此一并作出审查，土地使用权符合变更登记条件的，可以一并判令义务人协助办理登记手续，本案一审法院即采取该思路。另一种观点认为，根据前述条例第二十五条的规定，土地使用权分割应经“市、县人民政府土地管理部门和房产管理部门批准”后方可确认土地使用权的变更问题，也就是说土地使用权的转让、分割首先应由行政部门审批，未经审批的在处理民事纠纷时不宜直接以判决形式认定土地使用权变更与否。就本案而言，二审思路更为妥当。某汽车博览城通过土地出让形式取得整宗土地使用权，其所有建筑行为都是建立在对于整宗土地使用权利用规划基础上的，而土地利用规划是在统合考虑整宗土地的容积率、绿化率、消防、道路、排水等一系列因素后审批确定，所有建造行为均应严格按照土地规划许可为之，如在建筑行为完成后允许按照意思自治规则，任由土地使用权人处分房屋并分割土地使用权，势必造成与原经审批确定的建筑规划许可内容背道而驰，也会造成土地管理秩序的混乱和原整宗土地上不同房屋产权人的利益失衡。就该问题，二审法官也多次与市区两级自然资源和规划局沟通联系，确认本案土地使用权不能基于意思自治而任意分割，如欲分割应先经区县自然资源和规划局审批。

三、未经批准的合同效力问题

关于《购房（自建）协议书》的效力问题，可以将协议书的权利义务分为两部分处理：一部分是关于房屋买卖的内容，该部分不违反法律规定，双方意思表示一致，某汽车销售公司也支付了对价，可以依法判令某汽车博览城协助

履行房屋过户义务；而对于土地使用权分割转让问题，因需经政府行政主管部门批准，在政府主管部门批准前，该部分权利义务应认定为尚未生效。学理认为，合同效力有形式拘束力与实质效力之分，形式拘束力是指当事人不能任意撤销、变更甚至解除合同的效力，实质效力是指基于合同本身而在当事人间发生的权利义务。① 只有着眼于前述区分，才能准确理解未经批准的合同的效力。具体来说：一是具有形式拘束力，双方当事人非经协商一致或具有法定事由，不得撤销、变更或解除合同；二是不具有实质效力，合同未生效属于欠缺生效要件的合同，有别于有效合同，一方直接请求另一方履行合同或者承担合同约定的违约责任，不应予以支持；三是可以通过办理批准手续促成合同生效，未生效合同仍有通过办理批准手续而生效的可能，当事人直接请求确认合同无效的也不应予以支持。②

需要注意的是，根据《中华人民共和国民法典》第五百零二条第二款的规定，未办理批准等手续影响合同生效的，不影响合同中履行报批等义务条款以及相关条款的效力。应当办理申请批准手续的当事人未履行义务的，对方可以请求其承担违反该义务的责任。也就是说，虽然未批准合同中的实体权利义务不具有可履行性，但报批条款本身却具有单独效力，当事人应积极履行报批义务，否则应承担违反报批义务的责任。其一，从继续履行来说，应当办理申请批准等手续的当事人未履行义务的，对方仍然可以请求其继续办理申请批准等手续。其二，从赔偿损失来说，如果当事人对履行报批等义务专门约定了违约金，则该违约金条款独立生效，当事人可以要求按照约定支付违约金。

编写人：江苏省无锡市中级人民法院　张朴田　卢文兵

① 王泽鉴：《债法原理：基本理论、债之发生》（第一册），中国政法大学出版社 2001 年版，第 193 页。

② 最高人民法院民事审判第二庭编著：《〈全国法院民商事审判工作会议纪要〉理解与适用》，人民法院出版社 2019 年版，第 277 页。

四、商品房委托代理销售合同纠纷

53

房屋出卖人与中介同时签订房屋买卖合同与代理销售委托书情形下双方法律关系性质的认定

——刘某、侯某诉李某、某网络科技公司房屋买卖合同案

【案件基本信息】

1. 裁判书字号

重庆市第一中级人民法院（2024）渝 01 民终 1686 号民事判决书

2. 案由：房屋买卖合同纠纷

3. 当事人

原告（上诉人）：刘某、侯某

被告（被上诉人）：李某、某网络科技公司

第三人：陈某

【基本案情】

2020 年 4 月 29 日，刘某、侯某（甲方、售房方）与李某（乙方、购房方）签订《房屋买卖合同》，约定刘某、侯某将房屋出售给李某，房屋成交价为 315 万元，乙方于签订本合同当日支付给甲方 10 万元定金。合同后备注：乙方应在 2020 年 7 月 29 日前向甲方指定账户付清房屋全款，甲方应配合乙方过户。

2020年4月29日，李某一方向刘某支付了10万元定金。

2020年6月7日，刘某、侯某作为委托人向李某出具《授权委托书》，载明刘某、侯某委托李某代理其办理该案涉房屋出售的相关事项，包括签订、解除与房屋买卖相关的合同、收取定金及房款等事宜。认可代理人李某与购房方陈某、经纪方某网络科技公司第二分公司于2020年6月7日签订的《存量房交易文件》中所有的合同文本，愿意享有合同上约定的权利及履行合同上约定的义务。

同日，刘某、侯某（售房方、甲方）与第三人陈某（购房方、乙方）、某网络科技公司第二分公司（经纪方、丙方）签订《存量房交易文件》，其中《房屋买卖合同》约定刘某、侯某将案涉房屋出售给第三人，房屋成交总价为335万元。李某作为刘某、侯某的代理人在上述交易文件中签字。

2020年7月14日，案涉房屋的不动产权过户登记至第三人名下。

刘某共收到房款296.47万元。

李某陈述2020年4月29日刘某、侯某与李某签订《房屋买卖合同》，李某以315万元收房，由李某对外进行出售。出售房屋的实际价款与收房方价款溢价部分作为李某的佣金及相关费用，后因房屋迟迟不能出售，双方口头约定收房价格调整为305万元。刘某、侯某陈述李某告知刘某、侯某其帮刘某、侯某找买受人，但在出售过程中李某一直压低案涉房屋的房款。李某告知刘某、侯某买房人已经在支付定金了，看房款能不能再少一点，并告知刘某、侯某第三人出价为305万元。

二审中，李某陈述其在2020年6月底与刘某口头商定其以305万元收房，刘某亦认可该时间是在2020年6月底。

【案件焦点】

李某与刘某、侯某之间构成何种法律关系。

【法院裁判要旨】

重庆市北碚区人民法院经审理认为：刘某、侯某与李某于2020年4月29

日签订了《房屋买卖合同》，李某于当日委托案外人向刘某、侯某支付该合同约定的定金 10 万元，刘某、侯某亦向李某出具定金收据，故刘某、侯某与李某形成房屋买卖合同的法律关系。该合同系双方的真实意思表示，内容未违反法律、行政法规的强制性规定，合法有效，双方均应按合同约定享有权利、履行义务。

重庆市北碚区人民法院依照《中华人民共和国民法典》第五百零二条、第五百零九条、第五百七十七条、第五百七十九条，《中华人民共和国民事诉讼法》第六十七条、第一百四十七条之规定，判决如下：

一、被告李某于本判决生效之日起十日内支付原告刘某、侯某房款 8.53 万元及资金占用损失（以 8.53 万元为基数，从 2020 年 7 月 30 日起按照全国银行间同业拆借中心发布的一年期贷款市场报价利率计算至付清时止）；

二、驳回原告刘某、侯某的其他诉讼请求。

刘某、侯某不服，提起上诉。

重庆市第一中级人民法院经审理认为：李某与刘某、侯某之间应系委托代理销售关系。首先，双方虽然签订了《房屋买卖合同》，双方之间具有买卖合同关系的形式外观，但刘某、侯某之后又向李某出具了房屋代理销售授权委托书，且李某系以刘某二人的名义与第三人签订另一《房屋买卖合同》，即刘某、侯某作出了委托李某代理销售房屋的意思表示，且李某实施了代理销售房屋的实际行为。其次，根据李某的陈述，其与刘某、侯某系事先约定好其收房的价格，再由李某对外销售该房屋，收房价与房屋最终成交价之间的差额作为李某办理此次房屋买卖的相关费用及佣金，他们之间约定要么由李某收案涉房屋，要么代理刘某、侯某卖给第三人。也即李某亦认可其与刘某、侯某之间并非真实的房屋买卖合同关系，李某意在通过代理销售案涉房屋的行为，赚取收房价格与实际成交价格之间的差价作为销售佣金，而非获得案涉房屋的所有权。最后，李某在与刘某、侯某签订案涉《房屋买卖合同》后继续寻找房屋的实际买家，其间，李某还在继续就房屋价格与刘某进行磋商并口头协商变更了收房价格，由此可见，双方签订房屋买卖合同的目的并非建立房屋买卖合同关系，真实目的一方面是保证李某获得案涉房屋的独家代理权，另一方面如若李某在合同约定的付款时间前未找到买家则由李某依约履行收房义务，双方在事实上形成了包销关系，具备委托代理销售关系的特征。

重庆市第一中级人民法院依照《中华人民共和国民法典》第一百四十八条、第五百零二条、第五百零九条、第五百七十七条、第五百七十九条，《中华人民共和国民事诉讼法》第一百七十七条第一款第二项之规定，判决如下：

一、撤销重庆市北碚区人民法院（2023）渝0109民初6352号民事判决；

二、李某于本判决生效之日起十日内支付刘某、侯某房款18.53万元及资金占用损失（以18.53万元为基数，从2020年7月30日起按照全国银行间同业拆借中心发布的一年期贷款市场报价利率计算至付清时止）；

三、驳回刘某、侯某的其他诉讼请求。

【法官后语】

决定李某是否应当向刘某二人返还房屋差价及返还金额的关键在于李某的行为应当定性为转卖行为还是委托代理销售行为。司法案件中法律关系性质的判定，通常可以从两个角度着手：首先是法理的角度，即专业角度，保障法律关系认定基本的正确性；其次是价值的角度，即从社会效果方面考量，力求让法律关系的认定能产生良好的价值导向。

一、法律角度的分析

（一）对当事人交易目的的考察

不同法律关系中，当事人的交易目的往往不同，因此，当事人的交易目的是影响法律关系类型判断的重要因素。买卖合同关系中，买方的直接目的是取得标的物的所有权，而委托代理关系，尤其是有偿的委托代理关系中，代理人的直接目的是获取代理费用。本案中，当事人李某与刘某、侯某签订的虽然是《房屋买卖合同》，但是从之后刘某、侯某向李某出具房屋代理销售授权委托书，以及李某在签订《房屋买卖合同》后继续寻找房屋的实际买家并与刘某磋商变更收房价格等事实，可以看出李某的真实交易目的并非取得案涉房屋的所有权，而在于通过代理销售房屋的行为，赚取收房价格与房屋实际成交价格之间的差价作为其销售佣金，签订房屋买卖合同只是为了让李某取得房屋的独家代理权，因此从这个角度来看，双方的法律关系性质更符合委托代理关系的特征。

（二）定价权的归属

买卖关系和委托代理关系的另一个重要区别在于，买卖关系的卖方拥有对标的物绝对的定价权，而在委托代理关系中，代理人通常并不真正享有对标的物的定价权，报价往往需要事先经过委托人的同意。但存在一种特殊的委托代理关系——包销，在包销关系中，包销人（代理人）具有定价权，该定价权的取得不是基于买卖的前置行为，而是由于包销本身的风险代理属性，为了对包销人的预期代理利益进行保障，双方通过合同约定赋予包销人的。本案中，李某在寻找房屋实际买家并与买家磋商的过程中，实际享有了房屋的定价权，但其享有的定价权实际并非基于在先签订的《房屋买卖合同》，而是由于其与刘某、侯某约定后者仅按照收房价格收取房款，因此李某在保证刘某二人的前述房款利益的前提下，可以根据市场情况以及自身利益需要对房屋进行定价。该定价权与包销关系中的定价权具有相同的属性，故不能仅凭李某享有定价权的事实就认定其与刘某二人构成买卖合同关系。

二、法理之外的价值分析

公平原则是民法的基本原则之一，具体可以体现为在司法实践中，法官通过综合把握案件的实质，结合社会环境、经济状况、价值观念等，对当事人的利害关系作比较衡量，判断哪方当事人应当受到保护。二手房屋交易市场上，房屋中介普遍存在并深度参与市场交易，除典型的房屋中介外，还存在不少像李某这样，采取类似本案的模式，通过收集和利用二手房屋交易市场信息牟利的中间人，他们相比个体的卖房者和购房者，具有明显的信息优势。

本案中，一方面，李某隐瞒房屋已经实际出售的事实，误导刘某二人降低收房价格，如果认为李某的行为系转卖，无须返还因此多获取的房款，将损害在交易关系中处于相对弱势的卖主的利益，不利于平衡双方当事人的利益。此外，这也可能在实际上鼓励中间人群体利用信息优势实施有失诚信的交易行为，不利于促进诚信交易及禁止权利滥用。

另一方面，李某在整个交易过程中，除支付的“定金”10万元外，并没有其他自有资金的前期投入，实际承担的资金风险较低，保护此类低风险、高收益的“空手套白狼”的行为有违市场逻辑。且由于房屋产权直接从刘某二人处转移至实际购房人处，实际仅产生了一次交易税费，如果认定李某构成转卖，那么将变相鼓励二手房交易市场上的规避国家房屋流转税收制度的行为。

编写人：重庆市第一中级人民法院　刘燕双　何佳玉　何华

五、农村房屋买卖合同纠纷

54

农村房屋买卖合同被认定为无效后，处理财产返还应全面考虑折价补偿与损害赔偿

——钟甲诉陈某、钟乙农村房屋买卖合同案

【案件基本信息】

1. 裁判书字号

福建省泉州市中级人民法院（2023）闽05民终1404号民事判决书

2. 案由：农村房屋买卖合同纠纷

3. 当事人

原告（反诉被告、被上诉人）：钟甲

被告（反诉原告、上诉人）：陈某、钟乙

第三人：某镇人民政府

【基本案情】

钟甲（甲方）与陈某、钟乙（乙方）于2014年7月3日签订一份《土地产权房屋转让协议》，约定（摘录）：甲方房屋共2层，房屋结构为石混结构，建筑面积215平方米（其中实际建筑面积185平方米，土地使用权证150平方米），房屋用途为居住；乙方应于本协议签订之日向甲方支付18万元，2014年

8月15日支付16万元；双方应做到遵守本协议的条款，若一方违约没有履行协议，则应赔偿另一方的经济损失违约金额68万元。钟甲依约将房屋交付钟乙、陈某后，陈某、钟乙花费12680元对讼争房屋进行装修改造并于2014年8月14日付清购房款34万元。

2014年10月21日，某镇人民政府（甲方）与陈某、钟乙（乙方）签订《土地房屋征收拆迁补偿安置协议书》，协议书载明（摘录）：乙方被征收土地及房屋的征收拆迁估价确认补偿费用280383元，乙方选择产权调换补偿方式，安置房的建设地点在某地块。附件一《住宅、店面面积认定汇总表》载明：应安置店面面积93.813平方米，应安置套房面积174.607平方米。附件二《财务结算表》载明：预留金额（待选房后结算）征收拆迁补偿费用280383元，预留资金280383元。发放金额：按期腾空签约奖励金9634.5元、住宅临时安置补助7954.08元、搬迁补助费1657.1元、店面停业停产费5670元，合计24915.68元。协议签订后，某镇人民政府向陈某、钟乙发放补偿款24915.68元。钟甲请求判令陈某、钟乙从第三人某镇人民政府获得安置的店面面积93.813平方米、套房面积174.607平方米、征收拆迁补偿费280383元，归钟甲所有；判决陈某、钟乙返还钟甲已经领取的补偿款24915.68元、返还果树等青苗费约1万元。陈某、钟乙请求依法判令钟甲返还购房款34万元及资金占用利息损失；依法判令拆迁补偿安置权益增值部分全部归陈某、钟乙所有；依法判令钟甲赔偿陈某、钟乙投入的126280元的装修费用。

【案件焦点】

案涉房屋的拆迁补偿安置权益归谁所有。

【法院裁判要旨】

福建省安溪县人民法院经审理认为：根据《最高人民法院关于适用〈中华人民共和国民法典〉时间效力的若干规定》第一条第二款“民法典施行前的法律事实引起的民事纠纷案件，适用当时的法律、司法解释的规定，但是法律、司法解释另有规定的除外”之规定，本案法律事实发生于2014年，故应当适用当时的法律、司法解释的规定。《中华人民共和国土地管理法》第六十三条规定："农民集体所有的土地的使用权不得出让、转让或者出租用于非农业建设……"《全国民事审判工作会议纪要》第十五条规定："在农村集体所有土地上建造房屋并向社会公开销售，应当依据合同法第五十二条和土地管理法第四十三条规定，认定该买卖合同无效。将宅基地上建造的房屋出卖给本集体经济组织成员以外的人的合同，不具有法律效力；出售给本集体经济组织成员的，应当符合法律、行政法规和国家政策关于宅基地分配、使用条件的规定……"本案讼争房屋所在土地，属于集体所有，依法不得向本集体经济组织成员以外的人转让，钟乙、陈某并非村集体经济组织成员，无权取得该集体经济组织所有的土地。因此，钟甲与钟乙、陈某于 2014 年 7 月 3 日签订的《土地产权房屋转让协议》，因违反法律、行政法规的强制性规定，依法应确定为无效。《中华人民共和国合同法》第五十八条规定："合同无效或者被撤销后，因该合同取得的财产，应当予以返还；不能返还或者没有必要返还的，应当折价补偿。有过错的一方应当赔偿对方因此所受到的损失，双方都有过错的，应当各自承担相应的责任。"在合同无效的情形下，当事人负有返还财产、折价补偿或赔偿损失的民事责任。案涉《土地产权房屋转让协议》被确认无效后，双方因该合同取得的财产应相互返还。（1）钟甲应向陈某、钟乙返还的财产：①陈某、钟乙因案涉协议向钟甲共计支付购房款 34 万元，陈某、钟乙在反诉中请求钟甲返还购房款 34 万元，符合法律规定，应予支持。陈某、钟乙另要求支付该购房款的资金占用利息损失，其中 2014 年 8 月 14 日至 2019 年 8 月 19 日按中国人民银行同期贷款利率标准计算，自 2019 年 8 月 20 日起至返还购房款之日止按一年期贷款市场报价利率计算，符合法律规定，本院予以支持。②陈某、钟乙请求钟甲支付对房屋的装修投入 126280 元，有事实和法律依据，对陈某、钟乙的该项反诉请求，本院予以支持。（2）陈某、钟乙应向钟甲返还的财产。讼争房屋已经腾空拆迁，无法返还。①本案中可查明的陈某、钟乙因讼争房屋拆迁所得的财产为按期腾空签约奖励金 9634. 5 元、住宅临时安置补助 7954. 08 元、搬迁补助费 1657. 1 元、店面停业停产费 5670 元，合计 24915. 68 元。该部分费用系用于补偿征迁时房屋实际居住人因房屋征迁所带来的损失，讼争房屋被征迁时，讼争房屋由陈某、钟乙占用使用，该部分财产应归属陈某、钟乙所有。钟甲诉请陈某、钟乙返还该部分钱款，于法无据，本院不予支持。②已预留的房屋征收拆迁补偿费用280383元及应安置店面面积93.813平方米、应安置套房面积174.607平方米，属于对被征迁房屋的置换、补偿，合同无效后，陈某、钟乙本应归还讼争房屋，但讼争房屋已无法归还，其对应的财产权益，应由钟甲所有，钟甲的该项诉讼请求，本院予以支持。③经本院审理查明，陈某、钟乙并未领取青苗费，对钟甲的该项诉讼请求，本院不予支持。④本案被拆迁房屋的增值部分。审理中，本院依陈某、钟乙申请，依法委托鉴定机构进行鉴定，由于尚未选定安置房，鉴定机构均未接受委托。钟甲、陈某、钟乙对此亦未达成一致意见或向本院提交相应的证据。因此，本院无法查明该部分事实，无法进行分割。陈某、钟乙可在条件成就后，再另行主张该项权利。

福建省安溪县人民法院依照《最高人民法院关于适用〈中华人民共和国民法典〉时间效力的若干规定》第一条第二款，《中华人民共和国土地管理法》（2004年修正）第六十三条，《中华人民共和国合同法》第五十八条，《中华人民共和国民事诉讼法》第六十七条及《最高人民法院关于适用〈中华人民共和国民事诉讼法〉的解释》第九十条之规定，判决如下：

一、陈某、钟乙与第三人某镇人民政府签订的《土地房屋征收拆迁补偿安置协议书》约定的应安置店面面积93.813平方米、应安置套房面积174.607平方米、征收拆迁补偿费28038元，归钟甲所有；

二、钟甲应在判决生效之日起十日内返还陈某、钟乙购房款34万元及资金占用利息损失（其中2014年8月14日至2019年8月19日的利息损失按中国人民银行同期贷款利率标准计算，自2019年8月20日起至返还购房款之日止的利息损失按一年期贷款市场报价利率计算）；

三、钟甲应在判决生效之日起十日内赔偿陈某、钟乙装修费用126280元；

四、驳回钟甲的其他诉讼请求；

五、驳回陈某、钟乙的其他反诉请求。

陈某、钟乙不服一审判决，提起上诉。

福建省泉州市中级人民法院经审理认为：同意一审法院裁判意见，依照《中华人民共和国民事诉讼法》第一百七十七条第一款第一项之规定，判决如下：

驳回上诉，维持原判。

【法官后语】

根据现有法律法规规定，农村集体经济组织宅基地使用权具有社会保障功能，其享有主体存在资格限制。非本村集体经济组织成员一般不得享有本村集体经济组织的宅基地使用权。因此，依附宅基地而建的农村房屋在买卖时也受到极大限制，进而导致农村房屋买卖合同纠纷层出不穷。在农村房屋买卖合同的买受人非本村集体经济组织成员的情况下，法院依法判决该农村房屋买卖合同无效，但对于处理案涉财产存在不同做法。在司法实践中，存在判决农村房屋买卖合同无效但不判决财产返还及判决农村房屋买卖合同无效且财产返还两种情况。笔者认为，判决农村房屋买卖合同无效但不判决财产返还于法无据：在合同无效的情况下，买受人自始不拥有对案涉房屋的合法权利，无论是基于不当得利请求权或是返还原物请求权，买受人都应当返还案涉房屋。从长远来看，法院判决农村房屋买卖合同无效但不判决财产返还，当事人之间的财产利益始终处于“空悬”状态，财产利益权属不明，极易引发后续诉讼，造成司法资源的浪费。第二种处理方式则更为稳妥，既符合法律规定，又能确定当事人财产权益的归属，保证财产的安定性，更利于维护社会经济秩序的稳定。但在此种情况下，如何处理财产返还成为该种纠纷的争议焦点。笔者认为，法院处理财产返还时应当全面考虑折价补偿与损害赔偿，尽量使财产的返还处理在当事人之间形成利益平衡，避免因机械返还造成不公平的结果。

首先，应当全面考虑是否存在折价补偿的财产利益。从现实情况来看，农村房屋买卖合同纠纷大多签订于若干年前，买受人经过多年占有使用，早已与案涉房屋产生紧密联系，在案涉房屋周围形成相对稳定的居住生活。在多数情况下，买受人对案涉房屋进行修缮、添附、翻新重建，新物旧屋混为一体，正常返还的情形下，出卖人需要将添附物返还给买受人，但因添附物往往附着于涉案农村房屋或涉案宅基地而无法物理剥离返还，或返还之后失去其经济价值而没有必要物理返还。此种情况下，法院在判令当事人互相返还涉案农村房屋与原购房款的基础上，应当增加对修缮、添附、翻建等财产利益的考量，以折价补偿的方式作为利益返还的代替。

其次，应当全面考虑是否存在适用损害赔偿的财产利益。法院确认农村房屋买卖合同无效，本意是对农村房屋违法买卖的行为进行规制。若在判决涉案合同无效后，却没有处理好财产返还问题，此种规制则会成为出卖人保赚不赔，即使诉讼也立于不败之地的手段，这显然是不合理的，也完全违背了农村房屋、宅基地等相关立法、政策的初衷。并且，在大多数农村房屋买卖合同纠纷中，买受人出自信赖利益与出卖人缔结合同，在合同无效后，若仅判决互返财产而不考虑损害赔偿，无疑是对买受人的信赖利益的侵害。因此，法院在判决财产返还时应当全面考虑宅基地升值后的价值、农村房屋现有价值或因拆迁所获的利益，兼顾公平性和合法性，对损害赔偿进行裁判，从而平衡当事人之间的利益。

本案中，钟甲与陈某、钟乙签订的《土地产权房屋转让协议》被判决无效，双方的财产利益状态应当恢复到案涉合同订立之前。因案涉房屋已转化为《土地房屋征收拆迁补偿安置协议书》项下的拆迁补偿安置权益，法院判决拆迁补偿安置权益归钟甲所有，于法有据。但此次诉讼由钟甲引起，其侵害了陈某、钟乙的信赖利益，法院在全面考虑折价补偿和损害赔偿后，认定按期腾空签约奖励金、住宅临时安置补助、搬迁补助费、店面停业停产费等财产应归属补偿征迁时实际居住人陈某、钟乙所有，并判决钟甲返还其购房款及资金占用利息损失、装修费用，折价补偿以保护买受人的信赖利益，避免当事人之间的利益分配严重失衡。

农村房屋与宅基地使用权紧密相连，其权属、使用、占有、出租等状态亦与社会经济秩序的稳定有密切联系，故而，法院在审理农村房屋买卖合同纠纷时，必须坚持“三个效果”的有机统一，全面考虑折价补偿与损害赔偿，以平衡当事人权益，维护社会秩序和经济秩序稳定。

编写人：福建省安溪县人民法院　廖燕燕　谢奕清

55

非集体经济组织成员购买农村房屋后，出售给该村集体经济组织成员，涉案房屋买卖的违法状态消除

——郭某诉闫某农村房屋买卖合同案

【案件基本信息】

1. 裁判书字号

北京市密云区人民法院（2023）京 0118 民初 3549 号民事判决书

2. 案由：农村房屋买卖合同纠纷

3. 当事人

原告：郭某

被告：闫某

第三人：赵某

【基本案情】

2004 年前后，郭某与闫某签订房屋买卖协议，约定郭某将其所有的位于密云区某大队的 4 间房屋连同院落以 5 万元价格出售给闫某。闫某付清房款后，郭某完成交付。2022 年 12 月 7 日，闫某与赵某签订《农村房屋买卖合同》，约定闫某将涉案房产以 20 万元的价格出售给赵某，赵某付清房款后，闫某将涉案房产交付给赵某。现郭某将闫某诉至本院，以闫某系北京市市区居民无权购买农村房屋为由，要求确认郭某与闫某所签房屋买卖协议无效，并要求闫某返还涉案房屋。被告闫某明确表示不到庭参加诉讼，同意依法对其缺席审判。本院

通过微信视频方式询问被告对本案的意见，其认可大约在2004年与郭某签订房屋买卖协议，以5万元的价格购买郭某所有的位于密云区某大队的4间房屋连同院落的事实，并表示2022年他已将该房产以20万元的价格出售给赵某且房屋已经交付。

【案件焦点】

本案中闫某与赵某签订的《农村房屋买卖合同》是否有效。

【法院裁判要旨】

北京市密云区人民法院经审理认为：民事主体的人身权利、财产权利以及其他合法权益受法律保护，任何组织或者个人不得侵犯。民事主体从事民事活动，应当遵循诚信原则，秉持诚实，恪守承诺。根据查明的事实，郭某自愿将涉案房屋出售给闫某之后，闫某又将涉案房屋出售给赵某，因赵某系密云区某大队集体经济组织成员，其在该村享有宅基地使用权，涉案房屋买卖的违法状态现已消除，故郭某的诉讼请求，缺乏事实和法律依据，法院不予支持。

北京市密云区人民法院依照《中华人民共和国民法典》第三条、第七条之规定，判决如下：

驳回原告郭某的全部诉讼请求。

判决后，双方当事人均未上诉，本判决现已生效。

【法官后语】

农村宅基地承担着农民基本住房社会保障的重要功能，宅基地使用权是国家赋予农村集体经济组织成员的权利，与特定的身份资格密切相关，我国法律严令禁止将宅基地向非本集体经济组织成员转让的行为。《中华人民共和国土地管理法》第九条规定“……宅基地和自留地、自留山，属于农民集体所有”，第六十二条规定“农村村民一户只能拥有一处宅基地……农村村民出卖、出租、赠与住宅后，再申请宅基地的，不予批准。国家允许进城落户的农村村民依法自愿有偿退出宅基地……”可见，农村宅基地使用权仅限于由本集体经济组织成员取得，且不得违反“一户一宅”的规定。因此，宅基地使用权的本质属性决定了宅基地上的房屋仅限于在同一经济组织成员之间流转，城镇居民或其他经济组织成员与出卖人签订的房屋买卖合同因违反法律强制性规定而无效。然而实践中存在例外情形能够认可此类房屋买卖合同的效力，实践中倾向于认为，房屋连环买卖中，前一手房屋买卖合同被确认无效，并不必然影响后一手房屋买卖合同的效力，法院应当根据后一手买卖合同是否存在其他法定无效情形予以认定，但后一手买卖合同的买受人能否取得房屋权利，应当依据善意取得的规定进行处理。根据上述观点，以下几类涉宅基地房屋买卖合同应为有效：(1) 买受人签订合同时并非该集体经济组织成员，但是后来取得该集体经济组织成员的资格。(2) 买受人并非该集体经济组织成员，但是其家庭成员是该集体经济组织成员，并且得到村集体同意。(3) 农村房屋经过多次转让，最终买受人为该房屋所在地集体经济组织成员。以上情形虽然均涉及宅基地使用权在本集体经济组织成员以外发生流转，但在宅基地使用权的最终取得上均保障了土地回归至本集体经济组织，并未动摇宅基地制度的核心目的，认可此类合同的效力不会对社会公共秩序或集体经济组织的利益造成实质性影响。回归到本案中，貌似郭某与闫某、闫某与赵某前后两个农村房屋买卖行为均因违反国家相关政策以及法律的强制性规定而归于无效；但综合来看，前后两个房屋“连环买卖”的行为已经将非本集体经济组织成员却拥有宅基地使用权的不法状态予以消除，回归到了农村房屋及宅基地最终由本集体经济组织成员占有使用的初衷。

在“房地一体”的格局下，农村房屋的买卖必然涉及农村宅基地使用权的流转问题。禁止农村集体土地非法流转、禁止城镇居民购买农村房屋，是现行法律和政策的基本原则。但是从立法本意出发，综合考量交易的整体效果，不宜直接否定此类合同的效力。涉及农村房屋的“连环买卖”时，房屋买卖合同的效力，应当以最后一手买受人的身份情况进行判断，同时应着重审查连环买卖合同的真实性、合法性、关联性问题，防止买卖双方恶意串通、损害他人合法权益等情形发生。在最后一手买受人拥有本集体经济组织成员的身份资格的前提下，其签订的房屋买卖合同均为各方真实的意思表示，并已实际履行完毕，则该农村房屋买卖合同有效。

编写人：北京市密云区人民法院　孟娜　陈乐

56

农村房屋买卖合同效力的因素考量

——王某1等诉陶某1等农村房屋买卖合同案

【案件基本信息】

1. 裁判书字号

北京市第一中级人民法院（2023）京01民终5954号民事判决书

2. 案由：农村房屋买卖合同纠纷

3. 当事人

原告（上诉人）：王某1、王某2、王某3

被告（被上诉人）：陶某1、陶某2、闫某1

【基本案情】

李某1系某乡二队社员，与王某1系夫妻关系，二人生育两子，长子王某2，次子王某3。案涉宅院系其原自建房，有相关建房施工许可证为证。

1995年8月30日，该乡农工商合作社出具批示，内容为“经讨论批准，本队社员李某1将私有二层楼房（建筑面积185平方米及院内不动产院宅280平方米）出售给陶某3，自陶某3迁住之日起，按某乡二队对社员住宅管理办法管理，陶某3需自觉接受管理”。同日又出具证明一份，内容为“某乡二队：今有本队社员李某1将私人楼房出售给陶某3，自陶某3迁住之日起，按某乡二队的社员管理办法管理，陶某3自觉接受管理”。

1995年9月8日，李某1（售房方、甲方）与陶某3（购房方、乙方）签订《购房协议》，约定：“(1) 甲方将自有二层共八间楼房（建筑面积185平方米及院内不动产院宅280平方米）卖给乙方，售价人民币8万元。(2) 甲方承诺其房屋及院落没有财产争议，今后如发生争议一切损失由甲方承担。(3) 甲方自1995年9月17日前将房屋交给乙方。乙方将全部房款交付甲方。(4) 甲方负责办理房屋销售的村委会审批手续，成交后，如需办理其他手续由乙方负责。”上述协议尾部有售房方李某1，购房方陶某3，中间人孙某签字并捺印。

上述《购房协议》签订后，双方依约履行，陶某3将8万元支付给李某1，李某1将《购房协议》所涉宅院及院内房屋交付给陶某3。李某1出售涉案院落后，与家人一同居住在院内。2000年4月，因房屋年久失修，陶某3向上庄农工商合作社、村委会申请，将涉案房屋进行了翻建。庭审中，陶某2、陶某1、闫某1提交海淀区农村私有房屋建设工程规划许可证、海淀区私有房屋建房申请表（农）、海淀区私有房屋临时施工许可证。该施工许可证已经经过某乡人民政府审批。

李某1于2020年2月3日去世。陶某3户籍在黑龙江省，签订《购房协议》后，其户口并未变动，其与闫某1系夫妻关系，二人生育两女，长女陶某1，次女陶某2。陶某2和陶某1尚在涉案院落居住，陶某1户口于2018年迁入涉案院落，陶某3、陶某2、闫某1户口并未迁入涉案院落。

【案件焦点】

李某1与陶某3于1995年9月8日签订的《购房协议》的效力问题。

【法院裁判要旨】

北京市海淀区人民法院经审理认为：依法成立的合同，对当事人具有法律约束力。本案中，李某1与陶某3就涉案房屋签订的购房协议，系双方当事人的真实意思表示，且该协议书主要内容双方已经履行完毕，陶某3在本案所涉院落得到了相关行政部门审批后进行了房屋翻扩建，因此法院认定关于该房屋的房产买卖协议合法有效，双方应本着诚信原则履行义务。王某 1、王某 2、王某 3 主张该协议无效，缺乏相应的法律依据，法院不予支持，

北京市海淀区人民法院依照《最高人民法院关于适用〈中华人民共和国民法典〉时间效力的若干规定》第一条第二款，《中华人民共和国合同法》第八条之规定，判决如下：

驳回王某 1、王某 2、王某 3 请求判令 1995 年 9 月 8 日李某 1 与陶某 3 签订的《购房协议》无效的诉讼请求。

王某 1、王某 2、王某 3 不服一审判决，提起上诉。

北京市第一中级人民法院经审理认为：首先，关于陶某 3、陶某 2、陶某 1、闫某 1 是否为涉案院落所在的某乡村集体经济组织成员的问题。陶某 2、陶某 1、闫某 1 虽提交该乡第二农工商合作社出具的批示、证明等证据，但上述证据不足以证明陶某 3 为村集体经济组织成员。陶某 1 的户口虽已迁入涉案院落，但仅凭该事实不能单独作为认定陶某 1 为村集体经济组织成员的依据。陶某 2、闫某 1 未提交证据证明二人系村集体经济组织成员。因此，现有证据不足以证明陶某 3、陶某 2、陶某 1、闫某 1 系村集体经济组织成员。

其次，涉案《购房协议》签订于 1995 年，根据当时的土地管理法及实施条例的规定，应当在区、县政府相关部门办理合法审批手续。陶某 2、陶某 1、闫某 1 提交的建房申请表、临时施工许可证等证据虽经过村委会、乡政府审批，但不能证明李某 1 与陶某 3 签订的《购房协议》已经区、县级人民政府审批，该协议并未履行合法审批手续。

综上，陶某 3、陶某 2、陶某 1、闫某 1 均非涉案房屋所在集体经济组织成员，且李某 1 与陶某 3 签订的《购房协议》未履行合法审批手续，该《购房协议》违反法律、行政法规的强制性规定，应属无效。一审法院认定《购房协议》合法有效欠妥，本院予以纠正。

综上所述，王某 1、王某 2、王某 3 的上诉请求成立。依照《中华人民共和国合同法》第五十二条第五项，《中华人民共和国土地管理法》（1988 年修正）第六条、第八条、第四十一条，《最高人民法院关于适用〈中华人民共和国民

法典〉时间效力的若干规定》第一条第二款，《中华人民共和国民事诉讼法》第一百七十七条第一款第二项之规定，判决如下：

一、撤销北京市海淀区人民法院（2022）京 0108 民初 48944 号民事判决；

二、李某 1 与陶某 3 于 1995 年 9 月 8 日签订的《购房协议》无效。

【法官后语】

对于我国农村房屋买卖合同的效力认定问题，自 1999 年以来，法院在认定农村房屋买卖合同效力时，根据买受人不同身份会作出不同裁判，主要分为如下两类：同一集体经济组织成员之间的农村房屋买卖合同效力、集体经济组织成员以外的人与农村村民之间的农村房屋买卖合同效力。

一、同一集体经济组织成员之间的农村房屋买卖合同效力

关于同一集体经济组织成员之间的农村房屋买卖及宅基地流转，由于农村房屋转让后，该房屋所在地的宅基地仍然属于同一集体经济组织，并未损害集体经济组织及其他村民的合法权益，也未被我国法律、法规及相关政策禁止，因此这类农村房屋买卖合同往往被认定为有效。

二、集体经济组织成员以外的人与农村村民之间的农村房屋买卖合同效力

集体经济组织成员以外的人与农村村民之间的农村房屋买卖合同主要包括如下两种情况：城镇居民与农村村民之间的农村房屋买卖合同和不同集体经济组织农村村民之间的农村房屋买卖合同。关于这类农村房屋买卖合同的效力，目前的司法实践以无效为原则，以有效为例外。

（一）集体经济组织成员以外的人与农村村民之间的农村房屋买卖合同以无效为原则

第一，城镇居民与农村村民之间的农村房屋买卖合同一般认定为无效。这类农村房屋买卖损害了集体经济组织及其他村民的合法权益，是我国法律、法规及相关政策明确禁止的，因此这类农村房屋买卖合同一般被认定为无效。

第二，不同集体经济组织农村村民之间的农村房屋买卖合同一般认定为无效。《中华人民共和国土地管理法》第十一条规定“农民集体所有的土地依法属于村农民集体所有的，由村集体经济组织或者村民委员会经营、

管理……”2007年发布的《国务院办公厅关于严格执行有关农村集体建设用地法律和政策的通知》中强调“农村住宅用地只能分配给本村村民，城镇居民不得到农村购买宅基地、农民住宅或‘小产权房’”。《第八次全国法院民事商事审判工作会议（民事部分）纪要》中强调“在国家确定的宅基地制度改革试点地区，可以按照国家政策及相关指导意见处理宅基地使用权因抵押担保、转让而产生的纠纷。在非试点地区，农民将其宅基地上的房屋出售给本集体经济组织以外的个人，该房屋买卖合同认定为无效。合同无效后，买受人请求返还购房款及其利息，以及请求赔偿翻建或者改建成本的，应当综合考虑当事人过错等因素予以确定”。因此，这类农村房屋买卖合同一般被认定为无效。

（二）集体经济组织成员以外的人与农村村民之间的农村房屋买卖合同以有效为例外

集体经济组织成员以外的人与农村村民之间的农村房屋买卖合同存在有效的例外情况，主要包括但不限于以下情况：

第一，买受人签订合同时并非该集体经济组织成员，但是后来取得该集体经济组织成员的资格；

第二，买受人并非该集体经济组织成员，但是其家庭成员是该集体经济组织成员，并且得到村集体同意；

第三，农村房屋经过多次转让，最终买受人为该房屋所在地集体经济组织成员；

第四，出卖人将宅基地上所建房屋卖与城镇居民前或同时，该房屋所占宅基地因征收已转为国有土地，原为农民身份的出卖人亦转为城镇居民，则宅基地性质已经发生转变的，可以认定买卖房屋合同有效；

第五，城镇居民购买农村私有房屋后，如果所买卖房屋已经由批准权机关批准和当地集体经济组织同意，办理了房屋所有权和宅基地使用权变动手续，并取得合法权属证书的。

综上所述，目前我国农村房屋买卖合同的效力以无效为原则，以有效为例外。在审理上述纠纷中，对农村集体经济组织成员身份的认定，应根据其领取福利待遇、承包地情况、村民会议记录等证据综合判定，不能仅凭迁入户口这一事实单独作为判定依据。

编写人：北京市海淀区人民法院　陈雅楠

57

农村房屋多重受让情形下集体经济组织成员取得所有权的认定标准

——董某诉王某、雷某农村房屋买卖合同案

【案件基本信息】

1. 裁判书字号

北京市第三中级人民法院（2023）京 03 民终 15677 号民事判决书

2. 案由：农村房屋买卖合同纠纷

3. 当事人

原告（被上诉人）：董某

被告（被上诉人）：王某、雷某

第三人（上诉人）：刘某

【基本案情】

董某系北京市通州区某村集体经济组织成员，工某、雷某非北京市通州区某村集体经济组织成员。涉案房屋坐落于北京市通州区某村，登记的土地使用者为刘某，涉案房屋为正房四间。刘某与王某于 2000 年 11 月 4 日签订《房产协议》，约定刘某将涉案房屋卖与王某，作价 1.8 万元。该次交易的款项及房屋均交付对方。2023 年 3 月 14 日，董某与王某、雷某签订《农村宅基地及房屋

买卖协议书》，该买卖协议书主要内容为王某、雷某将涉案房屋卖与董某，作价67万元，合同签订后董某向王某、雷某支付30万元，待房屋所有权确认归董某所有后，董某一次性向王某、雷某支付余款37万元。现董某已将30万元支付给雷某、王某，雷某、王某亦将涉案房屋交付董某。

【案件焦点】

1. 原权利人与集体经济组织成员之外的买受人签订的合同无效，是否影响集体经济组织成员购房行为发生法律效力；2. “连环买卖”中存在无效交易时集体经济组织成员能否取得农村房屋所有权取决于其受让行为是否构成善意取得。

【法院裁判要旨】

北京市通州区人民法院经审理认为：当事人有权在法律规定的范围内处分自己的民事权利和诉讼权利。依法成立的合同，受法律保护。依法成立的合同，自成立时生效。本案中，雷某、王某与董某签订的《农村宅基地及房屋买卖协议书》系双方的真实意思表示，董某系本村集体经济组织成员，该《农村宅基地及房屋买卖协议书》并不存在法律关于合同无效的具体情形，应为有效。因物权的归属、内容发生争议的，利害关系人可以请求确认权利。农村房屋作为不动产，其所有权的设立、变更、转让和消灭不同于城镇房屋。本案所涉合同为农村房屋买卖合同，双方均按照合同约定履行了各自的义务，雷某、王某亦已将房屋交付董某，故对于董某的诉讼请求，法院予以支持。

据此，北京市通州区人民法院根据《中华人民共和国民法典》第二百三十四条、第五百零二条，《中华人民共和国民事诉讼法》第十三条之规定，判决如下：

一、确认原告董某与被告王某、被告雷某于2023年3月14日签订的《农村宅基地及房屋买卖协议书》有效；

二、案涉院内正房四间归原告董某所有。

刘某不服一审判决，提起上诉。

北京市第三中级人民法院经审理认为：宅基地使用权是农村集体经济组织成员享有的权利，与特定的身份相联系；法律并不禁止同一集体经济组织成员取得本集体经济组织其他成员的宅基地使用权。法律之所以对农村房屋买卖加以限制，主要是为了防止在房地一体原则的前提下因农村房屋买卖而最终导致宅基地使用权流转到村集体经济组织之外，损害了村集体经济组织整体的利益。本案中，王某、雷某将涉诉院落内的房屋出售给董某，属于农村房屋的“连环买卖”。虽然王某、雷某并非通州区某村集体经济组织成员，但董某系通州区某村集体经济组织成员，通过二次买卖，院内宅基地使用权最终流转回了该村集体经济组织，并未损害该村集体经济组织的利益。

综上所述，刘某的上诉请求不能成立，应予驳回；一审判决并无不当，应予维持。北京市第三中级人民法院依照《中华人民共和国民事诉讼法》第一百七十七条第一款第一项之规定，判决如下：

驳回上诉，维持原判。

【法官后语】

本案是关于农村房屋“连环买卖”存在无效的情形下，集体经济组织成员向非本集体经济组织成员购买农村房屋，能否取得农村房屋所有权的典型案例。审理此类案件，可以参考以下认定标准。

一、买受人主体资格的查明

根据房地交易一体原则，在农村房屋自合法建造成就时，其所有权与相应宅基地使用权融为一体；在交易处分时，无法分割。换言之，宅基地使用权不得单独转让，仅可随合法建成的住宅通过出售、赠与、继承、遗赠等方式流转，这决定了农村房屋所有权的取得、行使和转让等系列法律行为具有不同于一般民事法律行为的特殊要求。因此，对欲取得宅基地上房屋所有权的买受人而言，除实施了合法有效的买卖行为外，其本身需要具有集体经济组织成员身份，且符合“一户一宅”原则。

二、买卖合同效力的审查

欲通过购买等受让方式继受取得农村房屋所有权，买受人除需符合上述主体资格外，还需保证买卖交易行为合法有效，即买受人签订的房屋买卖合同发生法律效力。司法实践中对买卖合同效力的判定，除需符合《中华人民共和国民法典》第一百四十三条规定的民事法律行为有效要件和排除《中华人民共和国民法典》第一百四十四条至第一百五十五条规定的无效或可撤销的情形外，还需具备《中华人民共和国民法典》第五百九十六条规定的合同内容，即买卖标的物的名称、数量、质量、价款、履行期限和方式及其效力等必备要素。另外，还需审查房屋买卖合同生效是否附条件和附期限。依据《中华人民共和国民法典》第一百五十八条至第一百六十条之规定，民事法律行为可以附条件和附期限，但是根据其性质不得附条件和附期限的除外。需要特别说明的是，本案该协议书约定的“待人民法院裁判涉案房屋归董某所有后支付剩余购房款”不是附条件，而是付款期限的特别约定，不应当成为法院判断合同本身是否发生法律效力的障碍。

三、所有权取得的判定

反对具有集体经济组织成员身份的买受人取得所有权的观点认为，根据合同相对性原则，原权利人将农村房屋出售的相对方并非集体经济组织成员，二者之间没有合法有效的买卖行为；原权利人与相对方签订的合同因损害集体经济组织利益违背公序良俗而无效，无效的合同自始没有法律约束力，合同无效后，行为人因该行为取得的财产，应当予以返还。不具有集体经济组织成员资格的买受人将农村房屋转卖给集体经济组织成员的行为虽涉嫌无权处分，但该受让人作为集体经济组织成员，在其提供的证据不足以证明其受让时善意的，不应当认定其为善意第三人。因此，具有集体经济组织成员资格的买受人无法通过适用善意取得规则取得农村房屋的所有权，只能通过《中华人民共和国民法典》第五百九十七条第一款之规定予以救济，即因出卖人未取得处分权致使标的物所有权不能转移的，买受人可以解除合同并请求出卖人承担违约责任。

赞同具有集体经济组织成员身份的买受人取得所有权的观点认为，原权利人与集体经济组织成员之外的买受人签订的合同即使无效，也不影响集体经济组织成员与相对方签订的房屋买卖合同的效力。根据负担行为与处分行为二分理论，不具有集体经济组织成员资格的买受人将农村房屋转卖给集体经济组织成员的行为虽属无权处分，但不影响二者之间发生的合同效力。关于无权处分产生的效力，应当优先适用《中华人民共和国民法典》第三百一十一条之规定，即行为人无权处分他人财产，受让人取得该财产时出于善意，则受让人将依法即时取得对该财产的所有权或他物权。考量能否适用善意取得规则，需要从善意取得制度设立目的的角度，判决受让人在受让财产时是否为善意、转让价格是否合理、公示方式是否恰当。如本案在认定董某是否善意时，不应当仅从形式上判断董某在受让房屋时是否知晓转让人系无处分权，而应当考量善意取得制度的立法初衷，即保护占有的公信力，保障交易安全，保护交易当事人信赖利益。根据案件查明，董某受让涉案房屋时，王某、雷某已占有使用涉案房屋二十余年，且核查了王某与刘某于2000年签订的《房产协议》，鉴于农村房屋产权登记制度尚未有效落实，可以推断董某已尽到必要的注意义务，故应当认定董某受让涉案房屋时是善意。关于转让价格是否合理，结合涉案房屋坐落、面积、建造及装修材料等因素，与市场交易价格基本相符即可，除非有证据证明该价格不合理。关于公示方式是否恰当，应当结合目前农村房屋产权登记不畅通的现状予以判断，故应当认定董某实际占有使用涉案房屋已采取了恰当的公示方式。

综上，农村房屋多重受让情形下集体经济组织成员能否取得所有权的裁判思路为：（1）在宅基地制度改革非试点地区，农村房屋买受人需为集体经济组织成员且符合“一户一宅”原则，否则其实施的买卖行为无效，房屋所有权亦无法取得。（2）农村房屋并非禁止转让的物，其作为买卖合同标的物，并不必然导致转让合同无效。根据合同相对性原理，原权利人与集体经济组织成员之外的买受人签订的合同无效，不影响具有集体经济组织成员身份的买受人与相对方签订的合同效力。（3）农村房屋作为不动产，其所有权的设立、变更、转让和消灭不同于城镇房屋，优先适用有关土地管理的法律法规。在“连环买卖”存在无效交易时，应当从善意取得制度的立法初衷和农村房屋产权登记现状判定集体经济组织成员是否构成善意取得。

编写人：北京市通州区人民法院　张建财

ISBN 978-7-5216-5054-9

9 787521 650549 >

图书在版编目（CIP）数据

中国法院 2025 年度案例. 房屋买卖合同纠纷 / 国家法官学院，最高人民法院司法案例研究院编. -- 北京 ：中国法治出版社，2025. 3. -- ISBN 978-7-5216-5054-9

Ⅰ. D920. 5

中国国家版本馆 CIP 数据核字第 2025WU7598 号

策划编辑：李小草　韩璐玮　白天园
责任编辑：孙静　　封面设计：李宁

中国法院 2025 年度案例. 房屋买卖合同纠纷

ZHONGGUO FAYUAN 2025 NIANDU ANLI. FANGWU MAIMAI HETONG JIUFEN

编者/国家法官学院，最高人民法院司法案例研究院
经销/新华书店
印刷/三河市紫恒印装有限公司
开本/730 毫米×1030 毫米　16 开　　印张/ 19　字数/ 228 千
版次/2025 年 3 月第 1 版　　2025 年 3 月第 1 次印刷

中国法治出版社出版
书号 ISBN 978-7-5216-5054-9　　定价：79. 00 元

北京市西城区西便门西里甲 16 号西便门办公区
邮政编码：100053　　传真：010-63141600
网址：http：//www. zgfzs. com　　编辑部电话：010-63141787
市场营销部电话：010-63141612　　印务部电话：010-63141606

中国法院年度案例集成丛书(全 15 册)

国家法官学院　最高人民法院司法案例研究院　编

汇集十年精华　展现裁判思维　促进适法统一

实务性：为新型疑难法律适用问题提供解决方案的司法实务参考用书

工具性：可以查阅人民法院类型化裁判规则的小全书

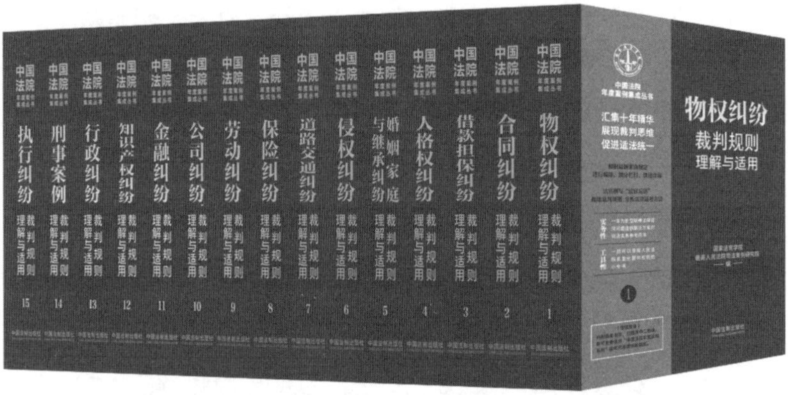

1. 物权纠纷裁判规则理解与适用
2. 合同纠纷裁判规则理解与适用
3. 借款担保纠纷裁判规则理解与适用
4. 人格权纠纷裁判规则理解与适用
5. 婚姻家庭与继承纠纷裁判规则理解与适用
6. 侵权纠纷裁判规则理解与适用
7. 道路交通纠纷裁判规则理解与适用
8. 保险纠纷裁判规则理解与适用
9. 劳动纠纷裁判规则理解与适用
10. 公司纠纷裁判规则理解与适用
11. 金融纠纷裁判规则理解与适用
12. 知识产权纠纷裁判规则理解与适用
13. 行政纠纷裁判规则理解与适用
14. 刑事案例裁判规则理解与适用
15. 执行纠纷裁判规则理解与适用